L'ITALIA DAL VIVO

A BBC second-stage radio course in ITALIAN to follow **BUONGIORNO ITALIA!**

COURSE WRITER
Denise De Rôme MA (Cantab) MA (Reading)
Senior Lecturer in Italian
Polytechnic of Central London

LANGUAGE CONSULTANT
Noemi Messora dott. lett., PhD
Italian Department
University of Warwick

PRODUCER
Mick Webb

BBC BOOKS

L'Italia dal vivo is a second-stage radio course in Italian, first broadcast from October 1983

It consists of:
20 Radio programmes
One course book
Three cassettes

Distributed By
EMC Publishing
300 York Avenue * Saint Paul, Minnesota 55101
800-328-1452

Published to accompany a series of programmes in consultation with the BBC Continuing Education Advisory Council

First published 1983
Reprinted 1985, 1987, 1988 (twice), 1989, 1990, 1991, 1992 (twice), 1993, 1994
Published by BBC Books
A division of BBC Enterprises Ltd,
Woodlands, 80 Wood Lane, London W12 0TT
ISBN 0 563 16502 2

This book is set in 10/11 Ehrhardt Monophoto
Printed and bound in Great Britain by
Butler & Tanner Ltd, Frome and London
Cover printed by Richard Clay Ltd, Norwich

CONTENTS

		Page
	INTRODUCTION	5
1	**MOLTO LIETO** *Introductions*	7
2	**DI DOV'È?** *Places*	19
3	**COMPLIMENTI!** *What you can do*	29
4	**CHE TIPO È?** *Describing people*	39
5	**COSA SARÀ?** *Describing things*	48
6	**TE LA SENTI?** *Making arrangements*	58
7	**MUOVIAMOCI** *How to get there*	68
8	**VA FATTO COSÌ** *Instructions and advice*	79
9	**TI DISPIACEREBBE?** *Requests and favours*	91
10	**RICAPITOLAZIONE** *Revision*	102
11	**COME TI TROVI?** *How you feel*	114
12	**COM'È?** *More descriptions*	123
13	**COM'È ANDATO?** *How did it go?*	134
14	**COM'ERA?** *How things were*	146
15	**COSA NE PENSI?** *Opinions*	157
16	**IL FATTO È QUESTO** *Discussions*	167
17	**IN FUTURO...** *In the future...*	177
18	**COS'È SUCCESSO?** *Story telling*	188
19	**PENSAVO CHE FOSSE...** *What you thought*	198
20	**LA LINGUA ITALIANA** *Revision*	207
	GRAMMATICA	221
	CHIAVE ESERCIZI	243
	VOCABOLARIO	256

INTRODUCTION

The course
L'Italia dal vivo is a second-stage course in Italian designed for anyone who would like to brush up or extend a basic knowledge of the language. It is a follow-up to *Buongiorno Italia!*, the BBC course for beginners in Italian, and is also based on conversations and interviews recorded with Italians in Italy. The whole *L'Italia dal vivo* course consists of this book, 20 radio programmes, and 3 cassettes or records.

The aim of the course is to get you to understand colloquial Italian in a number of varied situations – asking for favours, finding out how things are done, or even giving warnings and advice. You'll also learn the language for expressing yourself more fluently, such as explaining how you feel, giving your opinion, or telling simple stories.

The programmes
The interviews, recorded mainly in Florence, Milan and Venice, will form the core of each programme, and there'll be explanations, quizzes and exercises so that you'll have a chance to practise aloud what you've learnt.

The interviewers were: in Florence, Daniela Manetti; in Milan, Alessandro Pestalozza, and in Venice, Francesca Del Bianco.

Daniela
Manetti

The book
Each chapter contains the texts of the conversations and interviews contained in the radio programmes, explanations and notes on the language, information about Italy in Italian, and plenty of exercises. There is also a special listening section to help you get attuned to the sound and meaning of more difficult Italian. At the back of the book there's a reference section with a short grammar, a key to the exercises, and a glossary.

Alessandro
Pestalozza

The cassettes or records
The accompanying 3 cassettes or records contain the conversations printed in this book, and exercises for you to take part in.

Using the course
The course has been designed for people studying at home and is therefore fairly flexible to allow for varying individual needs. You'll find, for example, that you'll probably use the *Da capire*, *Parole* and *Vita italiana* sections at your own pace, and for those who wish to study in depth there's the special grammar section at the back. Whatever your pace, though, we recommend learning a little at a time in several sessions and periodically going back over what you've learnt. No one can be expected to retain everything first time! Above all avoid trying to cram in everything in a single weekly session. Regular practice is vital, so it's worth getting together with other learners or joining an evening class.

Francesca
Del Bianco

1 MOLTO LIETO

Getting to know people
Introductions
Talking about jobs
How long you've been doing something
Different words for *you* – **tu, lei, voi**

At the beginning of each chapter there are the texts of a number of conversations recorded in Italy. We suggest that you . . .

Read through them to see how the basic structures of Italian are actually used. (You'll need to look up some of the words in the *Vocabolario* at the back of the book.)

Listen to the recordings of the conversations on the *L'Italia dal vivo* cassettes or records and to the explanations given in the radio programmes.

Learn the important phrases that are highlighted between the texts.

1 Alessandro, our interviewer in Milan, meets the Marini family, and Signor Marini makes the introductions.

Alessandro	Buonasera. Questa è la sua famiglia?
Sig. Marini	Sì, le presento mia moglie, Giovanna.
Sig.ra Marini	Piacere.
Alessandro	Molto lieto.
Sig. Marini	E queste sono tre delle mie figlie . . . Anna . . .
Alessandro	Ciao, Anna.

Anna	Ciao.
Sig. Marini	Costanza . . .
Alessandro	Ciao, Costanza.
Costanza	Ciao.
Sig. Marini	E Roberta . . .
Alessandro	Ciao, Roberta.
Roberta	Ciao.

> To introduce someone formally
> **le presento** mia moglie
>
> and more casually
> **questo/a è . . .**
> **questi/e sono . . .**

---

2 In Florence, Daniela meets a group of four children and tries to find out who's who.

Daniela	Come ti chiami?
1° ragazzo	Massimiliano.
Daniela	E tu?
2° ragazzo	Alessandro.
Daniela	E tu?
1ª ragazza	Giovanna.
Daniela	E tu?
2ª ragazza	Francesca.
Daniela	Francesca, Giovanna, Massimiliano e Alessandro. Tu sei Alessandro, lui è Massimiliano.
Alessandro	Sì.
Daniela	Allora, voi siete fratelli?
Massimiliano	Sì.
Daniela	Tutti quanti?
Massimiliano	No, la Francesca non è nostra sorella.

tutti quanti?   *all of you?/the whole lot (of you)?*

---

3 Luca Villani works for the State Railways at Florence's main station.

Stazione di Santa
Maria Novella,
Firenze

Daniela	Senta, signor Luca, lei che lavoro fa?
Luca	Dunque, io lavoro per le Ferrovie dello Stato qui a Firenze, alla stazione di Firenze Santa Maria Novella.

senta   *well now* (lit. *listen*)

> To ask what job someone does
> **che lavoro fai/fa?**
>
> Saying what you do
> **faccio il** grafico
> **sono** medico

4   Mario Lo Vergine is a graphic designer.

Daniela	Che lavoro fai?
Mario	Mah, faccio il grafico.
Daniela	E per chi lavori?
Mario	Ora collaboro con gli enti locali qui a Firenze.
Daniela	Chi sono gli enti locali?
Mario	Mah, gli enti locali sono il Comune, la Regione e la Provincia, che promuovono iniziative culturali.

gli enti locali   *the local authorities*

5   Professor Simonelli – a retired doctor now working freelance.

Prof. Simonelli	Io sono medico, più precisamente un oculista. Sono stato direttore della clinica oculistica universitaria di Firenze, e da due anni, poco più, sono in pensione e faccio il libero professionista.

sono stato direttore   *I was the director*

6   Signora Gabriele – officially a housewife, actually a local councillor.

Francesca	Che lavoro fa lei qui a Venezia?
Sig.ra Gabriele	Ecco, io ufficialmente sono casalinga, però nonostante questo faccio un lavoro politico. Sono consigliere di quartiere; mi occupo di questi

problemi socio-politici già da molti anni, e sono stata poi eletta nelle ultime elezioni nel . . . nel 1980.

già da molti anni *for many years now*
sono stata poi eletta *then I was elected*

Describing what you do
lavoro per le Ferrovie dello Stato
mi occupo di problemi socio-politici

How long you've been doing something
da due anni **sono** in pensione

DA CAPIRE

This is a listening section intended to help you follow more difficult Italian without necessarily knowing every word. Read the questions at the beginning to help you focus on the main points of the interviews, but try to avoid reading the text until you have listened several times. To check whether you have understood, answer the questions in the exercise further on in the chapter.

1 **Dare del tu o dare del lei?** Having different words for *you* can cause occasional difficulties, even for Italians. While listening to the conversation, concentrate on how Alessandro addresses the different people in this interview. What did Anna do to avoid embarrassment?

Alessandro	Roberta, dai del lei ai tuoi compagni?
Roberta	No, gli do del tu perché sono i miei amici.
Alessandro	E tu, Costanza, a chi dai del tu?
Costanza	Ai miei amici, alle persone che conosco bene.
Alessandro	E a chi dai del lei?
Costanza	Generalmente agli adulti, alle persone a cui devo dar rispetto.
Alessandro	E lei, professore, a chi dà del tu e a chi dà del lei?
Sig. Marini	Io do del tu ai familiari e agli amici, e anche ai giovani. Do del lei ai colleghi e alle persone che conosco poco.
Alessandro	Ma succede a volte che non si sa se dare del tu o del lei a certe persone?
Anna	Certo che succede, allora ci si trova in delle situazioni un po' imbarazzanti. Per esempio, ieri è venuta un'amica della mamma e io non sapevo se darle del tu o del lei.
Alessandro	E cos'hai fatto?
Anna	Eh! Cercavo di rispondere in maniera molto impersonale, però ero molto impacciata.

non si sa se *you don't know whether*
ci si trova *you find yourself*
ero molto impacciata *I felt very awkward*

2 In Italy ways of addressing people can vary from region to region, as Itala Vivan from Verona University explains. When can **voi** sometimes be used instead of **lei** in Southern Italy, and how can **tu** be used there?

Itala Nel sud, diciamo, quando vogliono rivolgersi a una persona con una . . . in modo cortese, in modo diciamo ufficiale, formale, usano il *voi*, mentre da noi, dico qui nel nord, non lo usano affatto: il *voi* si usa collettivo, per esempio, io quando faccio lezioni in università dico *voi* agli studenti. Questo per esempio è una cosa molto molto caratteristica. E' molto caratteristica che poi se si va nel sud, la gente usa il *tu* così: là dove esiste una persona o un interlocutore di livello sociale che viene considerato inferiore. Se per esempio un borghese va in campagna e parla con un contadino gli parla con il *tu*. Il contadino invece risponderà con il *voi*.

diciamo	*let's say*
da noi	*in our part of the world*
là dove esiste	*in situations where there is*
che viene considerato	*which is considered*

ANALISI

> **This is a summary and explanation of the basic items of Italian that have appeared in this chapter. Sometimes there is a reference to further grammatical explanations at the back of the book, but these are purely optional.**

1 Making introductions

Le presento mia moglie (literally *I present my wife to you*) – **le** is the polite or formal way of saying *to you*.

If you're introducing someone to a friend, use **ti**
   ti presento Costanza

or to several people, use **vi**
   vi presento Costanza

A more casual way of introducing people is to say *this is* . . .
   questo è mio figlio
   questa è mia moglie

or *these are* . . .
   questi sono i miei figli
   queste sono le mie figlie

You don't need the article **il** or **la** before **mio figlio** or **mia moglie** (see **Grammatica** 6).

When someone is introduced to you, reply with
   piacere   it's a pleasure
or   **molto lieto/a**   *lit.* very happy

An informal reply is
   ciao   hello, hi

2   Finding out who's who

(tu)   **come ti chiami?** } what's your name?
(lei)   **come si chiama?** }

Voi is the only word for *you* in the plural that you need to remember

(voi)   **siete fratelli?**   are you brothers/brother(s) and sister(s)?
          siete parenti?   are you related?
          siete sposati?   are you married/husband and wife?

3   Jobs

To ask what someone's job is
    che lavoro fai/fa?

Saying what you do – you can say **faccio il/la . . .**, *I work as a . . .*, or
sono . . ., *I'm a . . .*

faccio	**il** poliziotto	policeman
	il dentista	dentist
	la maestra	teacher
	la disegnatrice	designer
sono	ragionere	accountant
	infermiera	nurse

Notice that you don't put **un** or **una** after **sono** (see **Grammatica** 2).

4   More about jobs

Saying who you work for

lavoro per	le ferrovie	the railways
	una ditta	a firm
lavoro in proprio		I'm self-employed/my own boss

and asking someone else
    per chi lavori/a?

To explain what you deal with

| **mi occupo di** | problemi socio-politici |
| | esportazioni |

and what your firm deals with
    la mia ditta si occupa di farmaci

Occuparsi (di) is a reflexive verb (see **Grammatica** 41).

5   Time

To say *how long* you've been doing something

mi occupo di questi problemi	I have dealt with these problems
da molti anni	for many years
da due anni faccio il	I have been working
libero professionista	freelance for two years

and to ask how long

| **da quanto tempo** | how long have you been |
| lavori/a lì? | working there? |

With **da**, remember to use a verb in the present tense, even though you
use a past tense in English – *I have dealt . . .*, *I have been working . . . .*

6 Who and whom

There are three different words for *who* and *whom* – they are **chi**, **che** and **cui**.

In a question, always use **chi**

chi sono gli enti locali?	who are the local authorities?
per **chi** lavori?	who do you work for?

In a statement, you either use **che**

persone **che** conosco bene	people (whom) I know well

or, when a preposition like **a** or **con** is involved, you use **cui**

persone **a cui** devo dare rispetto	people I should show respect to
una persona **con cui** lavoro	a person I work with

In Italian the preposition always goes in front of **chi** and **cui**, so what you say literally is *a person* **with whom** *I work*.

7 Names

You'll sometimes hear **la** in front of a woman's or a girl's Christian name, eg **la Francesca**. It's a friendly, familiar way of talking about her – but you won't hear often **il** in front of a man's name. **Il** or **la** can also be used with the surnames of famous people, eg **il Palladio**, **il Boccaccio**, **la Loren**, **la Lollo(brigida)**.

PAROLE

> **This section gives some additional everyday vocabulary which is worth learning gradually, and you'll need to use some of the words in the exercises.**

i parenti	relatives
i genitori	parents
i miei	*lit.* my ones – often means my parents
l'operaio/a	worker
l'impiegato/a	employee, office worker
il segretario/la segretaria	secretary
il funzionario (statale)	official, civil servant
il dirigente	executive
l'amministratore delegato	managing director
il capo	boss
il padrone	owner
disoccupato/a	unemployed
gestire	to run/manage (a business)
la ditta	firm
l'ufficio	office
la fabbrica	factory
la fattoria	farm
il cantiere	building-site

dunque, ecco – to begin an explanation, or while working out what you're going to say next, *well, well now*
> dunque, io lavoro per le ferrovie
> ecco, io ufficialmente sono casalinga

mah – a colloquial, very common little word, also used like *well*
> mah, faccio il grafico

ma, però – both mean *but*; **però** is more emphatic, like *nevertheless, however*
> ma succede a volte che . . .
> ufficialmente sono casalinga, però faccio un lavoro politico

non . . . affatto – *not . . . at all*
> non lo usano affatto

PROVACI

1 **Quale?** – which one?

1 Which one of these wouldn't you expect to find working in an office?
un impiegato   un funzionario
una segretaria   una casalinga

2 Which one of these is in a paid job?
un amministratore delegato   una casalinga
una persona disoccupata   un operaio in pensione

3 Which of these probably wouldn't have anyone working under him?
il padrone   l'impiegato
il direttore   il capo

4 Which one of these would you be surprised to find in town?
una fattoria   una ditta
un ospedale   una fabbrica

5 Which of these people would you be related to?
i colleghi   i grafici
i genitori   gli operai

6   Which of these sentences might a train driver use to describe his job?
Faccio il libero professionista.
Mi occupo di trasporti stradali.
Sono impiegato in una banca.
Lavoro per le Ferrovie dello Stato.

---

2   Two girls are talking about work –
use the words in the box in place of
the numbers to make sense of their
conversation.

non . . . affatto	però
dunque	ma

Angela   Scusa, Anna, da quanto tempo fai la maestra?
Anna   (1), faccio la maestra da due anni, (2) prima ero infermiera.
Angela   Ah, il tuo lavoro di maestra è ben pagato allora?
Anna   No, (3) è (3) ben pagato. C'è un vantaggio (4), abbiamo lunghe vacanze.

---

3   Finding out about people: you're talking to a woman you don't know
very well, so, using **lei**, ask her

1   if she's married
2   who she works for
3   if she's retired
4   if she's out of work
5   for how long she's been out of work.

How would you ask two people (a man and a woman)

6   what work they do
7   where they work
8   if they're related?

---

4   These transcripts of **L'Italia dal vivo** interviews were partly illegible.
What do you think the missing verbs should be?

Alessandro   Lei cosa fa qui a Milano?
Anziano   Non (1) niente, non lavoro da molti anni.

Alessandro   Scusate, ma (2) sposati?
Coppia giovane   Sposati no, però viviamo insieme da tre anni.
Alessandro   E lavorate insieme?
Coppia giovane   Sì, (3) insieme, (4) tutti e due artisti.

Daniela   Lei (5) professore, vero?
Signore distinto   No, no, (6) ingegnere.

Daniela   Tu che lavoro (7)?
Giovane   Be', io (8) l'impiegato.
Daniela   E per chi (9)?
Giovane   Lavoro per una ditta che (10) di esportazioni di prodotti alimentari.

---

5   What do you say? You're in the street when you're spotted by Signor
Minelli, an Italian acquaintance. He's with a woman and a baby, and the

three of them come up to speak to you. How does the conversation go?
Work out what you'd *actually* say in conversation – eg in the second line
say: **No, sono Clark**.

You	*(Say 'good morning, Mr Minelli')*
Sig. Minelli	Buongiorno, signor Wilding, come sta?
You	*(He's got your name wrong, say no you're Clark)*
Sig. Minelli	Ah sì, signor Clark, mi scusi. Le presento mia moglie, Gianna.
You	*(It's a pleasure)*
Sig.ra Minelli	Molto lieta.
You	*(Ask if this is their son)*
Sig.ra Minelli	Nostro figlio? No, è nostra figlia, è una bambina.
You	*(Oh, it's a baby girl, not a boy – ask what her name is)*
Sig.ra Minelli	Si chiama Anna.
You	*(Your wife's called Anna, too)*
Sig. Minelli	Ah, lei è sposato? Sua moglie è qui in Italia?
You	*(No, she's in England)*
Sig. Minelli	E lei lavora o fa la casalinga?
You	*(No, she's not a housewife, she's a designer)*
Sig.ra Minelli	E' un bel lavoro. E avete figli anche voi?
You	*(Yes, three, all of them girls – say* femmine*)*
Sig. Minelli	Tutte quante femmine? Pensa un po'!

 6   Listen to the dialogues in **Da capire** on record or cassette 1, and work
out whether the following statements are true or false.

1   Alessandro dà del *tu* al signor Marini.
2   Il signor Marini dà del *lei* ai suoi colleghi.
3   La mamma di Anna era molto impacciata perché non sapeva se dare del
    tu o del *lei* a un'amica di sua figlia.
4   Costanza dà del *tu* a persone che conosce bene e dà del *lei* a persone a cui
    deve dare rispetto.
5   Nel sud d'Italia si può usare il *voi* per parlare formalmente con
    una persona.
6   I contadini e i borghesi nel sud si danno tutti e due del *tu*.

> This section is intended to tell you something about
> Italian life and customs and to provide you with some
> varied reading material. Words you don't know can be
> found in the *Vocabolario* at the end of the book.

L'uso dei titoli

Nei bar o nei ristoranti in Italia è cosa piuttosto comune sentire
Buongiorno, avvocato!, **Buonasera, ingegnere!**, oppure **Come sta,
ragionere?**. Quest'uso dei titoli per salutare la gente è molto insolito per
uno che viene dai paesi anglosassoni.

In Italia la gente dà importanza ai titoli, perché indicano il livello sociale
di una persona, mentre gli accenti non hanno la stessa importanza sociale
che hanno in Gran Bretagna. Succede qualche volta, specialmente nel
sud Italia, che si dia il titolo onorifico di **dottore** a una persona che non
si conosce ma a cui si vuole mostrare rispetto – anche se non è dottore!
Può sorprendere sapere che il titolo di **ingegnere** è uno dei più
prestigiosi (spetta solo a chi ha una laurea in ingegneria).

L'uso del voi

Nella lingua parlata, il **voi** viene usato per parlare con qualsiasi gruppo di
persone, cioè normalmente il **voi** è collettivo. Comunque ci sono alcuni
casi in cui si trova al singolare. Al giorno d'oggi il **voi** singolare è poco
comune, però nel 1938 Mussolini ha cercato di far usare il **voi** invece del
lei. Mussolini, infatti, riteneva il **lei** di origine spagnola; in realtà si
sbagliava, perché viene dal latino. In ogni caso, questo **voi** fascista è
durato poco, anche se oggi si sente ancora qualche volta tra gli anziani.

L'origine di ciao

Oggi si salutano le persone a cui si dà del **tu** con **ciao**. In origine, però,
ciao significava **schiavo vostro** *(your slave)* e quindi non era per niente
un saluto fra amici!

I consigli di quartiere

I consigli di quartiere sono un'istituzione relativamente nuova in Italia.
Esistono dalla metà degli anni Settanta. Con la legge dell'8 aprile 1976 è
stato possibile creare questi consigli per dare ai cittadini l'occasione di
partecipare alla gestione del loro quartiere.

I consigli non esistono dappertutto perché dipendono dalla volontà del
comune, che è il governo locale. Si trovano soprattutto nelle maggiori
città, ad esempio Milano e Venezia: quest'ultima è stata una delle prime
città ad organizzare questa istituzione.

In generale i membri dei consigli sono eletti dalla popolazione del
quartiere. Gestiscono vari servizi comunali che riguardano il quartiere,
come per esempio l'edilizia popolare, i parchi e lo sport, le biblioteche,
l'igiene e la scuola. Il comune di Venezia definisce i consigli di quartiere
come 'uno strumento di democrazia che garantisce ai cittadini di
partecipare alle scelte del governo della città'.

2 DI DOV'È?

> **Talking about places**
> Where you're from, where you live and work
> Whereabouts a place is
> Places you've been to and how long you stayed

1   Daniela meets three people from different parts of Tuscany: Lisa from Pisa, a lady from Florence, and a man from Viareggio who's reluctant to reveal his age!

Daniela	Come ti chiami?
Ragazza	Lisa.
Daniela	Di dove sei, Lisa?
Lisa	Di Pisa.
Daniela	Signora, lei è di Firenze?
Signora	Sì, io sono proprio fiorentina.
Daniela	Lei è di Viareggio?
Signore	Sì, sono nato a Viareggio una certa quantità di anni fa . . . trentanove anni fa.

sono nato   *I was born*

> To ask where someone's from
>   **di dove sei?**   or   **tu sei di . . . ?**
>   **di dov'è lei?**   or   **lei è di . . . ?**

2   At the moment Paola lives and studies in Milan, the capital of Lombardy, but she hails from Domodossola, a small town in Piedmont.

Denise	Paola, dove abiti? Abiti qui a Milano?
Paola	Sì, abito a Milano ma non sono milanese.
Denise	Ma di dove sei esattamente?
Paola	Sono di Domodossola, una cittadina in Piemonte.
Denise	Da che parte del Piemonte si trova esattamente?
Paola	Si trova a nordest, al confine con la Svizzera.

Denise	Ah, ho capito. Senti, qui a Milano quanto rimani ancora?
Paola	Penso di rimanere finché ho terminato i miei studi.

finché ho terminato *until I've finished*

---

3 A migrant to Lombardy, this man is originally from a village in Treviso, one of the provinces that make up the region of the Veneto.

Alessandro	Scusi, di dov'è lei?
Signore	Io sono originario del Veneto, di un villaggio chiamato Sagareda in provincia di Treviso.
Alessandro	Ah, e quanto dista, scusi, da Treviso?
Signore	Da Treviso dista circa quaranta chilometri.
Alessandro	Ho capito, e dove abita esattamente ora?
Signore	Ora abito a Lodi da circa venticinque anni.
Alessandro	Ah, quindi ormai lei è completamente trapiantato in Lombardia?
Signore	Sì, completamente.

trapiantato *settled down* (lit. *transplanted*)

To ask whereabouts a place is
da che parte si trova?

and how far away it is
quanto dista (da Treviso)?

---

4 Talking about places you've been to and what they're like is a favourite topic of conversation. Here an inveterate traveller, Fiorella Banfi, talks to Daniela about some of the places she knows in Italy . . .

La Sardegna: panorama

Daniela	L'Italia lei la conosce bene?
Fiorella	Abbastanza bene. Conosco il nord abbastanza bene.

Daniela	E nel sud, per esempio, è mai stata?
Fiorella	Sud vero e proprio no, sono stata nelle isole.
Daniela	Quali isole conosce?
Fiorella	Sicilia, Sardegna, le Eolie, e le ultime eran le Tremiti.
Daniela	Ah, le Tremiti. Le Tremiti, mi può dire dove si trovano esattamente?
Fiorella	Sono al largo del Gargano, circa venti miglia marine dalla costa.

sud vero e proprio *the south itself*
al largo del Gargano *off the coast of the Gargano peninsula*

---

5 . . . and in England.

Daniela	Mi hanno detto che la Cornovaglia è molto bella, è vero?
Fiorella	Bellissima, sì. Io conosco il sud della Cornovaglia, sono coste molto belle, scogliere, spiaggette . . . molto molto bella . . ., dei . . . dei paesini di pescatori molto piccolini, pittoreschi.
Daniela	Da che parte si trova?
Fiorella	Dunque, la parte più a ovest dell'Inghilterra – sudovest dell'Inghilterra, verso l'Atlantico.
Daniela	Senta, e lei c'è rimasta molto in Cornovaglia quando è andata?
Fiorella	Eh sì, sì, sono andata per cinque anni di seguito per Pasqua per quindici giorni.
Daniela	Quindi la consiglia?
Fiorella	La consiglio senz'altro.

mi hanno detto *I've been told*
cinque anni di seguito *five years running*

> To say you know a place
> **conosco** il nord
>
> To ask if someone's ever been to a place
> **è mai stato** in Inghilterra?
> **è mai stata** a Roma?

DA CAPIRE

1 Venice has its own dialect, which isn't easy for other Italians, like Signora Gabriele, to understand. When you listen, work out where Signora Gabriele was born, where her parents come from and how long she's lived in Venice. (Note that Francesca says **da dove viene?** as an alternative to **di dov'è?**.)

Francesca	E lei, signora, da dove viene?
Sig.ra Gabriele	Io vengo da Milano, però non sono nata a Milano. Sono nata a Roma e sono di genitori napoletani, e ho vissuto anche alcuni anni a Firenze.

Francesca　Sento infatti che non è veneziana dall'accento.

Sig.ra Gabriele　Sì, effettivamente si nota. Comunque oramai son da sette anni a Venezia e ho imparato a capire benissimo i veneziani, perché il dialetto veneziano è particolarmente difficile da capire quando non si conosce, poi un po' per volta ci si abitua. Naturalmente non si può pretendere di parlarlo perché si diventa ridicoli senza saperlo parlar bene.

un po' per volta　*bit by bit*
　ci si abitua　*you get used to it*
pretendere di　*to claim to*

 　　2　Sardinia actually has its own language. See if you understand the difference between the north and the south of Sardinia, and work out what other languages have influenced Sardinian.

Daniela　So che la Sardegna è una regione molto diversa da una parte all'altra, è vero?

Fiorella　Sì, abbastanza vero. Io conosco il nord della Sardegna, verso Castel Sardo e Capocaccia, e poi il sud vicino a Villa Simius. Le due regioni sono molto diverse.

Daniela　In che senso sono diverse?

Fiorella　Villa Simius, diciamo, è più turistica, è più . . . ci sono spiagge, alberghi, molto sviluppata, mentre nel nord era molto meno.

Daniela　Ecco, ed è vero che il sardo è una lingua a sé, una lingua particolare, e non è un dialetto?

Fiorella　Pare; io l'ho trovato molto interessante da ascoltare, ma non lo capisco tutto. E' un misto di catalano, latino, un po' d'italiano, un po' . . . In Alghero per esempio c'è una cittadella dove si parla quasi puro catalano.

una lingua a sé　*a language in itself*
pare　*it seems so*

ANALISI

1　Origins
Asking people where they're from
    di dove sei (tu)?　or　**tu di dove sei?**
    di dov'è (lei)?　or　**lei di dov'è?**

The word **lei** tends to be used more often than **tu**, though both can be left out (as can **io, noi, voi,** etc) as the verb, with its different endings, is sufficient.

Saying which town you're from

sono	**di** Firenze	or	fiorentino/a
	di Milano	or	milanese

and which country

sono	italiano/a
	inglese
	scozzese

Note that you never say **sono di** followed by the name of the country.

An alternative to **di dov'è?**

> **da dove viene?**   where do you come from?

Answer with

> **vengo da** Milano   *or*   **sono** milanese/inglese

---

2   **Where?**

Trovarsi is often used instead of **essere** when talking about where places are

> dove **si trova** Treviso?   where is Treviso?

Da che parte *(whereabouts)* is often used instead of **dove** to get more precise information

da che parte	del Piemonte si trova?
	della città si trova?
	abiti?

How far away is it from . . . ?

> **quanto dista da** Palermo/Firenze?
> **dista** quattro/cento chilometri

---

3   **Places you've been to**

To say you know a place, use **conoscere**

conosco	il nord	lo	**conosco**
	l'Italia	la	

To say where you've been, use **stare**

sono stato/a	nel nord	I've been to . . .
	nelle isole	
siamo stati/e . . .		we've been to . . .

---

4   **Talking about length of stay**

Use the verb **rimanere** to ask *how long are you staying?*

> (tu)   **quanto rimani?**
> (lei)   **quanto rimane?**
> (voi)   **quanto rimanete?**

and *how long did you stay?*

> (tu)   **quanto sei rimasto/a?**
> (lei)   **quanto è rimasto/a?**
> (voi)   **quanto siete rimasti/e?**

---

5   **Being in a place, going to a place**

A peculiarity of Italian is the way you say *to* or *in* when talking about places.

When you're talking about towns or small islands, **a** means *to* or *in*

abito	a	Venezia	I live in . . .
vado		Lodi	I go to . . .
		Capri	

With regions, big islands, countries or continents, use **in**

abito vado	**in**	Toscana/Cornovaglia Sardegna/Sicilia Svizzera/Inghilterra/Europa

Sometimes you'll find that **in** is joined to the article (see **Grammatica** 4).

sono stata	**nelle** Tremiti **nel** nord

---

6   Here and there

Qui and **lì** mean *here* and *there*, but very often **ci** is used instead

ci vengo **ci** vado	ogni anno	I come *here* I go *there*	every year

non **ci** sono mai stato   I've never been there

---

7   Conoscere and **sapere**

These can both be translated as *to know*

> **conosco** il nord della Sardegna
> **so** che la Sardegna è una regione molto diversa

conoscere   to know: a place, a person
sapere   to know: a fact, how to do something

To say you know a language, you can use **conoscere**, but **sapere** is more usual.

In Italian it's unusual to answer a question with an abrupt **so**, *I know* – you need to include the word for **it**, **lo**

> sai che il Papa è andato in Argentina?   sì, **lo so**
> quanto rimani qui?   **non lo so**

PAROLE

visitare	to visit (a place)
andare a trovare	to visit (a person)
vado a trovare mia sorella	I'm going to visit/see my sister
andare da . . .	to go to someone's house, to stay with someone
vado da mia sorella	I'm going to my sister's
in città	in the city/town
in campagna	in the country
un villaggio, or more usually **un paese**	village
un paese also means	country
all'estero	abroad
un posto, un luogo	place – **posto** is more colloquial; it can also mean a seat (eg on a train) and even a job

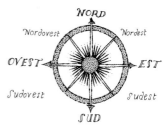

settentrionale	northern
meridionale	southern
orientale	eastern
occidentale	western

proprio – used emphatically to mean *really*, *real*, *genuine*
    sono proprio fiorentina   I'm a real Florentine
    è proprio ubriaco   he's really drunk

ho capito – when you've understood something, *I see, I get it*

senz'altro – *definitely, of course*
    la consiglio senz'altro

comunque – *however, anyway*
    comunque sono da sette anni a Venezia

PROVACI

1   **Quale?** – which sentence would you use

1   to say you visited Ischia?
    Vado spesso a Ischia.
    Abito a Ischia.
    Ho visitato Ischia.

2   to say *we went to visit friends at Bari*?
    Sono andato a trovare i miei parenti a Bari.
    Siamo andati a trovare amici a Bari.
    Siamo andati a visitare Bari.

3   to ask a couple if they've ever been to Ireland?
    Lei è mai stato in Irlanda?
    Tu sei mai stato in Irlanda?
    Voi siete mai stati in Irlanda?

4   to say *I recommend it*?
    Lo consiglio.
    Lo conosco.
    Me lo consiglia.

5   to say *Gorizia is on the Yugoslav border*?
    Gorizia si trova lontano dalla Jugoslavia.
    Gorizia si trova a sud della Jugoslavia.
    Gorizia si trova al confine con la Jugoslavia.

2   Giuseppe and Carlo are chatting about their home towns – use the expressions in the box to make sense of their conversation.

> ho capito
> senz'altro
> proprio
> comunque

Giuseppe   Carlo, tu sei (1) veneziano?
Carlo   Eh si, sono nato a Venezia e ci ho sempre vissuto.
Giuseppe   Ah, (2) . Ma se non sbaglio tu adesso vai a vivere a Milano?
Carlo   Sì, (3) ci vado solo perché a Milano è più facile trovare lavoro.
Giuseppe   Ah, ma preferisci Venezia, no?
Carlo   Sì, (4) !

3   How well do you know Italy? With the help of the map on page 18, choose the right locations.

1   La Calabria è a | **nordest** / **nord** / **nordovest** | della Sicilia.

2   La Lombardia è a | **ovest** / **nord** / **est** | del Piemonte.

3   Cagliari è nel | **nord** / **sud** / **sudovest** | della Sardegna.

4   Torino si trova nell'Italia | **meridionale** / **centrale** / **settentrionale** | , a | **sudovest** / **sudest** | di Milano.

5   Roma si trova nell'Italia | **meridionale** / **centrale** | , a | **nord** / **sud** | di Napoli.

4   How would you tell someone that

1   you haven't been to the island of Elba
2   this is a very beautiful place
3   you've been to Pisa five years running
4   you and your sister have been to Florence twice
5   you were born in Edinburgh and you know Scotland very well.

5   Signor Carli was talking to the porter in his hotel. What did they say? Choose the right word from the alternatives given.

Portiere   Lei viaggia molto, signore?
Sig. Carli   Sì, abbastanza. **Conosco/So** quasi tutta l'Europa. Quest'anno sono già

stato **a**/**in** Francia, **a**/**in** Belgio e **a**/**in** Danimarca, e poi anche **a**/**in** Praga **a**/**in** Cecoslovacchia.

Portiere	Ah, **a**/**in** Praga! **Conosco**/**So** che la Cecoslovacchia è **ad**/**in** Europa, però mi sembra più lontana, più esotica. Lei **conosce**/**sa** qualcuno lì, o ci è andato per affari?
Sig. Carli	No, no, ci sono andato per affari, non ho amici lì. **A**/**In** Svezia e **a**/**in** Danimarca sì, però.
Portiere	Ma lei **conosce**/**sa** parlare tante lingue allora?
Sig. Carli	Mah, parlo tre lingue: l'italiano ovviamente, il francese e poi un po' d'inglese. Come lei **conosce**/**sa**, i danesi e gli svedesi **conoscono**/**sanno** parlare tante lingue e allora mi capiscono sempre!

6   You get talking to the barman at your hotel in Florence. Fill in your part of the conversation.

Barista	Ecco la birra. Lei non è di Firenze, vero?
You	*(Say no, you're English)*
Barista	Ah, è inglese. E' di Londra?
You	*(No, you're from Carlisle)*
Barista	Non la conosco. Da che parte si trova?
You	*(Tell him it's in the north; ask him if he's ever been to England)*
Barista	Sì, sono stato un paio di volte a Londra.
You	*(Ask if he stayed long)*
Barista	No, quindici giorni soltanto. Sono andato a trovare mio fratello che lavora lì.
You	*(Ask what work his brother does)*
Barista	Fa il cameriere.
You	*(Yes, there are lots of Italian restaurants in London)*
Barista	Sì, più che in Italia! Ma è questa la prima volta che lei viene in Italia?
You	*(Yes, it's the first time)*
Barista	E quanto rimane?
You	*(You're staying here three weeks)*
Barista	Ma allora lei deve andare in Sicilia! Io sono siciliano, sa, di Trapani. E' un posto bellissimo!
You	*(Whereabouts in Sicily is Trapani?)*
Barista	Si trova nella parte occidentale della Sicilia.
You	*(Say 'I see', and ask if he goes to visit his relatives sometimes)*
Barista	Sì, sì, ogni anno, e poi spero di tornare in Sicilia l'anno prossimo e di aprire un ristorante con mio fratello.
You	*(Good luck then!)*
Barista	Grazie.

VITA ITALIANA

Le isole italiane
Prima o poi i viaggiatori amanti dell'Italia visitano le isole più famose: la Sicilia, la Sardegna, Capri, Ischia e l'isola d'Elba. Non sempre, però, scoprono le tante altre isole al largo della costa italiana. Intorno alla Sicilia e alla Sardegna, per esempio, si trovano varie piccole isole incantevoli. Quelle più remote si trovano a sud della Sicilia: Lampedusa, Linosa e Pantelleria, che in realtà sono più vicine alla Tunisia!

Più vicine alla Sicilia, a nordest, si trovano le sette **isole Eolie**, conosciute nella mitologia antica. Hanno una ricca vegetazione mediterranea e producono il famoso vino Malvasia e i capperi. A **Lipari**, l'isola più grande – e l'unica dove si può portare la macchina – ci sono delle favolose spiagge bianche di pomice. La pomice è estratta dalle cave di Monte Pelato e viene esportata in tutto il mondo. In contrasto, a **Stromboli** ci sono delle spiagge nere, formate dalla lava vulcanica. Infatti Stromboli è l'unico vulcano in perenne attività in Europa. Le sue eruzioni sono così regolari che la notte si può uscire in barca sulla cosiddetta **Sciara del fuoco** per vedere l'esplosione di fuoco e di massi incandescenti. (Quelli che hanno il coraggio possono salire fino al cratere con una guida.)

Sempre al largo della costa settentrionale della Sicilia si trova **Ustica**. Al giorno d'oggi è un paradiso per i turisti, ma in passato è stato un posto di confino per i prigionieri politici dell'epoca fascista.

Si mandavano prigionieri anche a Lipari e nelle **Tremiti**. Le Tremiti si trovano dalla parte orientale dell'Italia, nell'Adriatico, vicino alla penisola del Gargano. Sono frequentate ogni anno da molti turisti che vanno in campeggio proprio nelle stesse pinete in cui hanno vissuto alcuni dei detenuti politici.

Tra le varie isole al largo della Sardegna c'è **Caprera** al nord. Anche questa ha ospitato un ribelle, ma non è stato incarcerato: a Caprera ha vissuto Garibaldi, uno degli eroi dell'Unificazione italiana. Ha comprato metà dell'isola nel 1857, e alcuni anni dopo l'altra metà è stata regalata a Garibaldi da alcuni ammiratori inglesi.

Giuseppe Garibaldi

Il campanilismo

La parola deriva, significativamente, da **campanile** *(bell-tower)*, il simbolo del paese natio. Un italiano è generalmente orgoglioso della città o della regione in cui è nato, e molte volte, prima di dire che è italiano, dice che è romagnolo, veneziano, napoletano, e così via. Questo campanilismo, cioè l'attaccamento al proprio luogo di nascita, è una cosa fondamentale in Italia e ha delle radici storiche che aiutano a spiegare il fenomeno.

L'Italia come paese unito è molto giovane in confronto alla Gran Bretagna o alla Francia, per esempio. La nazione italiana è stata creata fra il 1860 e il 1870. Prima esisteva una multitudine di piccoli stati separati, spesso in lotta tra di loro e ognuno con lingue o dialetti diversi e anche tradizioni diverse. Nonostante l'unificazione politica e poi l'opera dei mass media, che hanno reso molto più omogenei i costumi, il campanilismo è molto forte e radicato. Sussistono delle rivalità non solo tra le regioni, ma anche tra province o addirittura tra città. All'inizio degli anni Ottanta, per esempio, gli abitanti della Romagna, che fa parte della regione dell'Emilia-Romagna, hanno cominciato a chiedere la separazione dall'Emilia e la costituzione di una regione romagnola autonoma. Alcuni anni prima, a Reggio Calabria, hanno fatto una rivolta e hanno sparato sui carabinieri perché Catanzaro era stata preferita a Reggio come capitale regionale!

3 COMPLIMENTI!

> **Well done!**
> What you can do
> Likes and interests
> How good or bad you are at doing things

1 Praising people is a polite (if not always sincere) part of everyday conversation. Here, Alessandro compliments Roberta on her piano-playing.

Alessandro   Complimenti! Sei molto brava! Ti piace suonare il piano?
Roberta   Sì, molto, mi piace molto.

2 You also need to say whether *you're* any good at sports, games, etc. Giovanna is modest about her abilities as a volleyball player.

Francesca   Che ruolo fai, *(eh . . .)* nella squadra di pallavolo voglio dire?
Giovanna   Ah, dipende, perché si cambia.
Francesca   E sei brava a pallavolo?
Giovanna   Insomma . . .
Francesca   Ti piace?
Giovanna   Sì, abbastanza.

che ruolo fai?   *what position do you play? (more usually* che ruolo hai?*)*
insomma . . .   *implies 'well, I'm not that good'*

> To say *well done!*
> **complimenti!**   or   **bravo/a!**
>
> To say *you're very good at . . .*
> **sei molto bravo/a a pallavolo**

3 Signora Simonelli is so proud of her bridge-playing she reckons that she and her husband are unbeatable.

Daniela   Signora, so che a lei piace giocare a carte.
Sig.ra Simonelli   Sì, io gioco al bridge, ma anche mio marito gioca molto bene al bridge. Siamo una coppia imbattibile, credo.
Daniela   Siete molto bravi?
Sig.ra Simonelli   Sì, piuttosto.

gioco al bridge   *it's better to say* gioco a bridge

4   Paola used to ski, and ski quite well, but she's given up after an accident.

Denise Paola, tu che abiti vicino alla Svizzera, sai sciare?
Paola   Sì, certamente.
Denise Sei brava?
Paola   Abbastanza, ma ho smesso due anni fa.
Denise Hai smesso? Come mai, non ti piace più?
Paola   No, sono caduta e ho ancora molta paura.
Denise Ah, peccato.

non ti piace più?   *don't you like it any more?*
sono caduta   *I fell/had a fall*

To say you play an instrument
   suono l'arpa

but to say you play a game
   gioco a carte

To ask *do you know how to . . . ?*
   sai/sa sciare?

---

5   Roberta is studying music at the **Conservatorio** in Milan. She explains
         what kind of music and which instrument she finds easiest to play.

Alessandro E' da tanto tempo che suoni questo strumento?
Roberta   Circa tre anni.
Alessandro Mi sembra che te la cavi bene adesso. Ti è riuscito difficile iniziare
              a suonare?
Roberta   Abbastanza, ma comunque ci sono pezzi che riesco meglio, tipo
              Beethoven, e certi che ne riesco peggio, tipo Chopin e Bach.
Alessandro Sai suonare anche qualche altro strumento?
Roberta   Certamente, l'arpa.
Alessandro Ah, l'arpa. Ma è più difficile o più facile del piano?
Roberta   Più difficile, e poi quando la suono mi fa male alle dita.

te la cavi bene   *you're getting on quite well*
pezzi che riesco . . .   *this should be* pezzi in cui riesco . . .
   certi che ne riesco . . .   certi in cui riesco . . .
mi fa male alle dita   *it hurts my fingers*

---

6   Paola talks about the school subject she finds hardest.

Denise Paola, tu sei brava in lingue e in letteratura, però c'è una materia in cui
          vai proprio male?
Paola   Sì, vado male in matematica, faccio proprio schifo, non ci capisco niente.
Denise Ma come! Non ci capisci niente?
Paola   Proprio non ce la faccio.
Denise Ma io non ti credo!
Paola   Ti giuro, è la verità!

faccio proprio schifo   *I'm absolutely lousy*

> To say *I'm bad at* . . .
>   **vado male in** matematica
>
> To say *I can't manage it*
>   **non ce la faccio**
>
> To say *I don't understand a thing*
>   **non ci capisco niente**

DA CAPIRE

La Scala di Milano

 **1** Professor Simonelli, who was introduced in Chapter 1, is a doctor. Like many Italians, he is a keen music-lover.

Daniela Lei, professore, io so che oltre esercitare la sua professione lei ha altri interessi.

Prof. Simonelli Mi occupo soprattutto di musica. Sono sempre stato un appassionato ascoltatore di musica.

 **2** Opera, **la musica lirica**, is the music most readily associated with Italy. Laura Lepri, who has aspirations to be an opera singer, talks about what attracts Italians to the opera. Why does she say Italians enjoy singing arias, and which is her personal favourite?

Francesca Senti, è vero che gli italiani sono molto appassionati di musica lirica?

Laura Sì, direi che c'è una tradizione che risale all'Ottocento e al . . . e al melodramma fondamentalmente verdiano. Con Verdi, e anche con . . . con Bellini e Donizetti, con Rossini anche, prima però, si apre diciamo un filone in cui le arie delle opere diventano molto . . . diventano molto popolari, diventano molto cantabili.

Francesca Puoi mica farmi qualche esempio?

Laura	Sì, mmm, gli italiani ovviamente si riconoscono molte volte negli eroi di queste . . . di questi drammi popolari, no? E quindi, va be', possiamo far degli esempi, nel *Rigoletto* di Verdi, oppure nel *Trovatore*. Allora, un'aria abbastanza famosa è quella del *Rigoletto* in cui il . . . il duca di Mantova canta 'La donna è mobile', che fa più o meno . . . *(Laura canta un pezzo dell'aria)*
Francesca	Sei molto brava devo dire. Senti, e tu, che opera preferisci? Qual è la tua preferita?
Laura	Be', io rimarrei sempre nel campo verdiano, e nel *Trovatore*, la cui aria fondamentale è un'aria che si trova nel primo atto, ed è l'aria in cui Eleonora racconta a Ines, la sua domestica, diciamo, l'incontro con il trovatore, e più o meno . . . faccio l'esempio di come l'aria fa, più o meno fa così, dunque . . . *(Canta ancora)*

che risale all'Ottocento   *that goes back to the 19th century*
io rimarrei nel campo verdiano   *I'd still stay with Verdi*

ANALISI

1   What you can do

When the word *can* involves knowing how to do something, you use the verb **sapere**

sai sciare?	can you ski?
sa suonare il piano?	can you play the piano?
so giocare a carte	I can play cards

When saying what you play, use **giocare** for a game or sport and **suonare** for an instrument.

2   What you like doing

To say what you like doing, use **mi piace** followed by an infinitive (the part of the verb ending in −**are**, −**ere** or −**ire**)

mi piace		I like	
ci piace	**giocare** a golf	we like	playing golf

(**Mi piace** literally means *it is pleasing to me*.)

To ask *do you like . . . ?*, use **ti**, **le** or **vi** as appropriate
    le piace cucinare?   do you like cooking?

and to say what others like doing
    gli piace leggere   he likes/they like reading
    le piace nuotare   she likes swimming

(For **gli**, **le**, etc, see **Grammatica** 29.)

If you're very keen on something, you can say
    sono un appassionato di musica }
    sono un'appassionata di musica } I'm keen on music

If you don't like something
    non mi piace cucinare

and if you really dislike it or can't stand it
    non mi piace per niente cucinare!

3 Being good at things

To ask if someone's good at something

sei bravo/a a | pallavolo?
| suonare il violino?

è bravo/a in | inglese?
| lingue?

siete bravi/e in matematica?

Note that you use **in** with a subject of study.

Saying how good you are

sono	**abbastanza**		quite good
	piuttosto	bravo/a	rather/pretty good
	molto		very good

A colloquial and fairly modest way to say you're not bad at something is **me la cavo bene**.

4 Being bad at things

To say you're no good at something

non sono bravo/a | a tennis
| in matematica

or **vado male** in matematica

Andare male is used to talk about subjects of study, or about sport, eg **la squadra va male quest'anno**, *the team's doing badly this year*.

To say you haven't a clue, you don't understand a thing
non ci capisco niente

5 Coping and managing

Asking if someone can manage, for example if they're struggling with a heavy suitcase
ce la fai/fa?
or **ci riesci/riesce?**

Saying *I can/can't manage it*
ce la faccio / **non ce la faccio** (the **ce la** and
ci riesco / **non ci riesco** **ci** don't change)
non riesco ad aprire la finestra I can't (manage to) open
the window

(For a note on **farcela** and **cavarsela**, see **Grammatica** 41.)

PAROLE	
gli sport e i giochi	sports and games
giocare a . . .	to play . . .
. . . calcio	. . . football
. . . pallacanestro	. . . basketball
. . . scacchi	. . . chess
. . . dama	. . . draughts
. . . flipper	. . . pinball

For activities and sports that you take part in rather than play, you use
fare or praticare

fare/praticare . . .

. . . l'atletica	to do athletics
. . . il ciclismo	to cycle/go cycling
. . . il nuoto	to swim/go swimming
. . . lo yoga	to do yoga
il campo	playing field, court
fare una partita	to play a match/game
partecipare a una gara	to take part in a race
un giocatore molto forte	a very good player
far parte di . . .	to be part of/belong to . . .
. . . una squadra	. . . a team
. . . un circolo	. : . a club
. . . un coro	. . . a choir
. . . un complesso	. . . a group/band

---

come mai? – when you're curious about something, *why?*, *how come?*
non vai più a sciare, come mai?

come! – expressing surprise or disbelief, *what!*
còme! non ci capisci niente?

tipo – for giving an example, *like, such as*
ci sono pezzi, tipo Beethoven . . .

peccato – expressing regret, *what a pity, what a shame*

mica – *by any chance, at all*

puoi mica farmi	can you by any chance give me
qualche esempio?	some examples?

PROVACI

1 Quale? – which one?

1 What is Juventus?
una squadra di calcio
un complesso rock
un appassionato di yoga

2 Which phrase might be used by a modest lady chess-player to describe
her prowess?
Sono molto brava a scacchi.
Sono piuttosto brava a carte.
Sono abbastanza brava a scacchi.

3 How would you ask a friend if he or she likes listening to pop music?
Le piace ascoltare la musica pop?
Ti piace ascoltare la musica pop?
Ti piace suonare la musica pop?

4 Which of these would you expect to see taking part in a football match?
due ciclisti   due squadre
due cori   due circoli

5 Which question wouldn't you use to suggest a game of cards?
Vuoi giocare a pallacanestro?
Volete giocare a bridge?
Facciamo una partita a carte?

6 Which phrase suggests you're not bad at English?
Me la cavo bene in inglese.
Non ci capisco niente in inglese.
Faccio schifo in inglese.

---

2 Use these words to fill in the gaps:

tipo	peccato	come mai	come

1 Pierluigi has never shown the slightest interest in music, but out of the blue . . .

Pierluigi Sai che sto pensando di imparare a suonare uno strumento musicale?
You ....! Ma tu dici sempre che non ti piace la musica!

2 At an athletics meeting, you're surprised to see Susanna, a fine sprinter, sitting in the stands.

You .... non partecipi alla gara?
Susanna Purtroppo mi fa male il piede, non riesco neanche a camminare.
You Oh, che ....!

3 Fabio asks you about your tastes in jazz.
Fabio Che tipo di jazz preferisci?
You Be', in generale preferisco il jazz tradizionale .... Duke Ellington, ma comunque ascolto volentieri anche il jazz moderno .... Keith Jarrett.

4 You're discussing sport with Renato.
Renato .... agli inglesi piacciono questi sport strani .... il cricket?
You ....! Ma il cricket non è per niente strano, è uno sport bellissimo! .... che non si gioca anche in Italia!

---

3 How would you say to your friend Antonia

1 Well done, you're very good.
2 Can you manage?
3 I'm very keen on pinball.
4 Is it difficult to play the piano?
5 I belong to a choir.

---

4 This conversation between Signora Ferrari and Signora Lancia was overheard at the hairdresser's. The noise of the hairdriers drowned out some of the words: to find out what they said use the words in the box to fill in the gaps.

ragazzi	scandalo	le
gli	riesce	male

Sig.ra Ferrari Mio figlio Gianni va molto male in matematica.
Non (1) piace per niente. E Carla, come va?
(2) piace la matematica?

Sig.ra Lancia Mah, probabilmente va peggio di Gianni.
Non (3) a capire niente. E poi anche
in italiano va molto (4).

Sig.ra Ferrari Ma non è colpa dei (5), sai. Hai visto quel
barbuto che insegna italiano? Dicono che
fa parte di un complesso rock, è
veramente uno (6)!

---

5 In the hotel bar the conversation turns to sport . . .

Signore Il Liverpool ha una squadra forte quest'anno, vero?

You *(Say you don't know, you can't stand football)*

Signore Ah, peccato, io sono un appassionato di calcio.

You *(Ask him if he plays football)*

Signore No, prima giocavo ma ho smesso tre anni fa.

You *(Say that you like playing tennis – start with* a me*)*

Signore Ah sì? Ed è bravo lei?

You *(Well, you know how to play, but not very well)*

Signore Anch'io gioco a tennis, e allora perché non facciamo una partita
insieme? Io faccio parte di un circolo di tennis e trovo
sempre un campo libero. Lei rimane fino a domenica?

You *(Yes, you're staying till Monday)*

Signore Benissimo. Allora facciamo la nostra partita domenica
prossima alle dieci.

You *(Sunday at ten, that's fine)*

Signore Il campo si trova in Via Panatta, ce la fa a trovarlo o
vengo a prenderla?

You *(No, you can manage)*

And when he's gone the barman leans over to you . . .

Barista Scusi, signore, non so se lo sa lei, ma quel signore con cui
parlava ha vinto il Campionato di Tennis della Toscana
per tre anni di seguito.

You *(What!?)*

---

 6 Listen to the **Da capire** interviews and decide whether these statements
are true or false.

1 Al professor Simonelli piace la musica.
2 La musica lirica vuol dire *opera* in inglese.
3 Le arie di Verdi e di Bellini sono difficili da cantare.
4 Il duca di Mantova ha scritto delle opere famose.
5 Laura non conosce le opere di Verdi.
6 'La donna è mobile' è un'aria famosa del **Rigoletto**.
7 Laura è brava come cantante.

Sport e giochi

Nel mondo dello sport gli italiani sono conosciuti soprattutto come appassionati di ciclismo e di calcio, ed è risaputo che la squadra italiana ha vinto la coppa mondiale di calcio nel 1982. L'Italia, però, ha vinto campionati mondiali in vari altri campi, per esempio nel motociclismo, nell'equitazione, nella scherma e nel bridge.

La scherma è di antica origine italiana (risale al XII secolo), e da quando è diventata uno sport alla fine del XIX secolo, l'Italia è stata una delle nazioni a dominare le Olimpiadi e i campionati mondiali. Città come Venezia hanno dei circoli importanti di scherma, e anche se non è uno sport di massa, la vecchia tradizione di scherma rimane ancora viva.

Il bridge non ha una così lunga tradizione italiana, però si gioca molto. Ci sono stati dei giocatori italiani molto famosi, come Garozzo, Belladonna e Pabisticci, e la squadra azzurra ha vinto molti campionati consecutivi.

Un gioco di carte strettamente italiano, invece, è **la briscola**. E' un gioco popolare e molto diffuso che viene spesso giocato nei locali pubblici come i bar. Si gioca in due o quattro persone con un mazzo di quaranta carte. Il gioco è molto divertente e in generale le partite sono molto animate! Ovviamente non esistono campionati mondiali di briscola, ma in Italia ci sono tornei. Negli ultimi anni, uno dei tornei più noti ha avuto luogo in Toscana, e ci hanno partecipato tredicimila persone. Lo scopo del torneo era di finanziare la squadra di calcio di Colle Val d'Elsa che era in crisi: hanno salvato la squadra e migliaia di persone si sono divertite.

L'opera

A differenza di molti altri paesi, l'opera in Italia è uno spettacolo popolare: all'opera ci vanno tutti, dagli operai fino all'alta società. Questo forse non sorprende se si pensa che l'opera è di origine italiana.

L'opera all'aria aperta è abbastanza frequente, specialmente nei mesi estivi, perché in Italia ci sono solo tredici teatri d'opera. Tra questi la più rinomata all'estero è probabilmente La Scala di Milano; in Italia, però, sono tutti conosciuti, dal Teatro San Carlo di Napoli al Teatro La Fenice di Venezia, e la gente viene da lontano, spesso in pullman con viaggi organizzati, per assistere allo spettacolo.

La partecipazione del pubblico, specialmente nel loggione *(the gallery, the 'gods')*, è molto intensa. Se i cantanti non sono bravi il pubblico urla e fischia, soprattutto in certi teatri come il Regio di Parma o l'Arena di Verona che sono molto temuti dai cantanti per questo. All'Arena di Verona ci possono essere ventimila spettatori in una sera, e certi cantanti si rifiutano di cantare lì se non si sentono in forma!

4 CHE TIPO È?

Talking about people
What people look like
Personal characteristics
How you get on with people

1 Mariella, asked to describe her physics teacher, isn't very flattering.

Denise   Mariella, parli tanto del tuo professore di fisica. Che tipo è?
Com'è fisicamente?

Mariella   Mah, piccolino, capelli castani sempre per aria, occhi
azzurri con occhiali molto spessi, tipo
insignificante insomma.

Denise   Come si veste?

Mariella   Mah, si vestiva abbastanza bene, però ha i
pantaloni sempre troppo corti.

Denise   E' brutto, è bello, com'è?

Mariella   E' brutto!

Denise   Quindi non è il tuo tipo ideale insomma?

Mariella   No, proprio no!

Denise   Ma senti, ti è veramente antipatico allora?

Mariella   Sì, non lo posso proprio vedere.

sempre per aria   *always in a mess*
non lo posso proprio vedere   *I can't stand the sight of him*

2 Antonella, on the other hand, says she quite likes the sound of the man
that Francesca describes to her.

Francesca   E' un tipo . . . non l'hai mai visto tu?

Antonella   No, non l'ho mai visto.

Francesca   E' un tipo alto due metri circa, con le spalle grandi e grosse, i capelli neri
lunghi, il baffo che conquista! E' una specie di 'latin-lover', così.

Antonella   Sì? Bello, dico!

Francesca   Boh, insomma no, direi di no, a me non piace comunque, no!

non l'hai mai visto tu?   *haven't you ever seen him?*
boh, insomma no   *well no, not really*

To ask what someone looks like
com'è (fisicamente)?

and to ask what kind of a person
che tipo è?

Do you/don't you like him?
ti è simpatico/antipatico?

39

Rachele works at a leisure centre on the outskirts of Milan. Alessandro finds out what kind of people attend the centre.

Alessandro   La gente che viene qui, di che tipo è? Cioè, son solo bambini oppure . . . ? Che tipo di gente viene qui?

Rachele   Mah, diciamo che . . . soprattutto da una età dai sette fino ai ventitré anni, per cui diciamo che bambini non sono più, soprattutto giovani in questo momento. D'estate ci sono più bambini perché non vanno a scuola, per cui vengono qui al centro.

> What sort of people . . . ?
> **che tipo di gente** viene qui?
>
> Are they nice people?
> **è gente simpatica?**

Isa Budriesi and her family live outside the naval town of La Spezia, in a villa divided into two flats. Her downstairs neighbours are English, with some English eccentricities.

Angelo e Isa
Budriesi

E il loro vicino
sportivo

Alessandro	E' gente simpatica? Vi trovate d'accordo? Avete degli interessi in comune oppure no?
Sig.ra Isa	E' una famiglia molto simpatica, perché sono molto giovani e molto allegri e sportivi, e insieme andiamo spesso a giocare a tennis. Il marito è particolarmente sportivo. Tutte le mattine va al lavoro a piedi facendo circa sei chilometri all'andata e sei chilometri al ritorno.
Alessandro	Ma come, sei chilometri correndo o camminando?
Sig.ra Isa	No, correndo, correndo.
Alessandro	Ma non le sembra un po' strano, un po' eccentrico diciamo, oppure fuori della norma, se non altro?
Sig.ra Isa	Sì, per noi italiani è senz'altro fuori della norma, perché noi siamo piuttosto pigri.

vi trovate d'accordo?   *do you agree on things?*
correndo o camminando   *running or walking*
se non altro   *if nothing else*

---

5   Anna Pestalozza finds astrological signs a good guide to who she does and doesn't get on with.

Alessandro	Ci sono dei segni con cui vai più d'accordo?
Anna	Mah, l'astrologia dice di sì, per esempio io vado più d'accordo con la Bilancia, perché la Bilancia è una persona molto più . . . molto razionale, è una persona poco impulsiva.
Alessandro	E dei segni con cui non vai assolutamente d'accordo?
Anna	Mah, lo Scorpione e il Toro.

> To say you get on with someone
> **vado d'accordo con** la Bilancia

DA CAPIRE

1   We talked to three people about astrology. First, Laura Lazzari: what sign of the zodiac is she, and which signs doesn't she particularly like?

Daniela	Laura, di che segno sei?
Laura	Sono del segno della Bilancia.
Daniela	Il segno della Bilancia è un segno d'aria, mi pare.
Laura	Sì, è un segno d'aria.
Daniela	Hai delle preferenze nei segni zodiacali?
Laura	Delle preferenze proprio precise, no, però ho alcuni segni più simpatici, altri più antipatici.
Daniela	Quali sono i segni più antipatici?
Laura	Per me un segno antipatico è i Pesci.
Daniela	Oltre ai Pesci ci sono altri segni che ti stanno antipatici?
Laura	Mah, un segno che mi sta anche antipatico è il Leone.

oltre ai Pesci   *apart from Pisces*
ti stanno antipatici, mi sta antipatico – *it's more usual to say* ti sono
                                         antipatici, mi è antipatico

2   Anna Pestalozza, who's Aries, talks to Alessandro, who's Aquarius. Does Alessandro agree with Anna's reading of his character?

Anna   Tu di che segno sei?

Alessandro   Io sono dell'Acquario.

Anna   Gli Acquari, per quello che concerne astrologia, sono delle persone molto idealiste, delle persone molto indipendenti, abbastanza staccate dalla realtà.

Alessandro   Ma non mi sembra molto esatto, perché non sono troppo idealista, e poi sono un tipo abbastanza con i piedi per terra, cioè attaccato alla realtà. E tu, Anna, di che segno sei?

Anna   Io, sono dell'Ariete.

Alessandro   E che caratteristiche ha questo segno?

Anna   Dunque, l'Ariete è un segno che rappresenta una personalità molto impulsiva, molto estroversa, una persona parecchio intuitiva e a volte poco razionale.

3   Anna Dotti takes astrology quite seriously. What does she think of the predictions made in newspaper horoscopes?

Daniela   Tu leggi l'oroscopo sui giornali?

Anna   No, lo trovo stupido, perché è troppo preciso. L'indicazione che . . . che mi interessa è sapere gli astri, se sono in un assetto positivo o negativo rispetto al mio segno o al . . . o al segno che mi interessa sapere, insomma. Per il resto no, non si può dire che oggi ti accadrà questo o quell'altra cosa, è stupido, è assurdo.

ti accadrà   *will happen to you*

ANALISI

1   **Talking about physical appearance**
Asking what someone looks like
     com'è (fisicamente)?

Describing someone

| è | **brutto/a** | he/she is | ugly |
| | **bello/a** | | good-looking/pretty |

è	**alto/a**	he/she is	tall
	basso/a		short
è alto due metri		he's 2 metres tall (about 6′ 6″, ie very tall)	

| **ha** | **gli occhi** azzurri | he/she has | blue eyes |
| | **i capelli** castani | | brown hair |

2   **Character and types of people**
Asking what kind of person
     com'è?
or   **che tipo è?** } what's he/she like?

| **è un tipo** | interessante | he/she's | interesting |
| | simpatico/a | | nice |

Un tipo is used very frequently to mean *a person* (male or female).

What sort of people?
> **che tipo di gente** viene qui?

The word for people, **la gente**, is singular, so the verb is singular, **viene**.

---

3   Liking and disliking people

To say whether you find someone physically attractive, use **piacere**

mi piace	I like/fancy him/her
non mi piace	I don't like/fancy him/her

To emphasise *I don't like . . .* or ***you** don't like . . .*

a me	
a te	**non piace**
a lei	

Talking about whether you like someone as a person

mi è simpatico/a	I like him/her
ti è simpatico/a?	do you like him/her?
è gente simpatica?	are they nice people?
mi è antipatico/a	I don't like him/her

To talk about how you get on with people, use **andare d'accordo con**

vado d'accordo con la Bilancia	I get on well with Libra
ci sono delle persone	are there people you
con cui non vai d'accordo?	don't get on with?

---

4   Who and which

You use **che** and **cui** to mean *which* as well as *who/whom*, ie they can both refer to people and to things.

Use **cui** after a preposition (**in, a, con, per,** etc); otherwise use **che**

una persona	**che** conosco, **che** lavora con me
	con cui lavoro

un segno	**che** mi piace
	con cui vado d'accordo

PAROLE

un tizio	a colloquial word for *bloke, chap*
com'è fisicamente?	
grasso, magro	fat, thin
snello, slanciato	slim, slender
biondo, moro	fair, dark
capelli **lisci/ricci** / **corti/lunghi**	straight/curly / short/long hair
occhi chiari/scuri	light/dark eyes
carino	pretty/sweet
giovane, di mezza età	young, middle-aged
vecchio, anziano	old/elderly

che tipo è?

una brava persona	a good person
serio	responsible/serious
educato	polite/well brought-up
gentile	courteous/kind
aperto	open/outgoing
buffo	funny
in gamba	capable/good/competent
alla mano	friendly/affable
una persona poco simpatica	not a very nice person

You can often use **poco** to make something negative, eg **una persona poco seria**.

cattivo	bad/naughty
maleducato	rude
chiuso	closed/introverted
avaro, tirchio	mean/grasping
scemo	silly/idiotic
deficiente	stupid/cretinous
furbo	crafty/cunning
pazzo, matto	mad/crazy
matto da legare	absolutely nuts

---

per me – for expressing opinions, *in my view, as far as I'm concerned*
　　per me un segno antipatico è i Pesci

per cui – explaining why, *so, so that*
　　non vanno più a scuola, per cui vengono qui

insomma – summing up, *in other words, basically*
　　un tipo insignificante, insomma

cioè – clarifying, *that is*, often used like *I mean* in English
　　sono un tipo con i piedi abbastanza a terra, cioè attaccato alla realtà
It can also be used as a question to ask *for example?*
　　molte persone mi sono antipatiche　– Cioè?

PROVACI

1　Odd one out.

1　Which of these words wouldn't you use to describe someone's hair . . .
　biondi　alti　lisci　lunghi

2　. . . and eyes?
　azzurri　piccoli　chiari　snelli

3　Which word wouldn't you use to describe someone's physical appearance?
　cattivo　bello　brutto　slanciato

4　Which of these attributes wouldn't you associate with **una specie di 'latin-lover'**?

il baffo che conquista   occhiali molto spessi
occhi neri e belli   capelli lunghi e ricci

5   Which word wouldn't you use to describe a philanthropist . . .
bravo   **generoso**   **avaro**   **gentile**

6   . . . and a football hooligan?
scemo   **in gamba**   **deficiente**   **maleducato**

---

2   Piero is concerned to find out what Luisa's new colleague is like. Fill in the gaps in their conversation as appropriate with **che** or **cui**.

Piero	Che tipo è il tuo nuovo collega?
Luisa	Mah, sai, a me è veramente antipatico. E' un tipo (1) crede di sapere tutto, uno di quei sapientoni a (2) non puoi dire niente perché lui già lo sa!
Piero	Ho capito. E in realtà è uno scemo (3) non sa niente, vero?
Luisa	Esatto, parla spesso di cose di (4) non capisce niente. E poi, peggio ancora, è uno di quegli uomini per (5) le donne sono degli esseri inferiori (6) sono buone solo per cucinare e pulire la casa.
Piero	Non è un tipo con (7) puoi andare d'accordo allora?
Luisa	No, assolutamente!

---

3   **Un tipo eccentrico** – change this description to make it apply to **due tipi eccentrici.** (We've indicated where changes are necessary.)

Vive in un vecchio castello con centinaia di gatti, la gente **lo** vede solo una volta all'anno quando **va** in banca. Non **lavora** perché **ha** ereditato miliardi **da suo** padre; infatti è proprio **pigro**, non **fa** mai niente. Non **va** d'accordo con nessuno, e tutti **lo** giudicano **matto** da legare.

---

4   Giulio and Andrea are talking about Enrico behind his back – use the expressions in the box to make sense of their conversation.

insomma	**cioè**
per me	**per cui**

Giulio	Senti, Andrea, ti è simpatico Enrico?
Andrea	Mah, abbastanza, (1) mi sembra un tipo in gamba, un po' timido forse, (2) è difficile rispondere con certezza. Comunque, sì, mi è simpatico (3).
Giulio	E' simpatico anche a me. Mario dice che è un po' pazzo, ma (4) è normalissimo, mi sembra una persona alla mano, (5) un tipo con cui vado molto d' accordo.

---

5   It's the first time you've been to the tiny village of Tortellino and, as you drive through it, your friend Claudia, who teaches there, tells you a bit about the place and its inhabitants.

Claudia	Ecco Tortellino, siamo arrivati al paese.
You	*(Say 'it's a lovely place')*
Claudia	Sì, è piccolissimo poi: una piazza, due strade, cinquanta case e basta.
You	*(Ask what sort of people live here)*

Claudia	Ma sono soprattutto contadini, e poi c'è il medico, il prete e alcuni negozianti.
You	*(How many shops are there?)*
Claudia	Ce ne sono cinque, la panetteria, la farmacia, la drogheria, e due macellerie.

You	*(Two butcher's shops, why's that?)*
Claudia	E' un po' fuori del comune, certo. Infatti i due macellai sono fratelli, ma sono tipi molto diversi.
You	*(Ask what they're like)*
Claudia	Mah, il fratello maggiore, Gianni, è alto quasi due metri, mentre l'altro, Franco, è piccolino; Gianni è grasso, Franco è magro. Gianni è un tipo molto serio, chiuso; Franco invece è un chiacchierone.
You	*(Do they get on well?)*
Claudia	No, non si possono vedere, sono anni che non si parlano. Ecco perché ci sono due macellerie.
You	*(Say 'I see', and ask Claudia if she likes them)*
Claudia	Be', sì, mi sono piuttosto simpatici tutti e due, ma devo dire che compro la mia carne in città, al supermercato.

6   Listen to the **Da capire** interviews and decide which of these statements are true and which are false.

1   Daniela non sa niente dei segni zodiacali.
2   Per Laura un segno simpatico è il Leone.
3   Per Anna Pestalozza gli Acquari sono persone razionali.
4   L'Ariete è un segno che è sempre poco razionale.
5   Anna Dotti non legge l'oroscopo sui giornali.
6   Le interessa soprattutto sapere dove si trovano gli astri rispetto al suo segno.
7   Lei crede che con l'astrologia si può leggere il futuro.

VITA ITALIANA

Miti italiani
Il latin-lover: all'estero l'immagine più diffusa del maschio italiano è quello del latin-lover che fa strage di straniere. Come in ogni mito c'è

46

un po' del vero in tutto questo. Si sa che l'uomo italiano apprezza le donne e che può essere un corteggiatore incorreggibile, galante e pieno di attenzioni. Comunque, questo mito del maschio italiano, cacciatore inesorabile di donne, in fondo non è più così valido. E' stato detto che questo è dovuto più che altro al cambiamento straordinario della donna italiana negli ultimi anni, ed all'esistenza di un forte movimento femminista.

Il Parco Sempione

Il pigro: un altro mito abbastanza diffuso – anche fra gli italiani – è quello dell'italiano pigro e poco sportivo. Da alcuni anni, però, lo sport è praticato dall'italiano medio molto più di prima, e rappresenta ormai un momento importante del tempo libero. Questo si verifica in parecchie città, soprattutto a Roma e a Milano. Nel Parco Sempione di Milano esiste un percorso speciale per quelli che vogliono mantenersi in forma facendo il jogging o esercizi particolari che vengono scritti su cartelli speciali lungo il percorso.

Superstizioni italiane
L'interesse nell'astrologia o anche nei tarocchi *(Tarot cards)* è un fenomeno comune a vari paesi occidentali, e da alcuni anni in Italia vengono consultati migliaia di maghi dell'astrologia o dei tarocchi.

A quest'interesse relativamente recente si aggiungono però tante altre superstizioni che esistono da secoli. C'è chi crede che non solo il venerdì 13 ma anche il martedì 17 porti sfortuna, e c'è chi, vedendo il gatto nero attraversargli la strada, fa le corna – naturalmente con la mano destra, perché fare le corna con la sinistra invece porta male! Bisogna anche fare le corna, o toccare ferro, se si è costretti a sorpassare un carro funebre.

Poi c'è la paura del malocchio che esiste ancora – e non solo nel sud o in campagna dove sono più vive le superstizioni. Secondo un'indagine condotta in un ospedale del nord, sono superstiziosi molti medici e infermieri. Per loro è sacrosanto non mettere mai un paziente nel letto numero 17, e alcuni hanno confessato di credere nel malocchio.

Infine c'è la diffusa superstizione di Capodanno *(New Year's Day)*: porta buono se la prima persona che una donna vede è un uomo, e male se è una donna – e il contrario per un uomo!

5 COSA SARÀ?

> **Defining and describing things**
> Colours, shapes, sizes
> What things are made of and what they're for
> Wondering and guessing

1   The first two recordings were made with young people at a **Centro Tempo Libero** (*leisure centre*) in Milan. They played a game of 'guess the mystery object' – a modified form of 'Twenty Questions' – with Alessandro as chairman.

Alessandro   Ognuno di voi mi potrà fare alcune domande, tipo 'di che colore è?', 'che forma ha?', 'di che cos'è fatto?', 'a che cosa serve?', e io potrò rispondervi solamente 'sì' o 'no'. Chi indovina vince. Ora cominciamo da un oggetto abbastanza facile.

Ragazzo   Serve per lavarsi i denti?

Alessandro   No.

Ragazzo   E' flessibile?

Alessandro   No, non è flessibile.

Ragazzo   E' rotondo?

Alessandro   Guardato da un certo punto di vista è rotondo.

Ragazzo   E' di pietra? Può essere anche di pietra?

Alessandro   No, proprio no.

Ragazzo   E' di metallo?

Alessandro   Sì, c'è anche del metallo.

Ragazzo   Possono usarlo i bambini sotto i dodici anni?

Alessandro   Sì, sì.

Ragazzo   E' di grosse dimensioni?

Alessandro   E' di piccole dimensioni.

Ragazzo   Sarà una pila?

Alessandro   Sì, è una pila.

Ragazzo   Bravo!

ognuno di voi . . . potrà	*each of you will be able*
chi indovina vince	*whoever guesses wins*

> To ask what something's for
>   **a che cosa serve?**
>
> and what it's made of
>   **di che cosa è fatto?**
>
> Could it be . . . ?
>   **sarà una pila?**

2	The first object was a battery, and the next one is . . .

Ragazzo   E' piatta?
Alessandro   Sì, è piatta, direi.
Ragazzo   E' lucida?
Alessandro   Sì, è lucida.
Ragazzo   Sarà di ferro?
Alessandro   Sì, è proprio di ferro.
Ragazza   Hai detto che è piatta e che è di ferro *(sì)*, è per caso una lametta?
Alessandro   No, non è una lametta.
Ragazza   Che dimensioni ha?
Alessandro   Piccole, pochi centimetri.
Ragazzo   Si può mangiare?
Alessandro   Per carità, assolutamente! Si compra in cartoleria per esempio, la usano molto le segretarie, poi viene usata, non so, per chi ha a che fare sempre con fogli, foglietti . . .
Ragazzo   E' una graffetta?
Alessandro   Esatto, è una graffetta.

per chi ha a che fare con   *by whoever deals with – he should have said* da *not* per

> What colour is it?
> **di che colore è?**
>
> What size is it?
> **che dimensioni ha?**
>
> It's used for . . .
> **viene usato/a per . . .**

3	Another useful object, for getting rid of mosquitoes (**zanzare**), is **uno zampirone**. But what is it exactly? What does it look like, and how do you use it? Mick Webb, the course producer, found out from Daniela.

Mick   Cos'è uno zampirone?
Daniela   Lo zampirone, non so esattamente che cos'è uno zampirone, cioè di che cosa è fatto uno zampirone, però è un . . . lo zampirone è una cosa speciale, e te lo posso mostrare. Dunque, questi sono due zampironi. Sono di colore verde, di forma rotonda e sono . . . esattamente, sono due spirali, che tu devi staccare prima di usarli. Lo zampirone ha un odore abbastanza acuto, non è buono, ad alcuni non piace, ad altri sì – a me per esempio non dà fastidio. Per usarlo basta accenderlo, come accendi un bastoncino di incenso, perché è l'odore dello zampirone che allontana le zanzare.
Mick   Meno male!

basta accenderlo   *all you have to do is light it*

4	Bagni di Lucca is a spa town north-west of Florence. Daniela found out about the mud treatments from Signor Bertani, director of one of the spa's clinics.

Daniela   Senta, signor Bertani, parliamo delle cure. In cosa consistono esattamente le cure?

Sig. Bertani	Dunque, facciamo la cura dei fanghi.
Daniela	A cosa servono i fanghi?
Sig. Bertani	Ecco, i fanghi servono per la cura delle artrosi, cioè dolori reumatici, in maniera particolare. Normalmente vengono fatti dodici fanghi per poter ottenere l'efficacia specifica di questa cura. I vantaggi poi si sentono durante le stagioni invernali.

5 Signora Alba Todisco and her husband run a **tintoria**, a cleaner's, in Florence. She's very proud of the results they get with curtains and carpets, **tendaggi e tappeti**, using old-fashioned methods.

Daniela	Signora Alba, nel vostro negozio voi pulite vestiti e anche tendaggi e tappeti?
Sig.ra Todisco	Certamente. Noi abbiamo un lavaggio di tappeti, anche proprio persiani, anche in acqua, e vengono bellissimi.
Daniela	Come si fa a lavare un tappeto in acqua? Cosa vuol dire?
Sig.ra Todisco	Vuol dire che lo laviamo e poi dopo lo sciacquiamo molto bene con acqua fresca pulita, e poi viene steso al sole, viene proprio lavato come veniva lavato anticamente.

come si fa a . . . ?   *how do you go about . . . ?*
come veniva lavato   *as it was washed in the*
    anticamente   *old days*

> How something's actually done
> **viene steso** al sole
> **vengono fatti** dodici fanghi

DA CAPIRE

1 Apart from the mud treatments mentioned earlier, Bagni di Lucca caters for people with respiratory ailments which require a treatment known as **aerosol**. Is the water used hot or cold, and is its temperature always constant?

Daniela   Senta, ho visto anche che fate l'aerosol e altre cure.

Sig. Bertani   Sì, facciamo appunto delle inalazioni, sono inalazioni con acque delle . . . con le nostre acque, cioè con le acque delle terme di Bagni di Lucca, che servono per guarire l'apparato respiratorio della persona, ecco.

Daniela   Senta, ma quest'acqua esce dalla sorgente calda e . . . e a quanti gradi?

Sig. Bertani   Esatto, esce dalla terra praticamente a cinquantaquattro gradi centigradi.

Daniela   Senta, durante l'inverno l'acqua mantiene la sua temperatura invariata, oppure no?

Sig. Bertani   Sì, la temperatura dell'acqua è sempre costante durante tutto l'anno, non cambia mai, ecco. Durante i mesi invernali non viene utilizzata perché gli stabilimenti termali sono aperti da marzo al trenta di novembre.

sì, facciamo appunto   *yes, in fact we do*

2 Signor Bertani would like to see Bagni di Lucca regain its past glory. What sort of famous people used to go there?

Daniela   Senta, si ricorda qualche nome famoso di personaggi famosi che sono venuti qui nel passato?

Sig. Bertani   Sì, be', qui oltre . . . Paolina Bonaparte, per esempio, è venuto Shelley, Byron, famosi scrittori inglesi. Puccini è venuto a Bagni di Lucca, e su Bagni di Lucca ha scritto dei pezzi magnifici, ecco. Bagni di Lucca dico nel passato era veramente la stazione termale più importante di Europa.

ANALISI

1 **Describing things**
When you're describing things or asking about them, apart from asking **cos'è?** *(what is it?)*, you'll need to be able to talk about:

colours

di che colore è?	**di che colore sono?**
è verde, è giallo/a	**sono** verdi, **sono** gialli/e

51

shapes
che forma ha? what shape is it?
è rotondo/a, **è** quadrato/a
or **è di forma** rotonda/piatta/quadrata

size
che dimensioni ha? what size is it?
quant'è grande? how big is it?

è	**lungo/a**	8 centimetri	it's 8 cm	long
	largo/a			wide
	alto/a			high

or indicate the size with a gesture, saying
è grande così it's this big
è piccolo/a così it's this small
è lungo/largo/alto così it's this long/wide/high

materials
di che cosa è fatto? what's it made of?
è di metallo/pietra it's (made of) metal/stone

---

2 Uses
To ask what something's for or what it's used for
a che cosa serve?
and more than one thing
a che cosa servono?

To explain what things are used for you need **servire** followed by **per**
serve per lavarsi i denti it's (used) for cleaning your teeth
servono per la cura they're (used) for
delle artrosi treating arthrosis

---

3 What's generally done with things
For describing how things are used or how something's done, you can
use **venire** with a word like **steso, usata, fatti** (past participles)
viene steso al sole it's stretched out in the sun
viene usata per . . . it's used for . . .
vengono fatti dodici fànghi 12 mud treatments are given
(See **Grammatica** 76.)

---

4 Wondering about things
If you're wondering what something is, you can use **sarà**
sarà una pila? could it be a battery? (*lit.* will it be . . . ?)

When you're not sure about something but have a pretty good idea, you
can again use **sarà** or **saranno**
sarà una pila it must be a battery
saranno le tre it must be three o'clock

---

5 More on **piacere**
When you're talking about someone else's likes and dislikes, put **a** in
front of the person in question

a Maria		Mary	
a mio marito	piace	my husband	likes . . .
non piace **a nessuno**		nobody likes . . .	
ad alcuni non piace		some people don't like . . .	

6   Te lo posso mostrare

If you're talking about giving or showing something to someone, rather than name the object you'll often just say *it*, **lo** or **la**, or *them*, **li** or **le**

> **ti** posso mostrare il libro   I can show you the book
> **te lo** posso mostrare   I can show it to you

Notice that the spelling of **ti** changes to **te**. **Le** and **vi** also change when you introduce a **lo**, **la**, **li** or **le**

> **le do** il libro
> **glielo** do

> **vi** do le chiavi
> **ve le** do

(See **Grammatica** 36.)

PAROLE

di che colore è?

rosso	red	**blu**	blue (**blu**
arancione	orange	**azzurro**	is darker)
giallo	yellow	**bianco**	white
verde	green	**grigio**	grey
marrone	brown	**nero**	black

che forma ha?
quadrato   ■
rettangolare   ▬
triangolare   ▲
cilindrico   ◖●
ovale   ●

di che cosa è fatto?

oggetti		objects	
	carta/cartone		paper/cardboard
è di	legno/vetro	it's made of	wood/glass
	gomma/plastica		rubber/plastic

vestiti		clothes	
	cotone/seta/lana		cotton/silk/wool
è di	pelle/cuoio	it's made of	leather
	fibra sintetica		synthetic fibre
	nailon		nylon

---

per caso – *by (any) chance*, eg when wondering or guessing
   è per caso una lametta?

per carità!   *God forbid!*

meno male   expressing relief, *thank goodness, just as well*

1	You've left your handbag in a restaurant and have gone back to see if it's still there . . .

Cameriere	Mi dica, signora.
You	*(Say you've left* (ho lasciato) *your handbag here)*
Cameriere	Ah, mi dispiace. Com'è?
You	*(It's an old black handbag)*
Cameriere	Una vecchia borsetta nera, ho capito. Ma quant'è grande?
You	*(It's this big)*
Cameriere	E di che cos'è fatta? Di cuoio?
You	*(That's right, it's made of leather, and it has a big buckle* (la fibbia)*)*
Cameriere	Ah! Adesso mi ricordo. Sì, è qui, signora. Gliela vado a prendere.
You	*(Thank goodness, and thanks!)*

2 **Indovinare l'oggetto** – match the objects with the descriptions.

1 Sono di cuoio e servono per proteggere i piedi.
2 Possono essere di cotone, di lana o di nailon, e anche questi servono per proteggere i piedi.
3 E' di plastica, di forma rotonda e piatta, e ha un piccolo buco in mezzo.
4 E' di carta, di forma rettangolare, è lungo circa venti centimetri e largo otto centimetri, e serve per ottenere soldi in banca.
5 E' rotonda, piatta, fatta di metallo, e si può usare per comprare un gettone telefonico.
6 E' un contenitore di forma cilindrica, in cui vengono venduti prodotti alimentari tipo piselli, fagioli e pomodori pelati.

una moneta da cento lire **un disco** **scarpe**
una scatola **calzini** **un libretto d'assegni**

3 Which expression would you use in which situation?

per carità	**per caso**	**meno male**

1	Paolo thought he'd lost his car keys, but luckily he's found them.
Paolo	Ecco, ho trovato le chiavi della macchina.
You	..............................!

2	You're feeling tired after a heavy lunch.
Pietro	Senti, perché non andiamo a giocare a tennis?
You	No, ..., sono stanco morto!

3	You wonder if Annamaria knows what time the television news starts.
You	Non sai .... a che ora comincia il telegiornale?
Annamaria	No, non lo guardo mai.

4 **Come si dice?**

You're talking to a friend about a strange new gadget he has bought for his home. How would you say
1 What can it be?
2 What's it used for?

3   What's it made of?

4   Does your wife like it?

You're talking to someone about **uno zampirone**. How would you say

5   I don't know what it is exactly.

6   My husband doesn't like the smell.

7   It's sold at the chemist's.

How would you tell a friend *I can show it to you* if *it* is

8   una nuova macchina

9   un quadro

How would you say *I can give it to you* if *it* is a book and *you* is

10   an old friend of yours

11   a friend of your grandmother's

12   your cousins

---

5   It's only too easy to forget vital words. You go into a chemist's shop to buy some paper handkerchiefs – unfortunately you can't remember the right word, and you can't see them anywhere on display . . .

Commesso   Mi dica, signorina.

You   *(Say 'I'd like . . .' – you hesitate –*
'but I don't know what they're called')

Commesso   Non importa. Mi può dire a che cosa servono?

You   *(Say 'they're used for . . .' – you do a rather bad mime of blowing your nose)*

Commesso   Ah, per pulirsi i denti, lei vuole degli stuzzicadenti?

You   *(He's got out a box of toothpicks – you'll have to try again! Say 'no, they're white and square and about so big')*

Commesso   Sono di carta?

You   *(Yes, they're made of paper)*

Commesso   Saranno fazzoletti di carta allora.

You   *(Yes, that's right, paper handkerchiefs)*

Commesso   Va bene. Allora, vengono venduti in pacchetti da cinque o in scatole da cento. Quale preferisce?

You   *(A box of a hundred, please, and you'd also like something for getting rid of mosquitoes)*

---

6   Listen to the **Da capire** interviews. Which of these statements are true and which are false?

1   Si fanno diverse cure alle terme di Bagni di Lucca.

2   L'acqua esce calda dalla terra.

3   L'acqua viene utilizzata durante tutto l'anno.

4   Gli stabilimenti termali sono chiusi dalla fine di novembre.

5   Bagni di Lucca nel passato non era così importante come lo è attualmente.

6   Venivano anche stranieri a Bagni di Lucca.

7   A Puccini non ha fatto nessuna impressione Bagni di Lucca.

Il design italiano

Chi pensa all'eleganza e allo stile italiano tende a pensare alla moda o alle macchine. Però da oltre trent'anni i prodotti industriali più svariati – televisori, frigoriferi, macchine da cucire, sedie e poltrone, eccetera – hanno un gran successo. Infatti, a partire dagli anni Cinquanta gli industriali italiani sono stati tra i primi a capire l'importanza di impiegare noti disegnatori nella produzione industriale di massa. Il risultato è stato che ditte come la Zanussi (elettrodomestici), Solari (orologi), la Kartell (plastica), hanno conquistato nuovi mercati non solo nell'Italia della nuova società affluente del miracolo economico, ma anche e soprattutto all'estero.

Sedia di Gae Aulenti

Trai i più noti disegnatori-architetti troviamo: **Gio Ponti**, famoso per il grattacielo Pirelli a Milano e anche per la sedia Superleggera; **Vico Magistretti**, disegnatore di vari appartamenti e anche della lampada da notte Eclissi; **Gae Aulenti**, che ha progettato tutti i negozi della Fiat, dall'architettura agli interni e che ha disegnato una dondola Sgarsul.

Un altro disegnatore che ha dato un contributo notevole è **Marco Zanuso** (radio, televisori, sedie, macchine da cucire, poltrone). Secondo lui il primato italiano nel design, soprattutto nel campo dell'arredamento, è dovuto in parte al rispetto tradizionalmente italiano dell'arte e del mestiere. Il disegnatore, cioè, dà importanza non solo all'estetica, ma anche alle tecniche coinvolte in ogni progetto. Ecco perché fino ad oggi il design italiano rimane insuperato nel mondo.

Le zanzare

L'estate è la stagione delle zanzare in Italia, ma in confronto al passato danno poco fastidio. Cinquant'anni fa, intorno a Mantova e nelle paludi della Val Padana e dell'Agro Pontino intorno a Roma, la gente moriva ancora di malaria, provocata dalla presenza delle zanzare. La paura della malaria era così intensa che veniva chiamata **la perniciosa malarica**, e le zanzare che trasmettevano la malattia sono state ricordate in alcune vecchie canzoni contadine, specialmente quelle delle mondine (donne che lavoravano nelle risaie).

Adesso la malaria non c'è più, grazie alle varie bonifiche, compresa quella famosa di Mussolini nelle Paludi Pontine fatta a scopo propagandistico.

Le terme
L'Italia è uno dei paesi più vulcanici del mondo, e come tale è piena di stazioni termali (sono oltre una settantina), che vengono frequentate da secoli per gli effetti terapeutici delle acque e dei fanghi. In passato, alcune

Bevendo le acque

delle terme, come quelle di Bagni di Lucca, di Montecatini e di Abano, erano molto lussuose e venivano frequentate dalle classi aristocratiche. In generale, però, le cure nelle terme sono cure popolari a portata di tutti. Siccome ci sono terme in tutte le regioni italiane, è spesso possibile andarci da casa ogni giorno, risparmiando così la spesa dell'albergo. Più di due milioni d'italiani di ogni ceto sociale fanno cure ogni anno, e le spese sono pagate anche dalla Mutua *(National Health Insurance)*.

6 TE LA SENTI?

> **Getting in touch and making arrangements**
> Telephone calls
> Arranging to meet
> Accepting and refusing invitations
> Letting people know

---

1 Alessandro dials a wrong number and apologises.

Alessandro Pronto, Hotel Star? .... Hotel Star? .... Con chi parlo, scusi? .... Ah, scusi, ho sbagliato numero, è stato un errore, scusi. Buonasera.

---

2 Aldo rings Daniela but she's not in and won't be back for a couple of hours.

Sig.ra Manetti Pronto.
Aldo Pronto, buonasera, sono Aldo.
Vorrei parlare con Daniela, per cortesia.
Sig.ra Manetti In questo momento non c'è.
Aldo Quando rientra?
Sig.ra Manetti Fra un paio d'ore.
Aldo Grazie, allora telefonerò più tardi.
Buonasera.
Sig.ra Manetti Prego, buonasera.

fra un paio d'ore   *in a couple of hours*
telefonerò più tardi   *I'll ring later*

> To apologise for dialling a wrong number
> **scusi, ho sbagliato numero**
>
> Saying who you are
> **sono** Aldo/Daniela

---

3 Daniela has more luck when she rings Fiorella.

Denise Pronto.
Daniela Buonasera, sono Daniela. Potrei parlare con Fiorella, è in casa?
Denise Sì, un attimo, la chiamo subito. Fiorella, telefono! *(Fiorella viene al telefono)*
Fiorella Pronto, sì, ciao.
Daniela Ciao, Fiorella, sono Daniela. Come stai?

potrei   *could I*

4   Giorgio, in the Milan office, calls the inspector.

Giorgio   Ah, buongiorno, è Milano che parla. C'è l'ispettore? .... Sì.
.... Grazie. .... Giuliano, ciao. ....
Giorgio . . .

> To ask if someone's in
> **è in casa?**   or   **c'è l'ispettore?**
>
> and to say someone's out
> **non c'è**
>
> To ask when someone will be back
> **quando rientra?**

5   A square in Venice, Campo San Barnaba: before Francesca and Elena go
their separate ways, they decide where and when to meet again.

Francesca   Allora, senti, io adesso vorrei andare a vedere le gallerie dell'Accademia, i
musei, quindi vado dritto giù di qua, e poi come facciamo per incontrarci?
Elena   Credo che la soluzione migliore sia trovarsi ancora qui in Campo San
Barnaba fra un'ora, però stai –
Francesca   No, un'ora è troppo poco –
Elena   Allora *(vorrei fare un po' di più)*, un'ora e mezza facciamo.
Francesca   Un'ora e mezza, okay. Quindi ci troviamo qua vicino al pozzo tra un'ora e
mezza, va bene?
Elena   D'accordo.
Francesca   Ciao.
Elena   Ciao, arrivederci.
Francesca   Ciao.

giù di qua   *down here*

> Asking someone what to do about meeting
> **come facciamo per incontrarci?**
>
> To say *let's make it . . .*
> **facciamo** un'ora e mezza
>
> To say you'll meet in a certain time
> **ci troviamo fra/tra** un'ora e mezza

6   Daniela has rung Fiorella to invite her to dinner. Here's the rest of
their conversation.

Daniela   Ciao, Fiorella, sono Daniela. Come stai?
Fiorella   Non c'è male, e tu?
Daniela   Benissimo, grazie. Senti, è tanto che non ci vediamo, e so che sei
occupatissima, ma te la senti di venire a cena?
Fiorella   Sì, mi piacerebbe molto. Quando ci vediamo allora?
Daniela   Be', perché non facciamo martedì?
Fiorella   Martedì? Ah, mi dispiace, non posso.

Daniela	Mmm, venerdì allora, ti va bene?
Fiorella	Sì, forse. A che ora ci vediamo?
Daniela	Mah, direi alle otto, otto e mezzo, ti va bene?
Fiorella	Sì, va bene, ma posso fartelo sapere domani?
Daniela	Sì.
Fiorella	Un'altra cosa, posso portare anche un mio amico?
Daniela	Sì, senz'altro.
Fiorella	Allora, ci vediamo venerdì verso le otto, otto e mezzo.
Daniela	Sì. Allora, mi raccomando, fammi sapere se vieni, e salutami tutti, va bene? Ciao, Fiorella, a presto.
Fiorella	Ciao, Daniela, ciao.

non c'è male	*not bad*
è tanto che non ci vediamo	*it's a long time since we've met/seen each other*
salutami tutti	*give my love to everyone*

To ask if someone feels like doing something
te la senti di venire?

To accept
mi piacerebbe molto

and to say *sorry, I can't ...*
mi dispiace, non posso venire

 **DA CAPIRE**

1 Giorgio works in a busy insurance office and much of his work is done by phone. Apart from technical problems caused by overloaded phone lines, why else is the job so tiring, and what silly mistake can be made as a result?

Alessandro	Lei lavora in quest'ufficio. Il suo compito principale, se non sbaglio, è anche di prendere appuntamenti e prendere i contatti con i clienti. Lei usa molto il telefono, che problemi trova nell'usare questo mezzo di comunicazione?
Giorgio	Ah, uso moltissimo il telefono; uso moltissimo il telefono e tutti i mezzi di comunicazione come telex, posta, telegrammi, ecco. I problemi sono moltissimi, perché le linee sono sovraccariche. Ogni tanto ci son dei guasti di linea ...
Alessandro	Sovraccariche significa che sono troppo occupate.
Giorgio	Esatto, soprattutto nelle ore di punta, che sono normalmente dalle dieci a mezzogiorno di tutti i giorni, perché ci sono altri servizi come la Borsa,

	le banche, i mercati, il . . . che intervengono su queste linee . . . poi spesso la linea cade quando si telefona.
Alessandro	Quando cade la linea non si riesce più a comunicare, si interrompe. Dev'essere molto stancante telefonare tutto il giorno.
Giorgio	Sì, molto, perché gli interlocutori cambiano continuamente soggetto, e chi risponde al telefono deve immediatamente collegarsi a argomenti anche estremamente diversi. Per esempio succede che alla sera uno invece di fare un numero di telefono, il numero di telefono che desidera chiamare, faccia invece, per esempio, il numero della sua targa dell'automobile, ecco.

ogni tanto	*every so often, now and again*
ore di punta	*peak hours*
collegarsi a argomenti	*to 'tune in' to topics*
faccia . . . il numero	*dials the number*

ANALISI

1

On the phone
Introductions
pronto   hello

To say *this is Pat/Aldo/Mr Smith*, you actually say *I am . . .*

sono | Pat
| Aldo
| il signor Smith

To ask if someone's in

c'è | Aldo?
| Daniela?

If the person's out you'll hear
non c'è   *lit.* he/she's not here

To find out when someone's coming back, ask
quando rientra?

To say you'll ring later
telefonerò più tardi

2

Making arrangements to meet
Trovarsi, **vedersi** and **incontrarsi** can all mean *to meet*.

To ask about arrangements for meeting
come facciamo per incontrarci/trovarci?

Asking when/what time to meet

quando
a che ora | **ci vediamo?**

Suggesting a day or time – *let's make it . . .*

facciamo | martedì
| le otto

And to confirm the arrangement

ci troviamo	alle otto	we'll meet at eight
ci incontriamo	fra un'ora	we'll meet in an hour
ci vediamo		

Note: *fra* un'ora – *in an hour's time.*

When you're talking about definite arrangements, you nearly always use the *present* tense of the Italian verb.

3

3 Inviting, accepting, refusing

Asking if someone would like to do something

| ti | piacerebbe venire? |
| le | |

or fancies/feels like doing something

| te la senti | di venire? |
| ti va | |

Accepting

sì, mi piacerebbe (molto)   yes, I'd love to

Refusing

no, mi dispiace	non posso
	non me la sento
	non mi va

	I can't
no, I'm sorry	I don't feel like it
	I don't fancy it

4

4 Letting people know

To say *can I let you know (tomorrow)?*

posso	fartelo	sapere (domani)?
	farglielo	
	farvelo	

There's a **lo** in this expression because the literal meaning is *can I make it known to you?*.

In general when there's an infinitive, like **fare**, the final −e is dropped and the pronouns (like −**telo**) go on the end.

To say *let me know* . . .

fammi sapere se vieni   let me know if you're coming
fammelo sapere domani   let me know tomorrow

(See **Grammatica** 38.)

5

5 The future

Although when making arrangements you generally use the present tense in Italian, you will also hear the future tense used

telefonerò più tardi	I'll ring later
te lo **farò** sapere la settimana prossima	I'll let you know next week
te lo **dirò** presto	I'll tell you soon

These examples are from the verbs **telefonare, fare** and **dire** (see **Grammatica** 61 for further explanations).

fare una telefonata	to make a phone call
il centralino	telephone exchange/switchboard, and often operator
l'elenco telefonico	telephone directory
il prefisso	code
una telefonata interurbana	long-distance call
una telefonata urbana	local call
l'interno	extension

Apart from the dialling code, telephone numbers are usually given in groups of numbers rather than single digits, eg **zero cinque cinque, sessanta novantasei undici, interno duecentosedici** *(055 609611, extension 216)*.

la linea è	libera / occupata	the line is	free / engaged
è caduta la linea		I've been cut off	
mi può passare (il signor X)?		can I speak to . . .?, can you put me through to . . . ?	
vuol restare in linea?		do you want to hold on?	

avere fretta	to be in a hurry
aver da fare	to have a lot to do
aver un impegno	to have an engagement/appointment
essere impegnato/a	to be busy/tied up
essere	in ritardo / in anticipo / in orario	to be	late / early / on time

---

mi dispiace – to express regret, *I'm sorry*
  mi dispiace, non posso venire

scusi – to apologise when you've made a mistake, *excuse me, sorry*
  scusi, ho sbagliato numero, è stato un errore, scusi

un attimo – asking someone to wait, *just a moment, hold on*
  un attimo, la chiamo subito

mi raccomando – when you're urging someone to do something, *please, for goodness sake*
  mi raccomando, fammi sapere se vieni

1 **Quale?** – which one?

1 Which phrase would you use if you wanted to make a long-distance call?
  Vorrei fare una telefonata urbana.
  Dovrei fare una telefonata interurbana.
  Vorrei fare una telefonata interurbana.

2   What do you say if the phone is engaged?
E' guasto.
E' occupato.
E' libero.

3   Which is the appropriate phrase if you want the dialling code for Rome?
Vorrei il codice per Roma.
Vorrei il prefisso per Roma.
Vorrei l'interno per Roma.

4   How would you say that you have an engagement?
Ho da fare.
Ho fretta.
Ho un impegno.

5   You want to dial Florence (055) 386741. Which is the right number?
zero cinque cinque quarantotto sessantasette trentuno
zero cinque cinque trentotto settantasette quarantuno
zero cinque cinque trentotto sessantasette quarantuno

6   To say *I'm sorry I'm late*, which phrase would you use?
Mi dispiace di essere in anticipo.
Mi dispiace di essere in ritardo.
Mi dispiace di essere in orario.

7   Which phrase would you use to ask *can you put me through to the operator?*
Mi può passare il centralino?
Mi può dare un appuntamento?
Può restare in linea?

---

2   In a busy office, Cesare Capone is trying to deal with five phone calls at the same time. The callers are:
1   an unknown lady
2   a friend, Giuseppe
3   Cesare's sister, Gaia
4   his lawyer
5   his two small children

Which of his callers is Cesare speaking to?
a)   Ve lo porto a casa stasera.
b)   Un attimo, signora, glielo dico subito
c)   In questo momento non lo so, signor avvocato, ma glielo faccio sapere fra poco.
d)   Mi piacerebbe dartelo, Beppe, ma non ce l'ho.
e)   Se non ti dispiace, cara, te lo dico dopodomani.

---

3   How would you say

1   What time shall we meet?
2   Let's make it Friday at nine o'clock.
3   We'll meet in an hour and a half.
4   Do you (**tu**) feel like playing cards?
5   Sorry, I don't feel like it.

6   Yes, I'd love to come.
7   Bye, see you soon.
8   Bye, see you on Tuesday.
9   Can I let you (**lei**) know later?
10   (**Tu**) Let me know next week.

Use the following expressions as appropriate to fill in the gaps:

un attimo	mi raccomando	scusi	mi dispiace

1   You bump into an old lady . . .

You   Oh, ..., non l'avevo vista!

Anziana   Niente, non importa.

2   You really can't accept a friend's invitation to lunch.

Filomena   Te la senti di venire a pranzo oggi?

You   Eh, ... molto Filomena, ma ho un impegno, all'una.

3   You need to check in your diary if you're free on Thursday.

Loredana   Se sei libera giovedì pomeriggio possiamo vederci verso le quattro.

You   Penso di essere libera, ... però, che guardo la mia agenda.

4   You need to know soon whether Giacomo wants to come with you to the theatre.

Giacomo   Mah, non so veramente se voglio andarci. E' una bella commedia, ma io l'ho già vista.

You   Ho capito. Allora, Giacomo, ..., dimmi prima di martedì se vuoi venire o no.

You want to talk to a friend who's staying with an Italian family. You dial the number, it rings, and someone picks up the phone . . .

Signora   Pronto.

You   *(Say good morning, you'd like to speak to Christine please)*

Signora   Come? Qui non c'è nessuno che si chiama Cristina.

You   *(Maybe you've got the wrong number – say 'excuse me, what number is that, please?')*

Signora   Il ventinove trentaquattro quarantasei.

You   *(That's not what you dialled – say 'sorry, I've got the wrong number')*

Signora   Va bene, buongiorno.

You hang up and dial again – very carefully! Someone answers . . .

Signore   Pronto.

You   *(Say good morning and ask if Christine's in)*

Signore   Mi dispiace, in questo momento non c'è.

You   *(Does he know when she's coming back?)*

Signore   Be', verso mezzogiorno ha detto.

You   *(Please can he tell Christine that you'll phone later, around one o'clock?)*

Signore   Certamente. Ma chi parla, scusi?

You   *(Say who you are)*

Signore   Va bene, glielo dico quando rientra.

You   *(Thank you very much)*

Signore   Prego, buongiorno.

You   *(Good morning)*

Listen to the **Da capire** section again and decide which statements are true and which are false.

1   Il compito principale di Giorgio è di prendere appuntamenti con i clienti.

2   Giorgio usa solo il telefono.

3 Ha pochissimi problemi dopo le dieci.
4 La linea cade spesso la mattina perché le linee sono sopraccariche.
5 Giorgio si stanca molto a telefonare tutto il giorno.
6 Gli interlocutori gli parlano sempre della stessa cosa.

La radio

Lo straniero che osserva un gruppo d'italiani che si parlano con le mani e con gesti vari capisce subito l'importanza della comunicazione in Italia. Pochi, però, si rendono conto del fatto che uno dei mezzi di comunicazione moderni più importanti, la radio, è stata inventata da un italiano, Guglielmo Marconi. La sua scoperta risale al 1896, e nel 1909 ha vinto il premio Nobel per la fisica. E' diventato così uno degli uomini più famosi della sua generazione, ma la sua invenzione non è stata subito adoperata in Italia a livello nazionale.

Guglielmo Marconi

Durante il fascismo, negli anni Venti e Trenta, Marconi si è identificato con il Regime, e la radio, poco sviluppata fino a quel momento rispetto ad altri paesi, è diventata in quegli anni un servizio nazionale di propaganda. Come risultato, però, l'Italia possiede ora un sistema efficace di reti e stazioni radiofoniche organizzato dalla **RAI** (radio televisione italiana), appartenente allo Stato.

La RAI ha tre reti radiofoniche principali: Radiouno, Radiodue e Radiotre (e tre canali televisivi). A differenza della BBC, le reti radiofoniche tendono ad essere in concorrenza tra di loro, e sono fortemente politicizzate. Infatti, ogni rete ha il proprio direttore generale e segue una tendenza politica.

Fino al 1975 la RAI aveva il monopolio delle trasmissioni radiofoniche,
ma adesso esistono oltre 6.000 stazioni locali gestite non solo da privati,
ma anche da gruppi politici. Queste stazioni radio sono molto seguite dal
pubblico, e di conseguenza la RAI ha dovuto reagire alla continua perdita
di ascoltatori. Alla fine del 1982 ha cominciato finalmente a fare
concorrenza con la creazione di altri due canali in modulazione di
frequenza *(FM)*, che dovrebbero trasmettere unicamente musica e
notizie, 24 ore su 24.

Il telefono

Se si vuol telefonare in Italia bisogna ricordarsi che non esistono molte
cabine telefoniche per strada; se ne trovano presso le stazioni, gli uffici
postali o le aziende di turismo. Comunque, tutti i bar o i ristoranti che
portano il caratteristico segno giallo e nero hanno il telefono pubblico.
Si tende ormai a calcolare il prezzo della chiamata secondo gli scatti
del contatore, ma in tanti posti servono ancora i gettoni *(tokens)*. In
ogni caso vale sempre la pena comprarne, perché vengono anche usati
come spicci!

Se, parlando al telefono, si vuol dettare correttamente il proprio nome, è
utile sapere che si usano le città per rappresentare le lettere, per esempio:
A = Ancona, **G** = Genova. Alcune lettere come la **J, K, X, Y**, non
esistono nel tradizionale alfabeto italiano – bisogna dire *i lunga*, *cappa*, *ics*
e *ipsilon*. Ecco un elenco delle città che vengono nominate più spesso:
vedrete che non esistono città italiane che cominciano con la **H**, con la **Q**
e con la **W**.

A	Ancona	**I**	Imola	**R**	Roma
B	Bologna	**L**	Livorno	**S**	Savona
	(o Bari)	**M**	Milano	**T**	Torino
C	Como	**N**	Napoli	**U**	Udine
D	Domodossola	**O**	Otranto	**V**	Venezia
E	Empoli	**P**	Padova		(o Vicenza)
F	Forlì		(o Parma)	**W**	Washington
G	Genova	**Q**	*cu* (o	**Z**	Zara (o
H	*hotel* (o *acca*)		*quaranta*)		*zeta*)

Quindi per far scrivere il nome *Smith*, si può dire: **S** come Savona,
M come Milano, **I** come Imola, **T** come Torino, acca.

7 MUOVIAMOCI

> **Going places**
> Asking for someone's address
> How to get somewhere and how long it takes
> Giving and getting directions
> Giving orders and making suggestions

1 In a bar in Venice, Francesca meets an old friend she hasn't seen for ages, and finds out where he's living now.

Francesca Dove stai di casa?
Giovanni Mah, sto proprio dietro Piazza San Marco, sai, facendo il giro per la Torre dell'Orologio sulla destra.

facendo il giro per   *as you go round*

2 Like Paola, you may well be invited round to someone's house and need to find out the address and how to get there.

Mariella Perché non vieni a trovarmi qualche volta?
Paola Va bene, però devi darmi il tuo indirizzo. Dove stai di casa?
Mariella Io abito in via Gramsci 63, interno 6.
Paola Via Gramsci 63, interno 6. Senti, per arrivare a casa tua come faccio?
Mariella Be', fuori dalla stazione, avanti un pezzo, giri a destra e poi sempre dritto.
Paola Fuori dalla stazione, avanti un pezzo, giro a destra e sempre dritto. Ci vuole molto?
Mariella Mah, ci vogliono cinque minuti più o meno.

interno 6   *flat 6*

> To ask someone their address
> **dove stai di casa?**
>
> To ask how to get to a place
> **per arrivare a** casa tua **come faccio?**
>
> To ask if it takes long
> **ci vuole molto?**

3 At the start of a trip round Venice, Francesca finds out where to catch the water bus.

Francesca Allora, è questo il posto dove si prende il vaporetto?
Elena Sì, è questo. Prendiamo la linea uno perché è il vaporetto più lento, fa tutte le fermate, ma è più interessante. Così puoi conoscere meglio Venezia.
Francesca Ah, va bene.

2/19/96

4	Daniela gives Mick directions as they drive out of Viareggio on the way to do an interview for **L'Italia dal vivo**.

Muovere – to move

Daniela	Allora, Michele, ci muoviamo?
Mick	Sì, va bene.
Daniela	Senti, prendiamo la macchina e così facciamo prima, e poi le istruzioni per arrivare te le do io via via che andiamo.
Mick	Sì, va bene.
Daniela	Allora muoviamoci.
	(Salgono in macchina e Mick accende il motore)

parking place

Daniela	Bene, muoviamoci allora. Per prima cosa usciamo dal posteggio e troviamo la strada principale. Va bene?
Mick	Sì, va bene.
Daniela	Bene, allora qui gira a sinistra.
Mick	A sinistra? A sinistra, bene.
Daniela	Andiamo ora qui in fondo a questa strada, a questo viale. Hai visto il porto in fondo al viale?
Mick	Il porto in fondo al viale?
Daniela	Sì, questo. Guardalo.
Mick	Ah . . . sì.
Daniela	Ecco qui in fondo c'è il passaggio a livello, no?
Mick	Ah sì, sì.
Daniela	Però noi dobbiamo trovare il cavalcavia. Ah, sì, va bene, noi possiamo girare a destra al passaggio a livello . . .
Mick	A destra?
Daniela	A destra.
Mick	A destra, bene.
Daniela	Adesso, penso, vai a . . . diritto e dovrebbe andare bene e dovremmo trovare il cavalcavia.

end of/base of this street *flyover*

facciamo prima	*we'll get there quicker/sooner*
via via che andiamo	*as we go along*
dovrebbe andare bene	*it should be all right*

> To ask *is this the place where . . . ?*
>   **è questo il posto dove si prende il vaporetto?**
>
> To say *turn right/left*
>   **gira a destra/sinistra**
>
> To say *you go straight on*
>   **vai diritto (or dritto)**

5	Giovanna tells Francesca where she goes skiing – some distance from her home town of Venice.

Where do you go skiing

Francesca	Dove vai a sciare?
Giovanna	Vado all'Alpe di Siusi, vicino a Bolzano.
Francesca	E quanto ci metti da Venezia? *How long from Venice?*
Giovanna	Circa tre ore e mezzo, quattro.
Francesca	Abbastanza, quindi non lo fai ogni sabato e domenica. *therefore* *every*
Giovanna	No, solo a Natale e certe volte a Pasqua.

69

6 Mick and Daniela reach their destination, Lino's house, in a village in the hills above Viareggio.

Daniela Ecco, ci stiamo avvicinando al paese.

Mick Sì, sì, quanto ci vuole?

Daniela Ci vogliono un paio di minuti ancora, poi dovremmo esserci. Ah, ecco, vedi la chiesa? Si comincia a vedere lassù in cima al colle.

Mick E anche . . . anche la casa di Lino.

Daniela Ah, sì, c'è anche la casa del signor Lino. Ecco, c'è la macchina del signor Lino sotto la tettoia, quindi vuol dire che lui c'è. Siamo arrivati. Andiamo a vedere se c'è qualcuno in casa.

ci stiamo avvicinando al paese	*we're getting near the village*
siamo arrivati	*we're here*

> To ask how long it takes
> **quanto ci vuole?**
>
> To ask someone how long he or she takes
> **quanto ci metti/e?**

DA CAPIRE

1 Elena shows Francesca some sights of Venice as they travel down the Canal Grande on the **vaporetto**. She's a good guide – **un bravo cicerone** – and explains the meaning of some Venetian words. What are **sestieri** and what is a **fondaco**? What is to be found on the Rialto bridge? Why does Elena need to reassure Francesca? (Note that **magazzino** means *warehouse*.)

Vaporetto veneziano

Francesca E questo, che canale è? E' un canale che immette nel Canal Grande mi sembra.

Elena Sì, è un canale molto grande, si chiama Canale di Cannaregio, che è uno dei sestieri di Venezia, cioè Venezia è divisa in sei parti, sei . . . sestieri si chiamano appunto, e Cannaregio è quello che sta più a nord. Ecco, si vede il ponte *(ah)* delle guglie.

Francesca Sì, sì, è vero, è vero. Ma che cos'è questo palazzo sulla mia destra?

Elena	Questa . . . è il Fondaco dei Turchi, è una delle case più vecchie di Venezia e il nome 'fondaco' significa 'magazzino'. Cioè, come tu sai probabilmente, i veneziani erano prevalentemente commercianti; navigavano, e avevano bisogno di queste case dove tenevano le loro merci. _____ Adesso stiamo passando sotto il Ponte di Rialto, dove ci sono tutte le botteghe degli orefici. *goldsmiths' shops*
Francesca	Ah sì? Sono sopra il ponte proprio.
Elena	Sì, i negozi sono ricavati in stanzette che stanno sopra il ponte. *(All'improvviso si sente un rumore tremendo)*
Francesca	Aiuto, che rumore che fa, che rumore!
Elena	Non preoccuparti, non stiamo affondando! E' normale quando si ferma, è il modo di frenare delle barche. Mándano i motori a marcia indietro.
Francesca	Brrr, fa un freddo terribile stamattina!
Elena	Sì, ma ci conviene rimanere fuori perché così possiamo vedere meglio i palazzi. Vale la pena di vederli, ti pare? *parere – to seem, appear, to think*
Francesca	Sei un bravo cicerone!

non preoccuparti, non stiamo affondando!	*don't worry, we're not sinking!*
mandano i motori a marcia indietro	*they put the engines into reverse*
ci conviene	*it's a good idea*

mandare – to send

ANALISI

1 Getting there

Finding out someone's address
dove stai/sta di casa?
sto in via Gramsci

Asking how to get to a place
per arrivare a casa tua **come faccio?**

With the name of a place you can shorten the question to
per il Vaticano, come faccio?

or simply
> **per** il Vaticano?

Checking you're in the right place

| è | **questo il posto dove**
qui che | si prende il vaporetto? |

or on the right road
> **vado bene per** Brindisi?

---

2 Time involved

Asking how long it takes

quanto ci vuole	per arrivare a . . . ?
ci vuole molto	per arrivarci?

It takes . . .

ci vuole	un'ora/mezz'ora	an hour/half an hour
	molto/poco	a long/short time

ci vogliono	due/tre ore	two/three hours
	tre quarti d'ora	$\frac{3}{4}$ of an hour

To talk about how long something takes you personally, use the verb **metterci**
> **quanto ci metti/mette** per farlo?   how long do you take to do it?
> **ci metto** un'ora/due ore

---

3 Giving directions

Explaining to a friend how to get somewhere

giri a destra/sinistra	you turn . . .
prendi la prima a destra/sinistra	you take . . .
vai diritto (dritto)	you go . . .

To give these directions to someone you address as **lei**, you say
> **gira** a destra
> **prende** la prima a sinistra
> **va** diritto

---

4 Commands and instructions

To give a friend direct instructions on where to go, you can use a slightly different form: **gira, prendi, va'**. This is called the imperative.

The **lei** equivalents are **giri, prenda, vada**.

Here are some other commands that are used very frequently in everyday speech

(tu)	(lei)	
guarda	**guardi**	look
scusa	**scusi**	excuse (me)
senti	**senta**	listen
vieni	**venga**	come

If you're telling several people what to do, then you generally use the **voi** form of the present tense

    guardate quell'uomo!   look at that man!

    aspettate!   wait!

For more on commands or imperatives, see **Grammatica** 67–69.

5   **Pronouns in commands and suggestions**

If you have a pronoun in a **tu** or **voi** command, it goes on the end

    scusa**mi**, scusate**mi**   excuse me

    guarda**lo**, guardate**lo**   look at it

but with a **lei** command you leave the pronoun in front

    mi scusi   **lo** guardi

In a suggestion of the type *let's* . . . , the pronoun goes on the end

    muoviamo**ci**   let's get a move on

    facciamo**lo**   let's do it

Otherwise, the pronoun stays where it is

    ci vediamo dopo   we'll meet later

(See **Grammatica** 38, 69.)

PAROLE

si trova . . .	
sulla sinistra/destra	on the left/right
su/sopra	on (top of)
sotto	under
lassù, laggiù	up there, down there
in mezzo a	in the middle of
davanti a, dietro	in front of, behind
di fronte a	opposite
accanto a	next to
in fondo a	at the end of
fino a	as far as
di qua	over here, this way
di là	over there, that way
lungo (il fiume/il canale)	along (the river/the canal)
attraversare (la strada/ il ponte)	to cross (the road/the bridge)
salire, scendere	to go up, to go down
salire su/in, scendere da	to get on, to get off
eg salire sul/in treno, scendere dall'autobus	
seguire la segnaletica	to follow the signs
andare avanti	to carry straight on
tornare indietro	to go back (the way you've come)
sbagliare strada	to go the wrong way

va bene – agreeing, *all right, OK*
Mick, ci muoviamo?   – Sì, va bene

ecco – pointing things out, *look*
ecco, qui in fondo c'è il passaggio a livello

allora – *right, right then, so*
allora, è questo il posto dove si prende il vaporetto?

senti – often precedes a question or suggestion, *listen*
senti, prendiamo la macchina

PROVACI

1   **Da che parte?**

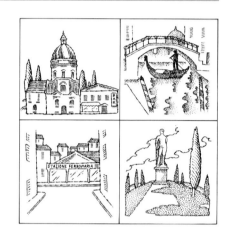

1   Where is the church?
   accanto al bar
   in mezzo alla piazza
   dietro l'albero

2   And where is the gondola?
   sopra il ponte
   sul ponte
   sotto il ponte

3   Is the station . . .
   sulla destra della strada?
   in fondo alla strada?
   di fronte alla chiesa?

4   To get to the statue you have to go . . .
   laggiù
   lungo il fiume
   lassù

5   You've got lost and stop to enquire. What might you be told?
   Ha sbagliato numero.
   Ha sbagliato strada.
   Ha sbagliato fermata.

6   You're supposed to go that way as far as the traffic lights. What would you be told?
   Deve andare di là fino al semaforo.
   Deve seguire la segnaletica fino al cavalcavia.
   Deve andare di qua e poi seguire la segnaletica.

2   Advertisements are always telling you to do things – buy this, try that. Match up each extract from an advert with the product it's trying to persuade you to buy.

1   Usateli ovunque andiate nel mondo, in qualsiasi occasione.
2   Applicatelo regolarmente una volta la settimana.
3   Premi il pulsante e la foto è già nelle tue mani.

4   Molta strada, poca benzina – scoprite la nuova Orsetta dal vostro concessionario più vicino.

5   Servitelo fresco a 8°–10°.

6   Mettiti tranquilla al sole, e lasciati abbracciare dai suoi raggi.

7   Versalo su ghiaccio, aggiungi cola o tonica, mescola e . . . hai creato un long drink di successo.

8   State comode! Piedilux: per riposare camminando.

un trattamento igienico- **stimolante dei capelli**	**una macchina fotografica**
vino bianco	**un abbronzante**
sandali in sughero	**i travellers cheques**
rum	**una macchina**

---

3   Use the following expressions as appropriate to fill in the gaps:

ecco	senti	allora	va bene

1   You agree to go for a walk.
Cinzia   Andiamo a fare un giro?
You   Sì, ...

2   You point out the village on the hilltop.
Vincenzo   Siamo arrivati?
You   Sì, guarda, ... il paese in cima al colle.

3   You've decided to go by tube, not by car.
You   C'è molto traffico oggi, ... prendiamo la metropolitana invece di andare in macchina.
Emilia   Sì, forse è meglio, così facciamo prima.

4   You wonder whether Lucio can tell you what time the coach to Positano arrives.
You   .... Lucio, non sai per caso a che ora arriva la corriera per Positano?
Lucio   Non ho idea, ma puoi sempre chiederlo all'ufficio informazioni; .... lo lì.

---

4   You like giving orders, so here's your big chance. Below are the orders – put them in the right places:
sbrigati   venga   guarda   guardalo
gira   muoviamoci   vada   prendili

1   Isabella, mi raccomando, ... subito a destra dopo il ponte.

2   .... domani, signora, perché oggi sono occupatissimo.

3   .... sempre diritto, signore, fino al primo semaforo.

4   .... Maurizio, ecco finalmente il pullman!

5   Se non hai tempo di venire a prendere i soldi oggi, ... domani.

6   Sandro, ..., se no perdiamo il treno!

7   ...., ci metti sempre troppo tempo!

8   Ecco il quadro, Lorena. ...., è così bello!

5	You and Signora Valeri are going to see an old friend of hers who lives in a village in the Tuscan hills. You're driving and Signora Valeri is giving you directions . . .
You	*(Ask 'do we go along the river?')*
Sig.ra Valeri	Sì, sì, seguiamo il fiume fino al ponte e poi prendiamo la strada per andare in montagna.
You	*(Say 'there's the bridge – do I turn right here?')*
Sig.ra Valeri	Sì, esatto, a destra.

Half an hour later it's becoming obvious that you've gone wrong somewhere, so you stop the car . . .

Sig.ra Valeri	Veramente non so dove andiamo. Perché non chiede informazioni a quel ragazzo?
You	*(Say 'all right', and call out to the boy 'excuse me, are we on the right road for Castelnuovo?')*
Ragazzo	Castelnuovo? No, no, avete sbagliato strada. Dovete tornare indietro e poi prendere la prima a sinistra.
You	*(The first on the left – and how long does it take?)*
Ragazzo	Be', ci vogliono dieci minuti più o meno.
You	*(Thanks)*
Ragazzo	Prego.

You turn the car round and head back the way you've come . . .

You	*(Say 'look, there's the road – do we turn left and then go straight on?')*
Sig.ra Valeri	Sì, sì, sempre dritto, questa strada porta direttamente al paese, ne sono sicura.
You	*(Oh yes? – but you can see a fork up ahead! Say 'so, which road do we take?')*
Sig.ra Valeri	Ma io non ci capisco niente! Guardi, chieda a quel contadino.
You	*(This is getting to be a habit! Call out to the farmer 'excuse me, how do we get to Castelnuovo?')*
Contadino	Dunque, tutte e due le strade portano a Castelnuovo. Quella a sinistra è un po' pericolosa però.
You	*(Let's take the right-hand one then!)*
Sig.ra Valeri	D'accordo.

A couple of miles further on, you round a bend and you can see houses . . .

You	*(Look, there's the village up there)*
Sig.ra Valeri	Sì, sì, è Castelnuovo. Finalmente l'abbiamo trovato!
You	*(Not so fast – there's a junction ahead! Ask her 'do we turn left or right?')*
Sig.ra Valeri	A destra, questa strada ci porta in Piazza San Giovanni.
You	*(Fingers crossed! Yes, here's the square – say 'we're here at last!')*

6	Listen to the **Da capire** section again and decide whether the following statements are true or false.
1	Venezia è divisa in sei parti che si chiamano sestieri.
2	Cannaregio è il sestiere che sta più a sud.

3 Il nome *fondaco* significa *negozio di orefice*.
4 I veneziani tenevano le loro merci in fondachi.
5 Sul ponte di Rialto ci sono i negozi degli orologiai.
6 Quando si ferma, il vaporetto fa un rumore molto forte.

VITA ITALIANA

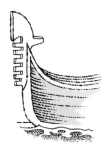

Trasporti acquatici a Venezia

Venezia, gondolieri e Bel Canto sotto un sole magnifico o una luna romantica: ecco l'immagine tipica che viene associata alla **gondola**. Lasciando da parte le sue funzioni romantiche, però, la gondola è sempre stata parte integrale della vita quotidiana di Venezia, ed è praticamente il simbolo della città. (Infatti il ferro a sei punte che caratterizza la gondola moderna rappresenta i sestieri, i sei quartieri, della città.) Ancora oggi, per battesimi, matrimoni e anche funerali, i veneziani vanno in chiesa con la gondola, come si è sempre fatto. La gondola è quella dei loro antenati, perché è rimasta immutata dalla fine del secolo XVIII, quando sono state molto allungate le punte del ferro.

Meno conosciute, ma ugualmente caratteristiche di Venezia, sono varie altre barche come **la caorlina** e **la mascaretta**. La caorlina, che prende il suo nome dall'isola Caorle, veniva usata per il trasporto delle merci dalla campagna intorno a Venezia. La mascaretta, una piccola barca svelta e leggera, veniva usata per la caccia degli uccelli nei canali. Queste barche esistono ancora oggi, e il loro numero sta crescendo perché adesso la gente si fa fare delle barche su questi modelli antichi e esiste un artigianato per questo.

Come tutte le città, Venezia ha le sue ore di punta. Ci sono giorni in cui i canali sono affollatissimi come qualsiasi strada principale affollata di macchine e di autobus.

Il trasporto pubblico

Il trasporto pubblico in Italia viene usato molto e costa poco. Infatti, c'è stato un periodo in cui in alcune città, come Bologna e Roma, si viaggiava addirittura gratis in autobus.

Il sistema dei trasporti varia da città a città perché ne sono responsabili i diversi comuni, cioè le autorità locali, e non il governo. Ecco perché il modo di pagare è diverso secondo le città. In alcune c'è il sistema dell'**obliterazione**: prima di prendere l'autobus bisogna comprare il biglietto – in un bar o una tabaccheria, per esempio – e poi, una volta saliti in autobus, sul biglietto viene stampata la data, oppure ne viene ritagliato un pezzo da una macchinetta speciale all'entrata.

Le strade storiche

Quelli che vanno in giro per le città, o in autobus o a piedi, avranno senz'altro notato quante strade o piazze hanno come nome una data. Sono tutte date considerate importanti nella storia d'Italia o delle città individuali.

Tra le più comuni si può trovare **via XX settembre** che rappresenta la data in cui Roma è finalmente diventata parte dell'Italia unita nel 1870, quando le truppe dell'esercito italiano sono entrate nella città per Porta Pia. Altre strade comuni sono **via XXIV maggio** – data dell'entrata dell'Italia nella prima guerra mondiale, e **via XXV aprile** – data della Liberazione nella seconda guerra mondiale. A Roma c'è ancora la **via XXI aprile**, la festa fascista della fondazione di Roma, che oggi naturalmente non è più celebrata.

La storia è onnipresente in Italia, e questa propensione per gli avvenimenti storici si riflette in tanti altri nomi, come **Piazza dell'Unità Italiana**, **Piazza Indipendenza** o **Piazza della Vittoria**. A proposito di quest'ultima, gli italiani non chiedono mai *quale vittoria?*. Tutti sanno che rappresenta praticamente l'unica vittoria – quella del 4 novembre nella prima guerra mondiale. Questa data, fino a pochi anni fa, era considerata festa nazionale in Italia.

VA FATTO COSÌ

---

1 Daniela tells Mick to watch his driving and not go too fast.

Daniela Michele, non andare troppo forte, perché la velocità un po' mi spaventa! *[frightens me]*
.... Ecco, è cominciata la strada piena *[full]* di curve, ci stiamo
incamminando su per la montagna. Il paesaggio sta cambiando, è
diventato molto più verde, un bel verde fresco. Michele, attento alle
curve! Ho paura!

Mick Ma io guido con cautela, Daniela.

Daniela Sì, ma io ho paura, te l'ho già detto, e tu continui. Ti ho detto, mi fanno
paura le curve.

Mick Mi dispiace, Daniela.

Daniela Ecco, vai . . . ecco, calmo. Ora c'è una bella curva che piega a sinistra,
dopo la quale vedremo tutta la vallata *[wide valley]*

ci stiamo incamminando	*we're going up into the*
su per la montagna	*mountains*

---

2 Elena warns Francesca about getting lost in Venice.

Elena Stai molto attenta a non perderti perché a Venezia le strade sono piccole e
portano a volte direttamente in canale, per cui ricordati bene i nomi delle
vie, delle calli.

Francesca E allora cosa devo chiedere, Campo . . . ?

Elena Campo San Barnaba.

calli – small Venetian pedestrian walkways

To give a warning – *mind the . . .*
  attento alle curve

To advise a friend *mind you don't . . .*
  sta' or **stai attento/a a** non perderti

To tell a friend not to do something
  non andare troppo forte

3 Some helpful tips for potential windsurfers.

Marisa   Ci sono dei consigli su come si fa il windsurf? Che consiglio darebbe lei?
Istruttore   Bisogna insistere, continuare a insistere, e dopo i primi due o tre giorni
viene tutto facile. Dopo una settimana di bagni si sta sopra e si va.
Insomma, in tavola a vela basta andarci, continuare, continuare,
continuare, e poi si prendono tutti i venti.

la vela = sail

> . . . darebbe lei? . . . *would you give?*
> si sta sopra e si va *you stay on and away you go*
> si prendono tutti i *you can catch any wind*
> venti

4 Alessandro gets some hints on mushroom collecting from
Francesco Tizzani.

ma = but, yet

mai = ever
non mai, mai = never
mai più = never aga[in]

Alessandro   Tu sei un appassionato di funghi, come mai?
Francesco   Mi piace per prima cosa mangiarli. Poi mi piace anche vederli per
i colori.

Alessandro	Come hai fatto a imparar a distinguere i funghi velenosi da quelli buoni?
Francesco	Ho cominciato con un piccolo libretto che avevo comprato in montagna.
Alessandro	Quali sono i funghi da evitare più . . . i funghi più pericolosi da . . . da mangiare, quelli che bisogna assolutamente evitare?
Francesco	Ma per prima cosa bisogna stare attenti a quelli con le lamelle, ché ce ne sono tanti buonissimi, ma fra quelli con le lamelle ci sono i più velenosi. Però se hai dubbi puoi andare agli uffici d'igiene dei vari comuni.
Alessandro	O, se no, li butti via nel dubbio? *butti buttare – to throw away* il veleno = poison
Francesco	Se no, li butti via. Meglio anzi non raccoglierli inutilmente.

come hai fatto a imparar . . . ?	*how did you (get to) learn . . . ?*
avevo comprato	*I'd bought*
li butti via nel dubbio?	*if in doubt you throw them away?*

> To tell someone *you need/have to* . . .
> **bisogna** insistere
>
> To explain *all you have to do is* . . .
> **basta** andarci

---

5 Signora Silvana explains how to prepare a Florentine dish of fried chicken, *zucchini* courgettes and pumpkin flowers.

Daniela	Signora Silvana, ci vuole pazienza a cucinare?
Sig.ra Silvana	Senz'altro.
Daniela	Senta, mi può far vedere come si fa a preparare il pollo fritto e gli zucchini e fiori fritti?
Sig.ra Silvana	E' semplice. Il pollo si taglia a piccoli pezzetti, si mettono nella farina, dopodiché si mettono nell'uovo sbattuto con un goccio di latte.
Daniela	E il sale, scusi?
Sig.ra Silvana	Un pizzico nelle uova, prima di sbatterle.
Daniela	E poi?
Sig.ra Silvana	Si mette nella padella con olio ben bollente.
Daniela	Come ha fatto adesso?
Sig.ra Silvana	Si, viene dorato e croccante.
Daniela	Senta, e quanto tempo va tenuto nell'olio bollente?
Sig.ra Silvana	Mah, fino al momento in cui il pollo non si vede dorato, un colore . . .
Daniela	Un colore più scuro?
Sig.ra Silvana	Più scuro, nocciola, nocciola dorata.
Daniela	E per i . . . gli zucchini e i fiori di zucca è la stessa cosa?
Sig.ra Silvana	Lo stesso principio.

come ha fatto adesso?	*as you've just done?*
fino al momento in cui	*until the moment you see*
il pollo non si vede dorato	*the chicken is golden*

To ask to be shown how to do something
mi può far vedere come si fa a . . .?

To say what is needed
ci vuole pazienza

A way of saying what must be done
va tenuto   it must be kept

DA CAPIRE

1   Two people talk about their very different jobs. First, Signor Todisco, in his **tintoria**, explains the traditional methods of cleaning and treating different materials. How should woollen garments be ironed, and what problem will be avoided if the ironing is done properly?

Daniela	Signor Luigi . . .
Sig. Todisco	Sì.
Daniela	Ogni tessuto ha bisogno di un trattamento diverso?
Sig. Todisco	Ma quell'è chiaro, va. Una gabardina, per esempio, va trattata in un modo, non so, la lana . . . tutto differente insomma. Ogni . . . ogni tessuto va trattato anche nella stiratura diversamente.
Daniela	Cosa bisogna fargli alla lana quando la si stira?
Sig. Todisco	Be', bisogna metterci un panno prima di tutto, se no, prende di molto lustro, per stirarla.
Daniela	Cosa vuol dire 'prende lustro'?
Sig. Todisco	Eh, lustro, quel . . .
Daniela	Diventa lucido?

Sig. Todisco Lustro, lu– . . . lucido. Nella stiratura c'è . . . diventa tutto lucido quando si stira, sicché per eliminare ci si mette un panno bagnato sopra e la stiratura viene molto meglio, ecco.

> ma quell'è chiaro, va *(colloquial)*   *honestly, that's obvious*
> cosa bisogna fargli   *what do you have to do to*
>   alla lana quando la si stira?   *wool when you iron it?*
>   – fargli *is colloquial, there's no need for the* gli

2 Carlo is a lighting technician, whose firm specialises in lights and special effects for rock concerts. What are these special effects?

Carlo Il nostro motto, il motto della mia ditta, è quello di fare tutto. Facciamo appunto le luci, ci occupiamo di tutti gli effetti speciali, laser, bombe, flash .

Alessandro Addirittura le bombe?

Carlo Sì. Sono praticamente dei flash al magnesio che però vanno trattati con una certa accortezza in quanto possono diventare anche pericolosi.

Alessandro Eh, quindi bisogna stare anche un po' attenti.

> in quanto   *inasmuch as*

ANALISI

1 **Giving warnings**
Look out! Careful!
> **attenzione!**
> **attento!** or **attenta/i/e** as appropriate

To warn against something specific – *mind the . . .*
> Michele, **attento a**lle curve
> ragazzi, **attenti a**lle scale

To warn a friend against doing something – *mind you don't get lost, mind you don't forget*

sta' or **stai attento/a a non**	perderti
	dimenticare

If you're being formal, use **stia**
> **stia attento/a a non** cadere

A fairly direct way of telling a friend or a child not to do something is **non** followed by the infinitive of the verb
> **non andare** troppo forte   don't go too fast
> **non preoccuparti**   don't worry

To say *don't . . .* to several people, or to someone you'd call **lei**, just add **non** in front of the usual command

ragazzi,	**non andate** troppo forte
	non preoccupatevi

signora,	**non vada** troppo forte
	non si preoccupi

Giving instructions

There are different ways of giving instructions depending on how direct or forceful you want to be.

You have to . . . , you must . . .

bisogna | insistere
evitarlo | *lit*. it is necessary to . . .

It's better/best to . . .

è meglio | cuocerli lentamente
non raccoglierli

All you need/have to do is . . .

basta | andarci
leggere le istruzioni | *lit*. it is enough to . . .

Bisogna, **è meglio** and **basta** stay the same whoever you're talking to, and they're all followed by a verb ending in **−are**, **−ere** or **−ire**.

Demonstrations

To say *can you show me how to . . . ?*
  mi può far vedere come si fa a preparare il pollo?

To explain what's required, eg ingredients in a recipe
  ci vuole della farina   you need some flour
  ci vogliono due etti di formaggio   you need 200 g of cheese

Describing how it's done
  il pollo **si taglia**   you cut the chicken
  i pezzetti **si mettono** nella farina   you put the pieces in the flour

Note that when the object is plural, the verb must be plural as well (see **Grammatica** 77).

To say what *has* to be done, use **va** or **vanno** followed by the past participle, eg **tenuto, trattati, fatto**
  va tenuto nell'olio   it must be kept . . .
  vanno trattati in modi diversi   they must be treated . . .
  va fatto così   it has to be done like this

(See also **Grammatica** 76.)

Te l'ho già detto

This means *I've already told you*, or literally *I've already said it to you*. Note: **l'** is short for **lo**.

Talking formally to someone you'd say
  gliel'ho già detto
and to two or more people
  ve l'ho già detto

Gliel'ho can also be used if you're talking about others
  gliel'ho già detto   I've already told him/her/them

(See also **Grammatica** 36.)

Warnings or instructions you're likely to see in public places

attenzione	caution
attenti al cane	beware of the dog
spingere, tirare	push, pull
allacciare le cinture di sicurezza	fasten seat belts
non sporgersi dal finestrino	do not lean out of the (train) window
si prega di non parlare al conducente	please do not speak to the driver
vietato attraversare i binari	crossing the railway lines prohibited
non toccate i fili – pericolo di morte	do not touch the wires – danger of death
pedoni – servitevi del sottopassaggio	pedestrians – use the subway
accendere i fari in galleria	switch on headlights in tunnel
caduta massi	rockfall
non calpestare le aiuole/il prato	do not tread on the flowerbeds/grass
si prega di non lasciare rifiuti sulla spiaggia	please do not leave rubbish on the beach
vietato l'ingresso ai non addetti ai lavori	no entry to unauthorised personnel

---

quindi – used when you're drawing conclusions, *so (that), therefore*
   quindi passione e pazienza sono la base della buona cucina

addirittura – has various translations, eg *even, actually*; it's often used
to emphasise how surprised you are
   addirittura le bombe?

anzi – another emphatic word, *in fact, indeed*
   sono buoni, anzi squisiti
   meglio anzi non raccoglierli

1   Reading the signs: first, what are these signs telling you?

1
divieto di sosta
senso unico
parcheggio
deviazione

2
campo da tennis
tabaccheria
tintoria
tirare

3
divieto di balneazione
divieto di scarico
divieto di tuffarsi
divieto di affisso

4
campeggio
cassa
deposito bagagli
agenzia di viaggi

5
vietato bere vino
non calpestare l'erba
acqua non potabile
vietato gettare bottiglie

6   Now match up the words in the two columns to make signs you might see, eg **cane pericoloso.**

cane	massi
vietato attraversare	finestrino
funghi	pericoloso
caduta	i binari
pericolo di	velenosi
non calpestare	al conducente
si prega di non parlare	morte
non sporgersi dal	le aiuole

2   How would you say to your friend Giuseppina

1   Don't go too fast.
2   Mind that car!
3   Mind you don't forget.
4   Don't worry.
5   Remember the names of the streets.

And how would you say to Signor Albertini

6 Can you show me how to repair it (**la macchina**)?
7 Mind you don't fall.
8 How did you learn to play chess?
9 I told you yesterday.
10 What must I ask for?

---

3 Use the following expressions appropriately to fill in the gaps:

quindi	addirittura	anzi

1 Livio can't persuade you to taste those mushrooms he's picked.

Livio Senti, ho preparato dei funghi freschi. Ti piacerebbe assaggiarli?

You No, grazie, ho un po' paura; ...., ho molta paura di avvelenarmi!

2 You've failed your driving test and are worried about the next time – Signor Pirelli has given you a pep talk.

Sig. Pirelli Ma non si preoccupi. La prossima volta ce la farà senz'altro a prendere la patente.

You Ho capito, ... basta insistere e non scoraggiarsi!

3 You can't get over the fact that Mina the dressmaker actually charges twice the going rate.

Pina Domani vado da Mina per farmi fare un vestito.

You Non andare da lei, mi raccomando. Si paga .... il doppio!

---

4 **Non farlo!** Tell people what *not* to do, using the appropriate parts of the verbs in brackets.

1 Emilio e Renzo, ricordatevi – non (**andare**) troppo forte!
2 Patrizio, non (**venire**) con Fulvio, mi è antipatico.
3 Ragazzi, non (**prendere**) la prima strada a sinistra, bisogna prendere la seconda.
4 Non (**preoccuparsi**), signora, i suoi pantaloni saranno pronti per lunedì.
5 Per favore, signorina, non (**chiamarlo**) adesso. Preferisco chiamarlo io più tardi.
6 Stefano, non (**metterlo**) qui, il tavolo è tutto sporco.
7 Ragazze, non (**farlo**) subito, aspettiamo un po'.
8 Non (**comprarlo**), signori miei, se è troppo caro.

---

5 You've enjoyed a marvellous meal at the home of some Italian friends, and now your hostess asks you about English food. She wants to know how to make a proper trifle . . .

Parole che servono

il pan di Spagna	sponge cake	**lo sherry, il cognac**	sherry, brandy
spalmare	to spread	**versare**	to pour
la marmellata	jam	**raffreddare**	to cool
il recipiente	bowl		

Verina	Dimmi un po', come si fa a preparare un'autentica zuppa inglese?
You	*(Well, first of all you need some sponge cake, which you cut in slices)*
Verina	Pan di Spagna tagliato a fette, sì, e poi?
You	*(Then you spread a little jam on the slices)*
Verina	Ho capito. E poi come si fa?
You	*(Then you put the slices of sponge cake in a bowl)*
Verina	Un recipiente di vetro, no?
You	*(Yes, and then you need a glass of sherry and a little brandy)*
Verina	Sherry e cognac insieme? Vuoi far ubriacare la gente!
You	*(God forbid! Anyway, you pour the sherry with the brandy onto the sponge cake, and then you have to leave it for half an hour)*
Verina	Così il pan di Spagna si inzuppa bene, vero?
You	*(Exactly. Then you have to make a 'custard': you don't know what it's called in Italian but it's made of milk, eggs and sugar)*
Verina	Una specie di crema, sì, ho capito.
You	*(You pour the* crema *on the sponge cake, and then you have to leave it to cool)*
Verina	E poi si mangia?
You	*(No, first you spread whipped cream on top)*
Verina	Addirittura la panna montata? Mamma mia, com'è buona questa zuppa inglese!
You	*(Yes, very! Then all you have to do is eat it!)*
Verina	Mmm, mi fa venire l'acquolina in bocca!!

6 Listen to the **Da capire** section again and decide which of these statements are true and which are false.

1 Ogni tessuto va lavato e stirato in un modo diverso.
2 Una gabardina non va trattata diversamente dalla lana.
3 Bisogna stare attenti quando si stira la lana.
4 Se si mette un panno sopra, la lana diventa lucida quando la si stira.
5 La ditta di Carlo si occupa soltanto di luci.
6 I flash al magnesio possono diventare pericolosi.

VITA ITALIANA

I funghi

Gli italiani sono proprio innamorati di funghi, soprattutto di quelli che raccolgono personalmente. Durante la stagione dei funghi migliaia d'italiani si alzano tra le tre e le cinque di mattina per andare nei boschi in cerca di funghi. Cercano sempre di tenere segreti i posti migliori, e rimangono molto male se trovano altri che sono arrivati prima di loro.

Quelli, però, che rimangono peggio sono i contadini. Per le donne in campagna la raccolta dei funghi è sempre stata una fonte tradizionale di reddito. I funghi migliori, come i porcini, costano cari, oltre ventimila lire al chilo, ed è dunque comprensibile che l'arrivo di orde dalla città sia visto come una minaccia al loro guadagno tradizionale. A volte vengono tagliate le gomme delle macchine di quelli che sono venuti dalla città, e i contadini hanno perfino inventato delle storie per tenere lontana la gente.

Per esempio, alcuni anni fa intorno a Piacenza hanno sparso la voce che era scappata una pantera dallo zoo e che si era rifugiata nel bosco! In fondo, però, tutto questo serve poco a scoraggiare la gente che, sempre più numerosa, va a raccogliere i funghi. Siccome si sa che molto spesso la gente non sa distinguere i funghi buoni da quelli velenosi, molti comuni hanno uffici speciali di igiene a cui si possono portare i funghi per farli controllare.

(*Da sinistra*) Castagne, tartufo bianco, scarola

Le insalate, le arselle e le castagne

I prodotti alimentari freschi e selvatici vengono quasi sempre preferiti a quelli coltivati. In primavera e d'estate si va in cerca delle tante **insalate** che si trovano in campagna. Come nel caso dei funghi, ci sono tante varietà sconosciute o poco apprezzate in altri paesi, per esempio il radicchio *(chicory)*, la scarola *(endive)* e il dente di leone *(dandelion)*. In realtà vale la pena di provarle!

Al mare d'estate, sugli scogli si possono osservare intere famiglie, dai ragazzini alle nonne, armati tutti di un coltellino, e che vanno in cerca delle **arselle**, frutti di mare squisiti, simili alle vongole, e che servono a fare il sugo per gli spaghetti o il risotto.

89

Poi, in ottobre arriva la stagione delle **castagne**, che segue quella dei funghi, e di nuovo i boschi vengono affollati da quelli che vanno a far castagne.

La cucina

Questo rapporto più diretto con l'ambiente naturale in Italia si riflette nella cucina italiana. Di solito vengono preferiti gli ingredienti semplici e genuini locali. Infatti, ancora oggi la cucina italiana conserva il suo carattere regionale con una molteplice varietà di piatti.

All'estero si tende a pensare che la pasta sia il piatto nazionale, ma nel nord, nelle zone delle risaie, non bisogna dimenticare che **il riso** è la base di piatti apprezzatissimi. C'è **il risi e bisi** (riso con piselli) di Venezia; poi in Lombardia c'è **il risotto alla milanese**, fatto con zafferano e vino bianco, oppure il risotto con piccoli uccelli come le quaglie. Una specialità del Piemonte è **il riso con i tartufi bianchi**. I tartufi si trovano soprattutto intorno ad Alba, dal mese di ottobre fino a marzo, e per trovarli si adoperano i famosi cani da tartufo.

A parte il riso, nelle regioni del nord, specialmente nel Veneto, c'è **la polenta**, anche quella fatta con un prodotto locale, la farina di granturco. Si mangia come primo piatto, o anche come pasto completo se viene servita con salsicce o con uccellini come i passeri, per esempio.

Infine, ci sono tantissimi piatti a base di **fagioli** o di **lenticchie**. A Roma uno dei più caratteristici si chiama **fagioli con le cotiche**. Le cotiche sono pezzi di pelle del maiale, e secondo Sofia Loren questo è uno dei piatti preferiti di Marcello Mastroianni!

Would it displease you? (present conditional)

TI DISPIACEREBBE ?

6/10/96

> **Would you mind . . . ?**
> Asking for things in shops
> Getting things done for you
> Asking favours

1 In a **rosticceria** you can get snacks to eat on the premises or, as Daniela does, you can take food away.

Daniela	Buongiorno.
Commessa	Buongiorno. Cosa prende?
Daniela	Mah, mi dà per piacere un po' di salame.

a little

91

Commessa	Non vuole altro?
Daniela	Sì, mi dà per piacere anche un po' di questo.
Commessa	Melanzana?
Daniela	Sì, sì, un po' di melanzane.
Commessa	Quante ne vuole?
Daniela	Mmm, mi faccia due porzioni.
Commessa	Basta così?
Daniela	Sì, sì, basta così.
Commessa	Le mangia qui o le porta via?
Daniela	No, le porto via, se mi può incartare tutto.
Commessa	Va bene.

non vuole altro?   *do you want anything else?*

> To ask someone to give you something
> **mi dà** un po' di salame
>
> or to make you something
> **mi faccia** due porzioni
>
> or if someone can wrap something for you
> **mi può incartare** tutto?

---

2 Daniela goes shopping to buy a handbag and seeks advice from the assistant . . .

Daniela	Senta, vorrei una borsa.
Commesso	Sì, mi dica che modello preferisce.
Daniela	Vorrei vedere quella lì.
Commesso	Quale, questa? Sì, è una bella borsa. E il colore, questo le va bene oppure ha una . . . ?
Daniela	Sì, mi . . . mi fa vedere anche l'altra, quella che ha sullo scaffale.
Commesso	Volentieri, ora la prendo. Questa?
Daniela	Sì. Quanto costa questa?
Commesso	49.000 questa rossa più piccola e 59.500 questa color tabacco.
Daniela	Allora, questa qui 49.000 e l'altra 59.500 ha detto.
Commesso	Sì, esatto, 59.500.
Daniela	Ecco, non so veramente quale scegliere perché mi sembrano abbastanza simili, però non so scegliere il colore. Lei che cosa mi consiglia?
Commesso	Io le consiglierei sempre questa color rosso scuro, perché è una borsa sia elegante che sportiva e la può portare con tutti i vestiti.
Daniela	Cioè questa qui da 49.000. Ci sarebbe anche un risparmio. Va bene, allora prendo questa meno cara.
Commesso	Benissimo. Ora gliela preparo.

mi dica   both . . . and
sia . . . che   *both . . . and*
ora gliela preparo   *I'll just get it ready for you*

---

3 . . . and takes some trousers to be cleaned.

Daniela	Buongiorno.
Commessa	Ah, buongiorno, signorina. Mi dica.

Daniela	Senta, io ho questi pantaloni da far pulire. Per quando me li può fare?
Commessa	Mah, senta, io credo di poterglieli fare per giovedì. Per giovedì sera, le va bene?
Daniela	Va bene. Allora ripasso giovedì sera.
Commessa	Giovedì sera senz'altro, senz'altro giovedì sera.
Daniela	Grazie, buonasera.
Commessa	Buonasera, signorina.

mi dica	. can I help you?
credo di poterglieli	I think I can do them
fare per . . .	for you by . . .

> To ask to be shown something
> **mi fa vedere** anche l'altra
>
> To say you have something to be cleaned
> **ho** questi pantaloni **da far pulire**
>
> To ask *when can you do them for me?*
> **per quando me li può fare?**

4 Daniela asks Silvano to open the window . . .

| Daniela | Silvano, ti dispiacerebbe aprire la finestra? |

. . . but the noise of the traffic is deafening, so . . .

| Daniela | Silvano, puoi per cortesia richiudere la finestra? |

> To ask a friend *would you mind . . . ?*
> **ti dispiacerebbe** aprire la finestra?

5   In Venice, Francesca wants to change her hotel room for one that looks out onto the canal.

Francesca   Buongiorno. Mi scusi, senta, io avrei bisogno di chiederle un favore. *[handwritten: I would have need to ask you for a favor]*

Impiegato   Buongiorno signorina, mi dica pure. *[handwritten: Please go ahead]*

Francesca   Sarebbe mica possibile cambiare camera? Io mi trovo attualmente nella stanza ventinove *(sì)* che dà dietro sul cortile. *(Sì)* Vorrei sapere se sarebbe possibile una stanza, una camera con vista sul canale?

Impiegato   Be', guardo subito, un momento che controllo. Eh . . . *(Sì, grazie)* Sì, guardi, in questo momento mi è impossibile, però domani, domani *[handwritten: with another]* senz'altro la posso passare in un'altra stanza sul canale con una bella vista. *[handwritten: to thank]*

Francesca   Va bene, la ringrazio molto, buongiorno.

Impiegato   Grazie.

[handwritten: "la here" means you (formal)]

mi dica pure	*please go ahead (and ask)*
sarebbe mica possibile . . . ?	*would it be at all possible . . . ?*
che dà dietro	*which looks out at the back*

---

6   Alessandro phones Mr Webb at his hotel and has to leave a message.

Alessandro   Pronto. Buongiorno, vorrei parlare per favore col signor Webb. .... Grazie. .... Ah, è uscito? Non sa quando rientra per caso? *[handwritten: by chance]* .... Ah. .... Senta, per favore, potrebbe lasciargli un messaggio? .... Sì, da parte di Alessandro. .... Ecco. Dunque, 'ci troviamo in Piazza della Scala alle otto e mezza come d'accordo, e i biglietti per il teatro li ho già *[handwritten: already]* presi io. Ciao, Alessandro.' .... Ecco, grazie mille, buonasera, molto gentile. *[handwritten: form]*

da parte di	*from*
li ho già presi io	*I've already got them*

> To ask *would it be possible to . . . ?*
> **sarebbe possibile** cambiare camera?
>
> or *could you . . . ?*
> **potrebbe** lasciargli un messaggio?

DA CAPIRE

1   Daniela is thinking of buying a suitcase but the salesman persuades her to have a travelling bag instead. What reasons does he give for a travelling bag being a better buy?

Daniela   Senta, vorrei vedere anche una valigia.

 *[handwritten: feminine b/c addressing Daniela]*

Commesso   E' necessaria una valigia oppure una borsa da viaggio? *[handwritten: or else]* – perché le valigie oggi sono richieste molto meno. Si chiede di più una borsa da viaggio, *[handwritten: One asks more for a travelling bag]* perché è più comoda e più facile da portare anche sull'aereo. *[handwritten: because it is more comfortable and more easy to carry on an airplane]*

Daniela   Sì, ha ragione, solo che io sono sempre stata abituata alla valigia e la mia che ho usato per anni si è rotta. Non ho mai provato una borsa da viaggio, lei pensa che sia migliore?

ritenere —to hold, retain, stop, detain

Commesso	Io le ritengo sempre migliori alle valigie, anche perché una valigia in pelle oggi costa moltissimo, mentre una borsa da viaggio è molto più economica.
Daniela	Che prezzo può avere una valigia?
Commesso	Può venire dalle duecento alle trecentomila lire. Una borsa da viaggio può andare dalle cento alle centocinquantamila lire.
Daniela	Sì, mi fa vedere allora una borsa da viaggio, per favore.
Commesso	Di che grandezza la desidera?
Daniela	Una grandezza media.
Commesso	Ecco, un modello come questo penso le potrebbe andar bene. Lei cosa ne pensa?
Daniela	Sì, mi lascia un po' perplessa il colore. Vorrei vedere un altro colore.
Commesso	Se mi dice quale preferisce ci sono tutti i colori.
Daniela	Preferisco più il beige perché va meglio su tutte le cose.
Commesso	Benissimo. Ora vado a prendergliela al magazzino.
Daniela	Grazie.

grandezza —size

solo che	_it's just that_
può venire dalle ⎫	
può andare dalle ⎭	_can range from_
mi lascia un po'	_I'm a bit undecided about_
perplessa il colore	_the colour_

ANALISI

1   Asking for things

To ask for something in a shop or café for example

mi dà	un po' di salame	give me ...
mi dia	due chili di pere	

mi fa	un caffè	make me ...
mi faccia	due porzioni	

mi fa vedere	quella borsa	show me ...
mi faccia vedere	quelle scarpe	

Dia and **faccia** are commands (see **Grammatica** 68).
If you're asking a friend for something, the commands are **dammi**, **fammi**, **fammi vedere**.

2   Things you'd like

To say _what_ you'd like
     vorrei una borsa

What you'd like _to do_
     vorrei parlare con il signor Webb

What you'd like _done_

vorrei far pulire	questi pantaloni
vorrei far riparare	questa borsa

chiedere to ask (handwritten)

3 Asking favours

In the phrase **avrei bisogno di chiederle un favore**, **avrei bisogno di** is more polite than **ho bisogno di**. **Avrei** is part of the conditional tense, which is often used when asking favours.

present conditional o (handwritten)
essere: (handwritten)

essere (handwritten, left margin)

To ask *would it be possible . . . ?*

| **sarebbe possibile** | cambiare camera? |
| | una camera con vista sul canale? |

Sarei   sare (handwritten)
Sareste Sare (handwritten)
Sarebbe sareb (handwritten)

or *could you . . . ?*

| (tu) **potresti** | lasciargli un messaggio? |
| (lei) **potrebbe** | cambiare la mia camera? |

or *would you mind . . . ?*

| (tu) **ti dispiacerebbe** | aprire la finestra? |
| (lei) **le dispiacerebbe** | non fumare? |

The conditional tense is given in full in **Grammatica 64**.

4 Per quando me li può fare?

To ask *when can you do them for me?*

per quando **me li** può fare?   (li = pantaloni)
per quando **me le** può fare?   (le = scarpe)

To say *for us* the word is **ci**. Notice that, like **mi**, its spelling changes here

per quando **ce li** può fare?

In reply, you may be told

glieli posso fare per giovedì

(See **Grammatica 36**.)

5 Quantities

In a shop you may be asked

quanto/a ne vuole?   how much (of it) do you want?
quanti/e ne vuole?   how many (of them) do you want?

In English you don't need to say *of it* or *of them*, but in Italian **ne** is always used

ne vorrei	dieci
me **ne** dà	un chilo
me **ne** dia	un po'
	alcuni

6 You – la and le

La and **le** can both mean *you*, when talking formally. Which you use depends on the verb:

Use **la** with verbs like **ringraziare, salutare, vedere**

la ringrazio molto   *lit.* I thank you very much
la saluto, professore

96

Use **le** with verbs like **presentare (a)**, **telefonare (a)**, **dare (a)**
 le presento Maria
 le telefono domani

(See **Grammatica** 29–32.)

(See **Grammatica** 29–32.)

PAROLE

quanto ne vuole?	
un altro po' (di)	a bit more (of)
un altro/un'altra	another
altri/e due, tre	two, three more

vorrei far ...   I'd like to have ...

... **pulire**	**questo vestito**	... this dress		
	questa giacca	... this jacket	cleaned	
... **riparare**	**questa borsa**	... this bag		
	quest'orologio	... this watch	repaired	
... **cambiare la ruota**		... the wheel changed		
... **controllare l'olio/i freni**		... the oil/the brakes checked		
... **sviluppare delle foto**		... some photos developed		

vorrei farmi ...   I'd like to have my ...
... **tagliare/lavare i capelli**   ... hair cut/washed

il calzolaio	shoemaker/repairer
l'orologiaio	clock/watchmaker
il garage, il meccanico	garage, mechanic
il parrucchiere	hairdresser
la drogheria, or more usually	
gli alimentari	grocer's shop – incidentally, a good place to get cheap sandwiches made

To say *at the* or *to the (chemist's/tailor's)*, you use **in** with names of shops and **da** with people

andare | **in tabaccheria, in farmacia**
    | **dal sarto, dall'orologiaio**

---

volentieri – expressing willingness, *of course, I'd be delighted*
 mi fa vedere anche l'altra? – Volentieri

pure – can be used for emphasis, encouraging someone to do something, *go ahead, please do*
 mi dica pure

oppure – an emphatic *or, or else*
 le va bene questa oppure ha un'altra preferenza?

senta – literally a formal way of saying *listen*, often used to attract attention, *excuse me*
 senta, vorrei una borsa

1   Which sentence do you use in these situations?

6\17\96

1   The handle of your suitcase has broken and you want to have it repaired.
Vorrei cambiare questa valigia.
Vorrei far riparare questa borsa.
Vorrei far pulire questa valigia.
~ Vorrei far riparare questa valigia.

2   You've got a suit to be dry-cleaned.
Sarebbe possibile lavare quest'abito?
Potrebbe stirare quest'abito?
· Ho quest'abito da far lavare a secco.
Le dispiacerebbe farmi vedere quell'abito?

3   You wonder if it's possible to change a jumper which is too tight.
Potrei cambiare questa maglia? E' troppo grande.
~ Sarebbe possibile cambiare questa maglia? E' troppo stretta.
Mi fa vedere quella maglia? E' molto bella.
Mi può incartare la maglia? E' un regalo.

4   At the garage you want your tyres checked.
~Mi può controllare le gomme?
Mi può cambiare la ruota?
Mi può controllare i freni?
Mi può dare un pacchetto di gomma?

5   You want to get your hair cut.
Vorrei farmi tagliare le unghie.
Vorrei farmi lavare i capelli.
Vorrei farmi fare una permanente.
⁓Vorrei farmi tagliare i capelli.

6   At a **rosticceria** you want four meatballs and two portions of chips.
Mi dà quattro salsicce e tre porzioni di patate fritte.
Mi dia quattro supplì e due porzioni di melanzane.
~Mi dà quattro polpette e due porzioni di patate fritte.
Dammi quattro polpette e due pacchetti di patatine.

7   At the **alimentari** you want the assistant to make you two rolls, one with
mortadella and the other with cooked ham.
Mi fa due panini – uno con salame e l'altro con prosciutto cotto?
Mi faccia due panini – uno con gorgonzola e l'altro con
    mortadella.
Fammi due panini – uno con mortadella e l'altro con dolcelatte.
⸏Mi fa due panini – uno con mortadella e l'altro con
    prosciutto cotto?

2   Use the following expressions appropriately to fill in the gaps:

oppure	volentieri	pure	senta

1   You're happy to do Gianfranco a favour.

Gianfranco   Mi faresti un favore?

You   Sì, ...

	2 You'd like the waiter over there to bring you four more coffees.
You	.................................! Ci porta altri quattro caffè, per piacere?
Cameriere	Come no! Subito, signori.

3 You like the style of the jacket you've just tried on, but the colour's too dark.

You	........................., la giacca mi piace, però il colore è troppo scuro. E' questo l'unico colore che avete .... ne avete un altro più chiaro?
Commesso	Mi dispiace, questo è l'unico che abbiamo.

4 You're not in a hurry to make your phone call, so you let the girl behind you go first.

Signorina	Scusi, ho da fare una telefonata urgente, le dispiacerebbe lasciarmi telefonare prima?
You	No, no, faccia ...., signorina.

---

3 Match up the various items with the places or people you'd buy them from.

l'ago (m) - needle

il sarto — libri
la cartoleria — vestiti
la profumeria — aghi, fili, bottoni
la farmacia — mortadella, pancetta, salame
l'orologiaio — compresse, sciroppi, cerotto
la libreria — profumo, rossetto
la tabaccheria — orologi, sveglie
la salumeria — carta bollata, sigarette, francobolli
la merceria — quaderni, penne, buste

(handwritten annotations: tailor, cartoleria, perfume, bookshop, tobacco, deli, haberdashery, thread, syrup, plaster, alarm clock, exercise book, feather pen, envelope)

---

4 How would you say to a shopkeeper

1 When can you do it (**la**) for me?
2 Yes, that's all, thank you.
3 Can you give me a bit more mortadella?
4 I'll come by again on Saturday morning.
5 I'd like seven of them.

How would you say to your friend Ottavio

6 Could you bring me the book tomorrow?
7 Hold on while I check.
8 Would you mind closing the window?
9 Would it be possible to leave him a message?
10 Can you give me two more stamps?

---

5 You want to hire a car so you go to an **autonoleggio** ...

Impiegato	Sì, signore, mi dica.
You	*(Say you'd like to hire* (noleggiare) *a car)*
Impiegato	Sì, signore. Per quanto tempo?

You	*(You'd like it for a week)*
Impiegato	Una settimana, sì, certo. E che tipo di macchina voleva?
You	*(A small car, like that one over there)*
Impiegato	Va bene, gliela posso dare subito. E' una macchina economica, non consuma molta benzina.
You	*(Ask how much it costs)*
Impiegato	Ecco la tariffa, signore. Dunque, sono trecentomila lire alla settimana, più l'IVA al diciotto per cento.
You	*(You do a quick calculation and say 'another 54 thousand lire, isn't it?')*
Impiegato	Sì, signore, esatto.
You	*(Say that's fine, and ask if it would be possible to pay by credit card* (con la carta di credito)*)*
Impiegato	Sì, senz'altro.
You	*(And you'd like to leave the car at Pisa airport)*
Impiegato	A Pisa, sì, abbiamo un ufficio lì all'aeroporto. Allora, mi dà la patente per cortesia?
You	*(Yes, here it is)*
Impiegato	Grazie. Ora bisogna riempire questo modulo . . .

6 Listen to the **Da capire** section again and decide which of the statements are true and which are false.

1 Oggi si chiede di meno una borsa da viaggio perché sono meno comode da portare sull'aereo.
2 Daniela è sempre stata abituata alle valigie.
3 Una valigia in pelle è molto economica.
4 Una borsa da viaggio costa meno di centomila lire.
5 Daniela non vuole una borsa da viaggio troppo grande.
6 Alla fine Daniela sceglie una borsa beige.

VITA ITALIANA

Moda e abbigliamento
Il sarto

In Italia, nonostante l'arrivo di supermercati e di grandi magazzini come l'UPIM, la Standa e la Rinascente, gli italiani ricorrono ancora a piccoli negozi familiari e a servizi specializzati, come per esempio quello del sarto o della sarta. L'eleganza nel vestire in Italia è molto importante, per cui, soprattutto nei piccoli centri provinciali, il ruolo della sarta – o del sarto – rimane fondamentale. Ci si va non solo per farsi degli abiti nuovi ma anche per far aggiustare quelli vecchi se sono fuori moda. Infatti, rimane uno dei modi più economici di vestirsi sempre alla moda.

Naturalmente la moda pronta esiste dappertutto in Italia adesso, ma ciò non significa la scomparsa totale del servizio personale del sarto. In quasi tutti i negozi di abbigliamento aggiustano gli abiti se non stanno proprio alla perfezione. Infatti, il cliente italiano tende ad essere esigente, quindi i commessi non si preoccupano solo di vendere e basta: molto spesso sono proprio loro a suggerire di accorciare una gonna o di fare una pince *(make a dart)* in una camicia o una camicetta. Il servizio è sempre rapido e a volte non si paga nessun supplemento.

La moda
Più conosciuto all'estero è il fatto che gli stilisti italiani sono tra i primi del mondo. Da alcuni anni ormai, stilisti come Giorgio Armani, Gianni Versace, i Missoni, Krizia (Mariuccia Mandelli), Gianfranco Ferré e Laura Biagiotti godono di un successo enorme, in Europa come negli Stati Uniti e in Giappone. Parigi non è più l'unico centro dell'alta moda e alle sfilate di Milano assistono tutti i giornalisti più importanti del mondo della moda.

Gli stilisti si occupano anche del prêt-à-porter di lusso e fanno un po' di tutto, dagli abiti per il teatro e il cinema, alle scarpe, le borse e le valigie, agli interni delle nuove Alfa Romeo. L'esigenza del 'bello' in tutti i campi è un fenomeno particolarmente italiano: ad esempio, nel campo del design ha influenzato la produzione di massa. In quasi tutte le grosse ditte di abbigliamento lavorano stilisti importanti che si preoccupano di infondere anche al prodotto di massa buon gusto e qualità culturali. L'idea che la moda sia un'arte, con valore culturale, si riflette nel sogno espresso da Laura Biagiotti: fra trent'anni lei spera di vedere i suoi vestiti in un museo! E questo forse non è un sogno assurdo, dato che il direttore del Centro di Comunicazione a Parma, il critico d'arte Arturo Quintavalle, ha dichiarato che la cultura del vestire è una materia nobile che va esaminata e studiata al di là dell'effimero.

10 RICAPITOLAZIONE

> This chapter is revision of the main points covered in
> Chapters 1–9. There are no *Analisi* or *Parole* sections, but
> there are extra exercises.

1 Introductions *(Chapter 1)*

Alessandro	Buonasera. Questa è la sua famiglia?
Sig. Marini	Sì, le presento mia moglie, Giovanna.
Sig.ra Marini	Piacere.
Alessandro	Molto lieto.

2 Work *(Chapter 1)*

Daniela	Senta, Signor Luca, lei che lavoro fa?

3 Places *(Chapter 2)*

Alessandro	Scusi, di dov'è lei?
Signore	Io sono originario del Veneto, di un villaggio chiamato Sagareda in provincia di Treviso.
Paola	Sono di Domodossola, una cittadina in Piemonte.
Denise	Da che parte del Piemonte si trova esattamente?

4 Abilities *(Chapter 3)*

Alessandro	Complimenti! Sei molto brava! Ti piace suonare il pianoforte?
Roberta	Sì, molto, mi piace molto.

5 Activities *(Chapter 3)*

Prof. Simonelli	Mi occupo soprattutto di musica. Sono sempre stato un appassionato ascoltatore di musica.

6 People *(Chapter 4)*

Denise	Mariella, parli tanto del tuo professore di fisica. Che tipo è? Com'è fisicamente?

7 What things are for *(Chapter 5)*

Daniela	A cosa servono i fanghi?
Sig. Bertani	Ecco, i fanghi servono per la cura delle artrosi, cioè dolori reumatici, in maniera particolare.

| 8 | **Wondering** | *(Chapter 5)* |

Ragazzo	E' di metallo?
Alessandro	Sì, c'è anche del metallo.
Ragazzo	Sarà una pila?
Alessandro	Sì, è una pila.
Ragazzo	Bravo!

| 9 | **Arrangements** | *(Chapter 6)* |

Daniela	Senti, è tanto che non ci vediamo e so che sei occupatissima, ma te la senti di venire a cena?
Fiorella	Sì, mi piacerebbe molto. Quando ci vediamo allora?
Daniela	Be', perché non facciamo martedì?

| 10 | **Directions** | *(Chapter 7)* |

Mariella	Io abito in via Gramsci 63, interno 6.
Paola	Via Gramsci 63, interno 6. Senti, per arrivare a casa tua come faccio?
Mariella	Be', fuori dalla stazione, avanti un pezzo, giri a destra e poi sempre dritto.

| 11 | **Instructions** | *(Chapter 8)* |

Daniela	Ci vuole pazienza a cucinare?
Sig.ra Silvana	Sì, senz'altro.
Daniela	Senta, mi può far vedere come si fa a preparare il pollo fritto e gli zucchini e fiori fritti?

| 12 | **Warnings** | *(Chapter 8)* |

| *Daniela* | Michele, non andare troppo forte, perché la velocità un po' mi spaventa! . . . Michele, attento alle curve! Ho paura! |

| 13 | **Requests** | *(Chapter 9)* |

| *Daniela* | Silvano, ti dispiacerebbe aprire la finestra? Silvano, puoi per cortesia richiudere la finestra? |
| *Daniela* | Senta, ho questi pantaloni da far pulire. Per quando me li può fare? |

DA CAPIRE

1 Lino Mannocci is a painter who lives in the hills above Viareggio. His house dates from the 14th century and he shows Daniela round. She notices that some of the fixtures, such as the fireplace, are new. What's Lino's opinion of the new fireplace? How many other rooms are there in the house and on how many floors is it built?

Daniela	Senta, una cosa che si nota nella sua casa subito sono gli infissi nuovi.
Lino	Sì, questo perché . . . mah, perché quelli vecchi erano finiti e c'è qui vicino un falegname, che lavora molto bene, un bravissimo artigiano, e li ha fatti in castagno – il castagno è il legno migliore per fare gli infissi, sembra che duri centinaia d'anni.
Daniela	Senta, torniamo nella stanza grande di là, e volevo chiederle questo: vedo che il camino è nuovo.
Lino	Il camino è nuovo, sì, purtroppo, perché c'era un bellissimo camino qui nel mezzo. Come vede, assomiglia di più a un caminetto svizzero che non a un camino toscano. Pazienza!
Daniela	Senta, quelle scale lassù a destra, dove portano?
Lino	Portano al piano superiore. Ci sono altre . . . una, due, tre, quattro stanze, e il bagno, poi si sale ancora, ci sono altre due stanze e un altro bagno.
Daniela	Sono tre piani, mi sembra sia piuttosto ampia.
Lino	Oh sì, molto, tre piani più la cantina che è ancora a un livello più basso.

erano finiti	*were worn out*
sembra che duri	*it apparently lasts*
centinaia d'anni	*hundreds of years*
pazienza!	*ah well!/never mind!*

2   Daniela, Lino and Mick go down to the cellar. What reputation has the cellar got in the village? The wine belongs to Lino, but what about the other foodstuffs?

Lino	Ecco, qui siamo scesi, appunto, questi pochi scalini. Attenti alla testa!
Daniela	E' freschissimo qua den.
Lino	Sì, infatti dicono tutti che è la cantina più fresca del paese, non ci batte mai il sole.
Daniela	Perché il vino deve stare al fresco?
Lino	Deve stare al fresco, sì.
Daniela	Ma ci tenete anche generi alimentari qui?
Lino	Sì, fra l'altro i generi alimentari non sono miei, c'è un contadino che . . . che lavora la terra qui vicino che usa la cantina anche lui e ci tiene . . . per esempio, lì dentro ci tiene l'olio d'oliva, le olive . . .
Daniela	Ecco, penso che in questa cantina si tengano anche le conserve.

Lino	Le conserve . . . il latte naturalmente, anche se purtroppo oggigiorno non è più il latte di una volta . . . Se vogliamo andare sopra?
Daniela	Sì, vediamo la casa dall'esterno.

qua den = qua dentro   *in here*
fra l'altro   *incidentally*
di una volta   *of the old days*

3   When Lino is away the vegetable garden is looked after by Duilio, a smallholder and Lino's nextdoor neighbour. Lino takes Daniela to look round the vegetable garden.

Lino	Ecco, si sale, si va verso l'orto . . . ecco.
Daniela	E' molto curato quest'orto.
Lino	Si. Duilio, il nome del contadino, è bravissimo. Non ama . . . non ama la frutta, per cui trascura molto gli alberi da frutta, però cura molto bene la verdura.
Daniela	Vedo tantissime cose, melanzane quelle?
Lino	Melanzane. Qua ci sono gli zucchini . . .
Daniela	Sì –
Lino	Con i fiori.
Daniela	Vedo una meravigliosa pianta di basilico, profumatissima.
Lino	Sì. Qui i pomodori che quest'anno sono un po' indietro purtroppo.
Daniela	Sono ancora molto verdi mi pare.
Lino	Si, sono molto indietro quest'anno, non . . . non so perché.
Daniela	Senta, torniamo alla casa perché fa un po' caldo qui fuori, invece la casa è molto fresca.
Lino	Eh si, è un grosso vantagio che offre quella casa lì perché queste mura così spesse mantengono veramente una temperatura molto fresca. Però fa molto freddo d'inverno. . . . Andiamo.

molto curato   *very well looked after*
indietro   *behind, late*

PROVACI

1   You've arrived to stay with a friend, Guido, who lives in a village in the Tuscan hills, and he introduces you to Elio in the local bar . . .

Guido	Ti presento Elio, un mio amico.
You	*(Say 'it's a pleasure')*
Elio	Molto lieto. Ma lei non è italiano, vero?
You	*(Say no, you're English, and – as he doesn't sound like your Milanese friend Guido – ask him where he's from)*
Elio	Sono di Valpromaro, un paese in Versilia.
You	*(Versilia? Whereabouts in Italy is that?)*
Elio	Ma si trova proprio qui in Toscana, sul mare, non lontano da qui. Cioè, la Versilia è una regione costiera che è molto conosciuta come zona di villeggiatura. Io, però, preferisco lavorare qui in montagna. E' più tranquillo.

You	(Say 'I see', and ask him what job he does)
Elio	Mah, faccio il pittore praticamente a tempo pieno.
You	(Full-time? He must be very good then)
Elio	Be', insomma, abbastanza. Diciamo che adesso me la cavo bene. Riesco a vendere parecchi quadri!
You	(Does he only paint (dipingere) or has he other interests?)
Elio	No, no, ho altri interessi. Per esempio, sono un appassionato di musica, soprattutto di musica lirica.
Guido	D'estate io e Elio andiamo spesso agli spettacoli di musica lirica, per esempio al Lago di Puccini. Infatti stasera fanno *Tosca*. Te la senti di venire con noi?
You	(Yes, definitely, you'd love to)

---

2 Choose the appropriate phrase each time.

1 You want to suggest making it eight thirty.
Perché non andiamo alle otto e mezza?
Perché non facciamo le otto e mezza?
Perché non usciamo alle otto e mezza?

2 You warn Sonia to mind the lorry.
Attenta al camion!
Attento al camion!
Attente ai camion!

3 You're wondering who that man could be.
Ma di dov'è quell'uomo?
Ma chi è quell'uomo?
Ma chi sarà quell'uomo?

4 You ask Beppe how you get to his house.
Beppe, per arrivare a casa tua vado sempre dritto?
Beppe, per arrivare a casa tua come faccio?
Beppe, per arrivare a casa tua quanto ci vuole?

5 You ask Marcella whether she'd mind coming a bit earlier.
Marcella, ti dispiacerebbe venire un po' prima?
Marcella, ti dispiacerebbe venire un po' più tardi?
Marcella, ti dispiacerebbe venire fra poco?

6 You tell Pino not to take the plane, it's too expensive.
Pino, non andare in metropolitana. Costa troppo!
Pino, non venire in treno. Ci metti troppo!
Pino, non prendere l'aereo. Costa troppo!

7 You'd like to know when your shoes can be ready.
Per quando me li può fare?
Per quando me le può fare?
Per quando me le vuol fare?

---

3 How well do you know Italy? Answer in Italian.

1 Quale città italiana è nota per le pizze?
2 In quale città si trova la famosa torre pendente?

3 Come si chiamano i tre vulcani più conosciuti d'Italia, e dove si trovano?
4 C'è un famoso Ponte dei Sospiri in Italia, e ce n'è anche uno in una città inglese. Dove si trovano i due ponti?
5 Qual è la città dei sette colli?
6 Dov'è nato Leonardo da Vinci?

4 The Palombini family are a very mixed bunch. Choose the phrase which most aptly completes the description of the various members of the household.

bellissima insomma   **cattivo insomma**
simpatiche insomma   **chiusa insomma**
brutto insomma   **matta da legare insomma**

1 I signori Palombini sono sempre in casa, non ti parlano mai, non fanno parte della vita del paese, sono una coppia ....

2 La figlia maggiore, Simona, è una ragazza alta, snella, con capelli biondi lunghi, occhi azzurri, pelle abbronzata, e si veste molto bene, è
....

3 Il figlio, Massimo, invece è un tipo piccolo, con gli occhiali spessi, capelli grassi, pantaloni troppo corti, è ....

4 Le altre due figlie, Lidia e Franca, sono allegre, generose, educate, amabili, sono ....

5 La nonna è molto eccentrica, parla da sola o con il gatto, porta vestiti di tutti i colori, molti dicono che è ....

6 Il cane è una grossa bestia, feroce, che cerca sempre di mordere, è
....

5 The chart on the next page shows the facilities available at four sports centres. Below are some questions for you to answer (in Italian).
1 In quale centro si può giocare a calcio, a tennis e a pallacanestro?
2 In quali centri c'è una piscina?

3   A Ivano piace nuotare, andare in bicicletta e giocare a pallacanestro. In
    quale centro può praticare tutti questi sport?
4   Gabriella è molto brava a tennis. A quale centro deve andare per praticare
    il suo sport preferito?
5   Rocco spera di diventare un campione di pugilato. Dove può andare
    per allenarsi?
6   La scherma si pratica in due centri – quali?

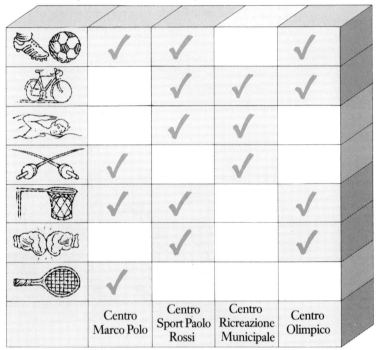

	Centro Marco Polo	Centro Sport Paolo Rossi	Centro Ricreazione Municipale	Centro Olimpico
(calcio)	✓	✓		✓
(bicicletta)		✓	✓	✓
(nuoto)		✓	✓	
(scherma)	✓		✓	
(pallacanestro)	✓	✓		✓
(pugilato)		✓		✓
(tennis)	✓			

6   Quale?

1   Which bottle of shampoo would you buy if you had greasy hair?

2   What would you choose for each course from the menu if you were on a slimming diet?

Primi piatti	**Contorni**
Lasagne al forno	Spinaci al burro
Prosciutto con melone	Patate fritte
Spaghetti alla carbonara	Insalata mista

Secondi piatti	**Dolci**
Trota alla griglia	Frutta di stagione
Ossobuco con riso	Zuppa inglese
Pollo alla crema	Gelati assortiti

3   Which shop would you look for if you wanted to buy **fazzoletti di carta**?
una cartoleria   **una latteria**   **una farmacia**

4   Which would you choose if you wanted a dry white wine?
Verdicchio   **Chianti**   **Asti Spumante**

5   Which road sign would you be looking for if you wanted to get onto the ring road?
autostrada   **raccordo anulare**   **deviazione**

7   Listen to the **Da capire** section again and decide which of these statements are true and which are false.

1   Il falegname che ha fatto gli infissi nuovi è un bravissimo artigiano.
2   Il castagno è un legno che non dura molto.
3   Il camino purtroppo assomiglia a un caminetto svizzero.
4   Ci sono due bagni nella casa di Lino.
5   Sulla cantina non ci batte mai il sole.
6   Il latte nella cantina è il latte naturale di una volta.

8   The day after your trip to the opera, Elio has invited you over to his place. You've just seen a painting he's finishing, and part of the house.

You   *(You're impressed – congratulate him; say you like that painting very much)*

Elio   Grazie, ne sono abbastanza soddisfatto.

You   *(Say he has a beautiful house too)*

Elio   Grazie di nuovo, mi fa piacere. A proposito, diamoci del tu, mi sembra assurdo essere così formali, no?

You   *(Yes, of course, that's fine)*

Elio   Senti, c'è altro da vedere ancora, se vuoi. Andiamo un momento di là in cucina a vedere il forno antico.

You   *(It's an enormous brick oven – ask what it's for)*

Elio   Mah, serve per fare il pane. E' il forno più antico del paese.

You   *(Ask him if he can show you how it works (funzionare))*

Elio   Eh, mi dispiace, ma non lo so usare. Ci vuole troppa pazienza, per cui non ho mai provato a fare il pane.

You   *(Say it's a pity, then ask him what's in that big bottle inside that round thing made of straw (paglia))*

Elio	Quale bottiglia? Ah, nella damigiana, vuoi dire. E' piena di vino.
You	*(Ask if he makes the wine or buys it)*
Elio	No, viene fatto dai contadini qui vicino.
You	*(And what's it like, is it good?)*
Elio	Sì, è abbastanza buono. Te lo faccio assaggiare.
You	*(Thanks)* *You try some wine . . .*
Elio	Cosa ne pensi?
You	*(Mmm, it's very good)*

VITA ITALIANA

L'esodo dalla campagna

Trent'anni fa pochi sognavano di andare in campagna. Anzi: tra il 1956 e il 1965, più di quindici milioni d'italiani si sono trasferiti dalla campagna in città per trovare lavoro. Sono stati attirati dal maggior guadagno offerto nelle fabbriche in espansione alla fine degli anni Cinquanta, ma è anche vero che li spingeva la necessità perché si tendeva a trascurare la campagna. Da decenni i contadini si trovavano spesso costretti ad emigrare all'estero per sopravvivere. Queste massicce migrazioni interne hanno reso disponibili tantissime abitazioni rustiche che sono rimaste abbandonate per molti anni, un po' perché si associava la miseria alla campagna. Oggi, invece, le case rustiche vengono anche considerate posti di svago e di divertimento.

Un paese del sud

L'agriturismo

Negli ultimi anni gli italiani stanno riscoprendo la campagna. E' esplosa la vendita delle fattorie, dei casali e delle antiche case rustiche che vengono restaurate per il fine settimana o le vacanze a contatto con la natura. Ormai il sogno di molti italiani è di ritrovare i sapori perduti della vecchia civiltà contadina dei loro antenati. In campagna ci si va non solo per fare lunghe camminate o per raccogliersi la sera intorno a un vecchio camino mentre le castagne si scaldano sulla brace. Si va anche in cerca delle vecchie abilità contadine, per esempio di come formare un formaggio fresco, come fare il pane, come fare la vendemmia, e addirittura come ammazzare il maiale per fare il salame nella stagione giusta.

Quelli che non hanno i mezzi per comprarsi un casale possono sempre trovarsi un posto in campagna nel numero crescente di alberghi agricoli o in case rustiche affittate. Negli anni recenti, l'invenzione di una parola nuova, **l'agriturismo**, indica che ormai le vacanze bucoliche fanno parte della vita italiana.

ANGOLO ENIGMISTICO

To finish the first half of the course, here are four Italian puzzles – **un cruciverba, anagrammi, un crucipuzzle** and **una scala di parole**.

CRUCIVERBA

Orizzontali

1 Grande pittore che ha dipinto gli affreschi della Capella Sistina
7 Iniziali del compositore Ottorino Respighi
8 Pisa .... 82 chilometri da Firenze
9 Bisogna prendere la seconda .... a sinistra
12 Bevanda
13 Città dell'Italia settentrionale in Piemonte
15 Puccini è morto all' .... di 66 anni
17 Lo lavorano gli orefici
18 .... molto caldo qua dentro!

21 La capitale d'Italia
23 Contrario di uscita
26 Sinonimo di niente
27 Non è né l'una cosa .... l'altra
28 Risposta affermativa
29 Negozio dove si possono comprare orologi e sveglie

Verticali
1 Mare che bagna le coste dell'Italia
2 Un famoso – o famigerato – Borgia
3 Articolo maschile
4 Contrario di giorno
5 Città dove abita un signore intervistato nel 2° capitolo di questo libro
6 Adesso
10 Serve per pescare
11 Pisa ne ha una famosa pendente
14 Risposta negativa
16 Si vendono in tabaccheria
19 .... quanto tempo fa l'insegnante?
20 Il vaporetto sul Canal Grande fa un rumore molto forte quando i motori fanno .... indietro
22 .... lieto
24 Le madri dei genitori
25 Amato o costoso
28 Come .... fa a preparare una zuppa inglese?

ANAGRAMMI

Unscramble the colours in the right-hand column and match them with the appropriate objects on the left.

Un pomodoro è	LILAGO
Il mare è	ZARZARU
L'erba è	SOROS
Una nocciola è	SOAR
Un limone è	ULB
L'ultima striscia dell'arcobaleno è	ERNO
	CABINA
Un'arancia è	REVED
La neve è	VALIO
Un corvo è	CANARIONE
La maglia della squadra nazionale italiana di calcio è	RIGIGO
	RAMERON
Il cielo quando piove è	
Le rose possono essere di color	

CRUCIPUZZLE

Hidden in the grid on the next page are the Italian names of all the days of the week and the months of the year. They may be read in any direction – horizontally, vertically or diagonally, backwards or forwards

– but always in a straight line. Some of the letters may overlap. Circle the words as you find them – one has been done for you to get you started.

```
I  Z  Z  R  A  G  O  S  T  O  A  F  G  N  I
D  I  C  L  O  B  Q  A  U  S  B  I  I  O  D
R  M  A  G  G  I  O  B  L  O  U  M  O  V  E
E  U  E  F  T  D  S  A  T  G  N  O  V  I  N
N  N  V  X  C  L  R  T  N  I  P  G  E  N  U
E  O  M  A  R  Z  O  O  H  F  Q  E  D  P  L
V  V  A  Z  B  G (D  O  M  E  N  I  C  A)
F  E  B  B  R  A  I  O  L  A  D  N  S  A  G
B  M  S  E  T  T  E  M  B  R  E  A  V  P  H
C  B  D  I  H  B  E  E  G  T  P  I  O  R  S
E  R  B  M  E  C  I  D  A  E  Q  O  Z  I  O
L  E  M  E  R  C  O  L  E  D  I  C  U  L  L
O  C  B  E  F  L  U  G  L  I  O  S  T  E  I
```

SCALA DI PAROLE

Change one word into another by altering one letter at a time – each time making a genuine Italian word. For example, you can make a PASTA grow into a TORTA:

PASTA
POSTA
PORTA
TORTA

Try doing the same with the words on the right:

COSTA
MOLTO

VALE
MENO

The words in between are all common ones, and most occur in this book – though it may help to know that there is a word MELO (it's an apple tree).

11 COME TI TROVI?

> **Talking about how you feel**
> How you like things
> Your state of health
> Enjoying things; minding about things
> Saying what you're doing

---

1   Signor Gabriele has been working in Venice for seven years – how does he feel about the place?

Francesca   Senta, come si trova qui a Venezia? Bene? Oppure ha avuto delle difficoltà?

Sig. Gabriele   Be', io a Venezia mi trovo molto bene.

ha avuto . . . ?   *have you had . . . ?*

---

2   And how does Gaetano, who's Sicilian, feel about Milan, where he's come for his first job?

Alessandro   Come ti trovi a Milano, che effetto ti ha fatto questa grande città del nord?

Gaetano   Mah, non ho avuto molto modo di girarla, ma comunque è chiaramente una grandissima città, grandissima nel senso che è un grossissimo centro di affari, vedi gente che corre invece che camminar.

che effetto ti ha   *what impression did . . .*
     fatto . . . ?   *make on you?*
molto modo di   *much chance to*
camminar = camminare

> To ask *how do you find it?* or *how do you like it?*
> **come ti trovi?**
> **come si trova?**

---

3   How does Luca, the railway worker, find his work?

Daniela   Si trova bene?

Luca   Sì, molto bene. Francamente devo dire che mi trovo molto bene, e anche come lavoro mi dà abbastanza soddisfazione, anche . . . anche se la maggioranza della gente dice che i lavori statali danno poca soddisfazione rispetto a . . . a lavorare per un'azienda privata.

rispetto a   *compared to*

	4	Elisabetta gave up work to have a baby. How does she feel now she's no longer working?

Alessandro Elisabetta, so che hai smesso di lavorare perché hai avuto un bambino. Che lavoro facevi prima?

Elisabetta Ero ricercatrice in un istituto sperimentale dello Stato.

Alessandro E da quanto tempo hai smesso di lavorare?

Elisabetta Dunque, ho smesso di lavorare da sei mesi.

Alessandro Ti dispiace? Cioè, ti dava soddisfazione il tuo lavoro?

Elisabetta Sì, mi dispiace. Sono molto contenta di curare il mio bambino, ma ho anche nostalgia del lavoro.

Alessandro Ma ti annoi?

Elisabetta All'inizio è piacevole, è stato, diciamo, un . . . cambiare la routine di vita. E' stato piacevole anche perché al bambino piccolo è necessaria la presenza della mamma. Ma trascorso un anno, quando lui diventa più autonomo, si sente la necessità di tornare al mondo esterno.

curare	*to look after*
ho anche nostalgia del lavoro	*I also miss my work*
trascorso un anno	*after a year has gone by*

> To say you find something satisfying or you enjoy it
> **mi dà soddisfazione**
>
> To ask *does it bother you?* or *do you mind?*
> **ti dispiace?**

	5	Daniela talks to two people who've gone to the spa town of Bagni di Lucca to take the cure. The first man is optimistic about the treatment.

Daniela Senta, lei per che cos'è qui?

Signore Per fare inalazioni e aerosol.

Daniela Esattamente lei che cos'ha?

Signore E be', io spesso soffro un po' di raffreddore, un po' mal di gola, allora queste fanno molto bene. Fanno bene per . . . per il naso, per la gola, anche . . . . anche per i polmoni.

Daniela Il prossimo inverno sarà migliore?

Signore Migliore, sì.

> To ask what's wrong with someone
> **che cos'ha?**
>
> To ask if someone feels better
> **si sente meglio?**

	6	The second man, who has arthritis, isn't so hopeful.

Daniela Senta, lei ha fatto le cure qui alle terme stamattina?

Signore Sì.

Daniela Le piacciono?

Signore Eh, insomma . . .

Daniela	Ecco, mi può dire per quale ragione lei sta facendo le cure?
Signore	Per vedere di star meglio, di camminar un po' meglio.
Daniela	Ma lei si sente meglio?
Signore	Sì, insomma, e venendo qui, poi, non si sa se d'inverno si sta meglio o peggio.

per vedere di star meglio   *to try to feel better*

DA CAPIRE

1 The beach at Viareggio is enjoyable for holidaymakers, but what do the local residents think about it? Why doesn't this lady ever go anywhere else? And does she enjoy herself at Viareggio?

Daniela	Signora, come si sta sotto l'ombrellone?
Signora	Bene, c'è abbastanza fresco.
Daniela	E le piace prendere l'abbronzatura?
Signora	Si, molto.
Daniela	Senta, ma lei è di Viareggio, mi pare.
Signora	Si, sono di Viareggio infatti.
Daniela	Lei sta facendo le sue ferie qui al mare?
Signora	Be', se le vogliamo chiamare ferie, io vengo qua tutti i giorni dopo che ho finito di lavorare e resto qua al mare due o tre ore.
Daniela	Senta, ma lei non va mai a farsi le vacanze nei posti diversi?
Signora	Mah, generalmente no, è difficile.
Daniela	Come mai?
Signora	Mah, perché a me piace molto il mare e mi piace il mare di Viareggio, anche se in questo momento è un po' sporco, comunque, ci sto . . . ci sto bene, perché andare fuori è costoso, costa parecchio.
Daniela	Senta, mi hanno detto dei ragazzi, dei ragazzini giovani, che a Viareggio non ci si diverte. E' vero?
Signora	Mah, io non lo so, a questo punto io non sono più una ragazzina e quindi non so . . . non so in cosa consistono i loro divertimenti.

| *Daniela* | Ma lei si diverte a Viareggio? |
| *Signora* | No! |

| prendere l'abbronzatura | *to get a suntan, to sunbathe* |
| non ci si diverte | *you don't enjoy yourself* |

ANALISI

1 **How you like it**

If you want to know how others like being in a place or how they find it, the verb to use is **trovarsi**

come | ti trovi
si trova
vi trovate | qui in Italia?

and to say that *you* like it, use **trovarsi** with **bene**

mi trovo
ci troviamo | bene qui | I like it
we like it | here

2 **How you feel**

When talking generally about how you are, or how you feel, use the verb **stare**

come | stai?
sta? | how are you?

sto | bene
meglio | I'm | fine
better

Sometimes, **stare** is used rather like **trovarsi**

ci sto bene   I'm fine here, I like it here

For more specific enquiries, use **sentirsi**

come | ti senti?
si sente? | how do you feel?

mi sento | meglio
stanco/a
giù | I feel | better
tired
depressed/'down'

3 **What's wrong with you**

If you want to know what's physically wrong with someone, you ask

che cos' | hai?
ha?

To explain your own symptoms you can say

ho | la febbre
mal di testa
il raffreddore | I've got | a temperature
a headache
a cold

or, particularly if you have a permanent or recurring illness, you say

soffro di | artrite
bronchite | I suffer from | arthritis
bronchitis

4 Other feelings

Enjoying something: to say you enjoy your work or what you do, you can use the expression **dare soddisfazione**

mi dà soddisfazione | il mio lavoro / cucinare | I enjoy . . .

If you're asking someone *do you enjoy your work?*, you have to bear in mind the different ways of saying *you* and *your*

ti dà soddisfazione il **tuo** lavoro?
le dà soddisfazione il **suo** lavoro?

You can always use **piacere** to say you like something, but remember to get the verb ending right

mi piace **la cura**	I like the treatment
mi piacci**ono le cure**	I like the treatments
mi piace **mangiare** gli spaghetti	I like eating spaghetti

Being sorry or minding about something

| **mi dispiace** non lavorare | I'm sorry not to be working |
| **ti/le dispiace** se fumo? | do you mind if I smoke? |

5 Talking about what you're doing

To explain what you're doing, when you're actually in the process of doing it, use the present tense of **stare (sto)** followed by a verb ending in **–ando** or **–endo**

| **sto lavorando** | I'm working |
| **sto leggendo** il giornale | I'm reading the paper |

Note that you can only use this form to refer to what's happening while you're actually talking

cosa | stai / sta / state | facendo? | what are you doing? (at this moment)

If you use a reflexive verb like **divertirsi**, the pronoun goes in front

mi sto divertendo   I'm having fun

The way you form this tense is explained in **Grammatica** 42, 43.

6 Better and worse

In Italian there are two words for *better*, **meglio** and **migliore**

| mi sento **meglio** | I feel better |
| l'inverno sarà **migliore** | the winter will be better |

Meglio is an adverb and never changes; but **migliore** is an adjective – its plural is **migliori**

questi libri sono **migliori**   these books are better

Similarly, there are two words for *worse*, **peggio** and **peggiore** (**peggiori** in the plural)

mi sento **peggio**	I feel worse
l'inverno sarà **peggiore**	the winter will be worse
questi libri sono **peggiori**	these books are worse

(See **Grammatica** 12, 15.)

come ti trovi?

mi diverto	(divertirsi)	I enjoy myself/have fun
mi stufo	(stufarsi)	I get bored/fed up
mi sono stufato/a sono stufo/a	}	I'm fed up/I've had enough
mi annoio	(annoiarsi)	I get bored – **annoiarsi** doesn't mean *to get annoyed!*

mi arrabbio (arrabbiarsi)	I get angry/annoyed
perdere la pazienza	to lose patience

Seccare is often used to talk about something you find a nuisance or a drag

mi secca uscire quando piove   it's a drag going out when it's raining

Some expressions to do with health using **bene** and **male**

mi sento male	I feel unwell
mi sento poco bene	I don't feel too good
mi fa male la mano/il piede	my hand/foot hurts
mi fa male fumare/bere	smoking/drinking is bad for me
mi fa bene	it does me good

---

nel senso che – *in that, insofar as*
> è chiaramente una grande città nel senso che è un grossissimo centro di affari

invece che/di – *instead of, rather than*
> gente che corre invece che/di camminar

anche se – *even if, even though*
> mi dà soddisfazione, anche se la gente dice che i lavori statali danno poca soddisfazione

1 Come si dice?

1 If you were feeling absolutely terrible, what would you say?
Mi sento un po' giù.
Mi sento molto male.
Mi sento molto meglio.

2 What do you say if your office job is always boring?
Mi annoio sempre in ufficio.
Mi secca lasciare l'ufficio.
Mi annoio spesso in ufficio.

3 You're a health freak addicted to exercise – what are you most likely to say?
Mi fa bene il riposo.
Mi fa bene lo sport.
Mi fanno bene gli spaghetti.

4   What might you say if someone
     has shut your hand in the car door?
     Mi fa male il fumo.
     Ti fa male bere.
     Mi fa male la mano.

5   You're talking about a controversial
     TV programme which makes you
     really angry – what do you say?
     Io mi diverto tanto a vederlo.
     Io mi arrabbio tanto quando lo vedo.
     Io mi stufo tanto quando lo vedo.

6   You're fed up waiting for the bus – what will you say?
     Mi sono stufato, vado a prendere la metropolitana.
     Sono stufo di aspettare il treno.
     Sono stufo del mio lavoro.

---

2   You've settled down quietly for a rest, but your peace is shattered by
         your Italian neighbour's overactive six-year-old. Tell her what you're
         doing, using the verbs suggested.

Mina   Cosa stai facendo?
You   (**1 – Riposarsi**).
Mina   Ma no, non è vero! – Stai leggendo.
You   No, non (**2 – leggere**), (**3 – ascoltare**) la radio.
Mina   Ma se stai ascoltando la radio, perché hai il giornale aperto davanti a te?
You   Perché (**4 – cercare**) una cosa.
Mina   Che cosa?
You   Un articolo.
Mina   Che cos'è un articolo?
You   Basta! E' troppo complicato. (**5 – Perdere**) la pazienza!

---

3   Which of these expressions would you use in which situations?

nel senso che   **invece di**   **anche se**

1   Emmanuela wants to sit at home after a bad day at work. You suggest a
     constructive alternative to cheer her up.
Emmanuela   Mi sento proprio stufa stasera, non ho voglia di fare niente.
You   Ma su, Emmanuela! .... stare lì di malumore vieni con me al
               cinema, così ci divertiamo un po'.

2   You're trying to explain your first favourable impressions of the small
     mountain town you're staying in.
Sig. Rusconi   Si trova bene qui, signora?
You   Sì, senz'altro. E' un posto molto piacevole, ... la gente è così
                  gentile e sempre disposta ad aiutare.

3   You're describing how you feel about your work to a recent acquaintance.
Sig.ra Boscolo   E' un lavoro stressante il suo?
You   Sì, abbastanza, però mi piace, ... a volte mi sembra di
                    lavorare troppo!

<table>
<tr><td align="right">4</td><td>You arrived yesterday in the town of Montecatini and are taking a glass of beer when an old man asks you for a light.</td></tr>
</table>

Anziano	Scusi, ha da accendere, per piacere?
You	*(Say 'yes, of course: here you are')*
Anziano	Grazie. *(Con la sigaretta in bocca, l'anziano comincia a tossire!)* Maledette sigarette! Ma lei, per che cos'è qui?
You	*(Say you're on holiday, and ask him what he's doing here)*
Anziano	Ma io sto facendo le cure qui, Montecatini è famosa per le sue terme.
You	*(Say 'I see', and ask him what's wrong with him)*
Anziano	Ma io ho una bronchite, purtroppo. E' il fumo, sa.
You	*(Ask him how he feels now)*
Anziano	Mah, mi sento molto meglio adesso, anche se non sono completamente guarito.
You	*(Ask him if he likes coming here)*
Anziano	Certo. Mi piace molto fare le cure. Vengo qui ogni anno. E lei, come si trova qui a Montecatini?
You	*(Say you've only been here since yesterday, but you like it here very much)*
Anziano	Ho capito. Ma lei che sta bevendo birra deve provare l'acqua delle terme! Non fa male allo stomaco come la birra – o il vino!
You	*(Considering he's got a large glass of wine in front of him, that's amazing advice! Still, just say 'you like wine, though')*
Anziano	Certo, ma il vino non mi fa male come il fumo. Anzi, mi fa bene! Ne bevo tutti i giorni.
You	*(Say 'wine does you good? – just as well, then, if you drink some every day!')*

<table>
<tr><td align="right">5</td><td>Listen to the **Da capire** section, and then try to answer these questions – in Italian.</td></tr>
</table>

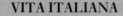

1 Dove si trova esattamente la signora in spiaggia?
2 Cosa sta facendo al mare?
3 Quando va in spiaggia, e quanto tempo ci rimane?
4 Com'è il mare di Viareggio?
5 Come mai la signora non va mai in altri posti?
6 La signora sa dire se i ragazzini si divertono o no?

VITA ITALIANA

9/23/96

Donna e società

Negli anni Ottanta il mito della donna italiana 'tutta casa e famiglia' è sostanzialmente infondato. Infatti, in questo periodo l'Italia è probabilmente il paese europeo in cui la posizione della donna è cambiata più radicalmente.

E' stato proprio all'inizio degli anni Settanta che i movimenti femministi hanno cominciato ad acquistare un'importanza notevole. Hanno avuto un influsso determinante nella società italiana: ormai sono legali il divorzio e anche l'aborto, mentre lo stupro *(rape)* è stato denunciato e punito in alcuni casi clamorosi in cui le donne violentate hanno avuto il coraggio di esporsi ai pregiudizi e anche alle minacce. In più, a differenza di poco tempo fa, la legge oggi punisce il delitto d'onore; cioè, in passato non si puniva l'uomo che, per difendere l'onore della famiglia, uccideva la moglie adultera o la figlia non sposata che si trovava incinta.

Questa trasformazione della condizione della donna si è estesa anche al campo del lavoro. Una legge sulla parità del lavoro fatta alla fine degli anni Settanta ha senz'altro aiutato molte donne ad entrare in campi di lavoro riservati prima agli uomini. A Roma, per esempio, esistono addirittura dei gruppi di donne che fanno l'idraulico, l'elettricista o il falegname, e che sono molto richieste per la loro bravura. E' vero, comunque, che sono relativamente poche le donne che hanno posti di responsabilità ad alto livello. Tendono soprattutto ad ottenere posti subalterni.

Per quanto riguarda la maternità, però, c'è da dire che le donne italiane hanno diritto a un congedo *(leave)* più generoso di quello britannico. La donna può assentarsi per circa cinque mesi con l'80% del suo stipendio, e, se vuole, può rimanere a casa per altri sei mesi con il 30% del suo stipendio. Questo congedo generoso riflette il fatto che, per gran parte delle donne italiane, almeno nel nord, il lavoro è importante quanto i figli.

La ricerca del lavoro: il divario nord-sud
Come in tutti i paesi europei, la ricerca del lavoro è diventato un problema fondamentale per milioni di italiani. I gruppi più svantaggiati sono stati le donne e i giovani, soprattutto nel Meridione. Infatti, il livello di disoccupazione tra i giovani del sud è circa il doppio rispetto a quello del nord.

Questo squilibrio tra nord e sud nel campo economico e sociale esiste da oltre un secolo, e la politica dei vari governi non ha certo migliorato la situazione. Nel secondo dopoguerra c'è stato un tentativo di migliorare le condizioni di arretratezza *(underdevelopment)* del sud con l'istituzione della Cassa del Mezzogiorno, ma in realtà questa ha avuto un successo molto relativo.

In quegli anni, però, la disoccupazione è stata mascherata in parte dalla migrazione di tanti lavoratori soprattutto verso le fabbriche del nord, oppure dalla loro emigrazione in Europa. Con la crisi economica generale degli anni Settanta, però, moltissimi emigrati sono rientrati, e questo ha molto aggravato il problema della disoccupazione meridionale. Oggi, come prima, molti giovani vanno nel nord nella speranza di trovare il loro primo posto di lavoro.

12 COM'È?

More descriptions
Making comparisons – differences and similarities
The most, the best . . .
Saying what you liked
How things seem to you

1 On the beach at Viareggio: this man's been for a swim, and he tells Daniela what the sea's like.

Daniela Senta, oggi lei ha fatto una nuotata o no?
Signore Sì, sono stato nell'acqua insieme ai bambini.
Daniela E com'è il mare oggi?
Signore Mah, è un po' mosso, purtroppo quando è così è un po' pericoloso per i bambini.
Daniela Senta, normalmente il mare com'è?
Signore Diciamo che su trecentosessantacinque giorni un buon ottanta per cento è tempo buono, cioè mare calmo. Ci sono delle giornate che è bellissimo, trasparente, pulito. Ci sono delle giornate, invece, che purtroppo è sporco, pieno di sacchetti di carta, bottiglie di plastica, materiale indistruttibile che . . . Forse coll'andare del tempo tutta l'Italia, tutto il mondo sarà sommerso da questo materiale che non si distrugge.

ha fatto una nuotata?	*have you had a swim?*
delle giornate che	*it's more correct to say* delle giornate in cui
coll'andare del tempo	*with the passage of time*
sarà sommerso	*will be submerged*

> To ask *what is it like?*
> **com'è?**
>
> Asking about the differences between things
> **quali sono le differenze tra . . . ?**
>
> To ask *did you like . . . ?*
> **le è piaciuto . . . ?**

2 This man enjoys going up into the mountains, and he explains the differences between the Western Alps and the Dolomites in the east.

Alessandro Le è sempre piaciuto andare in montagna?
Signore Sì, fin da ragazzo sono appassionato di montagna.
Alessandro Lei conosce bene le montagne in Italia. Qual è la zona che conosce meglio?

Signore	Conosco bene le Alpi occidentali e la zona del Monte Rosa.
Alessandro	Ma conosce anche altre zone montane?
Signore	Sì, conosco bene anche la zona delle Dolomiti.
Alessandro	Senta, e quali sono le differenze più importanti, che si notano di più, tra queste due zone?
Signore	Le Dolomiti, nelle Alpi orientali, sono montagne che potremmo definire più dolci, meno alte, e quindi più assolate, non ci sono ghiacciai; mentre nelle Alpi occidentali le montagne sono molto più alte, più fredde, e ricche di ghiacciai.

fin da ragazzo   *since I was a boy*

To say *most* or *more*

si notano
s'interessa $\Big|$ **di più**

To say *more . . . than*
più bello **di** quello del nord

---

3 Angelo Budriesi lives in La Spezia but spent 15 years working as an engineer in Naples, and he compares life in the south of Italy with life in the north.

Alessandro	Quali sono le differenze tra il modo di vivere di un cittadino del nord e quello invece di uno del sud?
Angelo	Le differenze sono notevoli. Il cittadino del nord è una persona più laboriosa, che s'interessa di più di fare i soldi, mentre il lavoro non è lo scopo principale della vita per quelli del sud. Per quelli del sud lo scopo principale è viverla la vita, e viverla sotto un sole bellissimo che al nord non . . . non esiste.
Alessandro	Qualcuno comunque dovrà pur lavorare!
Angelo	Sì. Tra le principali professioni che esistono al sud quella degli avvocati è la più significativa. A Napoli forse esiste l' . . . una scuola e una tradizione di avvocati che è la migliore di tutt'Italia.
Alessandro	Gli anni passati a Napoli ti sono piaciuti?
Angelo	Sì, io ho vissuto per quindici anni a Napoli, e ci sono stato molto bene. Inoltre hanno anche un clima che è molto più bello di quello del nord.

s'interessa . . . di fare	*it's more correct to say* s'interessa . . . a fare
quelli del sud	*southerners*
quella degli avvocati	*the lawyers' (profession)*
qualcuno comunque dovrà pur lavorare!	*but surely someone must work!*

> To say *the best in* . . .
> **la migliore di** tutt'Italia
>
> To say *the most (terrible) thing about* . . .
> **la cosa più (terribile) di** . . .

4 Italian cities like Florence are not reckoned to be the quietest of places, but Laura doesn't find them any noisier than foreign cities she's visited.

Daniela	Ti sembra che in città ci sia rumore?
Laura	E' la cosa più terribile della . . . della città.
Daniela	Senti, Laura, tu hai visitato altre città straniere. Trovi una differenza tra le città italiane e quelle straniere in fatto di rumori? *(Mah, no . . .)* Ti sembra cioè che le città italiane siano più rumorose di alcune città straniere?
Laura	Di alcune città straniere, sì, però non molto . . . molto differenti.
Daniela	Ad esempio, in Sudamerica come sono le città?
Laura	Ecco, per esempio in Sudamerica, diciamo, le città sono rumorosissime come le nostre, se non di più.

in fatto di   *as regards*
se non di più   *if not more so*

> To ask *does it seem to you that . . . ?*
> **ti sembra che**   ci **sia** rumore?
>   **siano** più rumorose?

DA CAPIRE

1 Signor Gabriele is responsible for organising public transport in Venice and its surroundings. Is water transport the only sort in the Venice area? What makes Mestre different from Venice according to him?

Sig. Gabriele	Dunque, Venezia, come . . . come forse tutti sanno, è una città senza strade per automobili, una città sull'acqua dove si cammina soltanto a piedi, oppure si usa un mezzo pubblico particolare che sono mezzi acquei, vaporetti, motoscafi, eccetera. Però Venezia è anche collegata con . . . con l'entroterra, con la terraferma, da un ponte stradale che si può percorrere arrivandoci quindi in automobile o appunto in autobus, si arriva anche in treno con un altro ponte ferroviario; e poi sempre nel territorio proprio comunale sotto l'amministrazione di Venezia, c'è un . . . un'altra Venezia che si chiama Mestre, molto meno bella e molto meno conosciuta della Venezia sull'acqua.

Il ponte che collega Venezia con la terraferma

Francesca	E molto diversa anche da Venezia, vero?
Sig. Gabriele	E molto diversa perché ci ha una storia molto più recente. E' nata proprio in questi ultimi decenni proprio, quindi non ha niente di bello di . . . del passato e ha diverse cose meno belle invece del . . . del presente.

ci ha = ha
non ha niente di bello   *it has nothing of beauty*

ANALISI

1 Descriptions

If you want to know what things are like, you ask

com'è? what is it like?
come sono? what are they like?

[handwritten annotations: a little; enough, rather, quite; rather, somewhat]

The reply will often include words like **un po'**, **abbastanza**, **piuttosto**, **parecchio**, **molto**

[handwritten annotation: a lot of, considerable]

la spiaggia è	**abbastanza** **piuttosto** **parecchio**	sporca

the beach is	fairly/quite rather/pretty pretty	dirty

Another way to say *very* . . . is to add –**issimo/a/i/e** to the end of
the adjective

il mare è bello – è bell**issimo**
le città sono rumorose – sono rumoris**issime**

(See **Grammatica** 16.)

2 Comparisons

When describing things you often need to make comparisons using **più**
or **meno** – *more* or *less*

le Alpi occidentali   the Western Alps
  sono **più alte e più fredde**   are higher and colder
le Dolomiti sono   the Dolomites are
  più dolci, meno alte   more gentle, less high

When *more* or *less* apply to verbs, the words to use are **di più** or **di meno**
(or just **meno**)

capisco **di più** se parli piano   I understand more if you speak slowly
capisco un po' **(di) meno**   I understand a bit less

If you're directly comparing two things and want to say *more/less than*,
you can use **più/meno di**

il nostro clima è **più** bello **di** quello del nord
Mestre è **meno** bella **di** Venezia

or, before a word like in or a, use **più/meno che**

il clima qui è **più** bello **che in** Inghilterra
vado **più** spesso a Venezia **che a** Bologna

Remember that you generally use **migliore** and **peggiore** rather than
più buono and **più cattivo**, so to say *better/worse than*

il clima è **migliore/peggiore di** quello del nord
il clima qui è **migliore/peggiore che** in Italia

3 Superlatives – the most, the best, etc

To single out the *most* beautiful, the funni*est*, the *best*, and so on, use **il
più . . .** , **la più . . .** , **il migliore**, etc

è il film **più buffo**   it's the funniest
  dell'anno   film of the year
quella professione è   that profession is the
  la più significativa   most significant
sono **le** montagne   they're the highest
  più alte d'Europa   mountains in Europe
è il clima   it's the best climate
  migliore del mondo   in the world

All you're doing here is adding the article **il**, **la**, to **più**, **migliore** etc.

Similarly, when describing the *least* interesting, the *worst*, you use **il
meno**, **la meno**, etc

è **la** cosa   it's the least
  meno interessante   interesting thing
quei ragazzi sono   those boys are the
  i meno intelligenti   least intelligent
è **il** clima **peggiore** del mondo   it's the worst climate in the world

You'll see that **di** is always used after one of these superlatives, and it corresponds to the English *about, in, of,* etc

la cosa più terribile	the most awful thing
della città	about the town
la scuola è la migliore	the school is the
di tutt'Italia	best in Italy

When *most* or *least* apply to verbs, use **di più** or **meno**

le differenze che	the differences you
si notano di più	notice most
Susanna **capisce meno**	Susanna understands least
di tutti	of all of them

You can work out from the context whether the meaning is *more* or *most, less* or *least*.

(For more on comparatives and superlatives, see **Grammatica** 12, 13, 15, 78.)

---

4   Differences and similarities
To say something is *different from*, use **diverso da**

Mestre è **diversa da** Venezia
le Dolomiti sono **diverse da**lle Alpi occidentali

and to say something is *similar to* or *the same as*, use **simile a** or **uguale a**

quel vestito è │ **simile** │ al mio
                │ **uguale** │

To say two people are similar, use **assomigliare a**

assomiglia a suo padre   he looks like his father

and notice the useful verb **dimostrare**

dimostra più di 30 anni   he looks older than 30

---

5   Saying what you liked
If it's one thing you liked

mi è piaciuto il pranzo
mi è piaciuta la visita al museo

and if you're talking about several things

mi sono piaciuti gli anni passati a Napoli
mi sono piaciute le isole Eolie

You use the appropriate part of the verb **essere**, followed by **piaciuto/a/i/e**, according to the number and gender of the thing(s) you liked.

If you liked *doing* something

mi è piaciuto andare in montagna

---

6   Ti sembra che . . . ?
To ask how things *seem*, begin your question with **ti sembra che** or **le sembra che**

| ti sembra che ci sia rumore? | does it seem noisy? |
| le sembra che le città siano rumorose? | do the cities seem noisy? |

After **sembra che** you have to use **sia** or **siano** instead of **è** or **sono**. These are examples of the subjunctive, which is explained in later chapters and in **Grammatica** 70, 74.

PAROLE

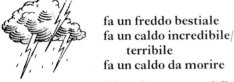

il clima	the climate
la pioggia – piovere	rain – to rain
sembra che voglia piovere	it looks like rain
la neve – nevicare	snow – to snow
la grandine – grandinare	hail – to hail
il gelo – gelare	frost – to freeze
il sole – c'è sole	sun – it's sunny
la nebbia – c'è nebbia	fog – it's foggy
la nuvola – è nuvoloso	cloud – it's cloudy
il vento – tira vento	wind – it's windy
il temporale	storm
fa bel tempo o brutto tempo?	is it nice weather or bad weather?
il tempo è ...	the weather is ...
bruttissimo, schifoso	terrible, lousy
buono, bellissimo, favoloso	good, beautiful, wonderful
fa un freddo bestiale	it's freezing cold
fa un caldo incredibile/ terribile	it's incredibly/ terribly hot
fa un caldo da morire	it's baking hot

Diversi/e can mean *different* or *several*

| le città sono diverse | the towns are different |
| Mestre ha diverse cose meno belle | Mestre has several less beautiful things |

When it means *several*, it comes in front of the noun, and when it means *different* it comes after.

---

purtroppo – for expressing regret, *unfortunately*
    purtroppo, quando è così è un po' pericoloso

invece – for weighing things up, *on the other hand, rather*
    ci sono delle giornate invece ...

mentre – for comparing, *while, whereas*
        le Dolomiti sono dolci, mentre nelle Alpi occidentali le montagne sono più alte

inoltre – *what's more, in addition*
        inoltre hanno un clima molto più bello

1	**Come si dice?**

1 It seems to you it's always sunny in Italy – what do you say?
Mi sembra che non ci sia mai sole in Italia.
Mi sembra che ci sia sempre sole in Italia.
Mi sembra che ci sia sempre neve in Italia.

2 You want to know whether your friend enjoyed the climate in Calabria –
what do you ask?
Le è piaciuto il clima in Calabria?
Com'è il clima in Calabria?
Ti è piaciuto il clima in Calabria?

3 How would you say you're fed up with the lousy weather?
Si è stufato di questo bruttissimo tempo?
Mi sono stufato di questi temporali!
Mi sono stufato di questo bruttissimo tempo!

4 You're being very unflattering about an acquaintance – which do
you say?
Ha solo quarant'anni, ma ne dimostra sessanta.
E' abbastanza vecchio ma non dimostra la sua età.
Assomiglia un po' a Clark Gable da giovane.

5 You notice that you've just bought exactly the same shoes as a friend –
what do you say?
Che buffo! Le tue scarpe sono
molto simili alle mie!
Che strano! Le tue scarpe sono
uguali alle mie!
Meno male! Le sue scarpe sono
diverse dalle mie!

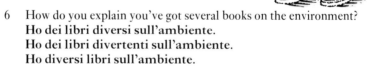

6 How do you explain you've got several books on the environment?
Ho dei libri diversi sull'ambiente.
Ho dei libri divertenti sull'ambiente.
Ho diversi libri sull'ambiente.

2	At a reception after a conference, you're trying to make conversation with a painfully shy Japanese lady, who speaks no English but a bit of Italian. You try asking her what she's liked during the week – use the correct forms of **piacere** and **essere** where indicated.

You	Il congresso è stato interessante, vero?
Sig.ra Aoki	Sì.
You	*(Making an effort)* Allora, le (**1** – **piacere**) abbastanza?
Sig.ra Aoki	Abbastanza, sì.
You	A me (**2** – **piacere**) molto. Mi sembra che (**3** – **essere**) stato un grande successo.
Sig.ra Aoki	Sì.
You	*(Bravely trying again)* Signora, le (**4** – **piacere**) le conferenze?
Sig.ra Aoki	*(Silence – but a shy smile!)*

You	*(Desperate!)* Mi sembra che le conferenze (**5 – essere**) state veramente buone, di un livello piuttosto alto, no?
Sig.ra Aoki	Sì.
You	*(Worse still – try a different tack)* Eh, le (**6 – piacere**) la gita a Siena e a San Gimignano ieri?
Sig.ra Aoki	San Gimignano è molto bella!
You	*(Wonderful! You've made a breakthrough! She must be interested in art)* Certo, è bellissima. A Siena le (**7 – piacere**) i musei?
Sig.ra Aoki	Sì.
You	*(It's hopeless!)* Anche a me (**8 – piacere**). Senta, mi sembra che (**9 – essere**) l'ora di cenare. Andiamo?
Sig.ra Aoki	Sì.

---

3 You're describing a frustrating visit to a museum – use the words in the box to make sense of the conversation.

invece	mentre
purtroppo	inoltre

Sig.rina Amato	Le è piaciuta la visita al museo oggi?
You	Non tanto. (1) due stanze erano chiuse per restauro. E poi, (2), abbiamo dovuto aspettare un'ora e mezza prima di entrare perché il martedì si apre solo a mezzogiorno!
Sig.rina Amato	Mi dispiace. Ma ieri, (3), quando è andato al Vaticano, le è piaciuta la visita?
You	Sì, quello sì. Ci sono rimasto tutta la giornata, (4) oggi al museo ho passato solo due ore.

---

4 Everyone talks about the weather – including you and Signor Fantoni from the villa next door . . .

Sig. Fantoni	Uf! Fa un caldo da morire oggi!
You	*(Say yes, it is hot, but you like it)*
Sig. Fantoni	Certo, questo si capisce. In Inghilterra fa sempre molto più freddo che qui, vero?
You	*(Well, yes, it is colder, but not always – sometimes it's quite hot)*
Sig. Fantoni	Ma davvero? Non lo sapevo.
You	*(Yes, but when it's hot it doesn't last long, whereas here in Italy it's sunny the whole summer)*
Sig. Fantoni	Sì, questo è vero, e poi neanche d'inverno fa molto freddo, almeno qui nel sud. Abbiamo il clima più bello d'Europa qui in Calabria!
You	*(Yes, it's certainly nicer than the English climate!)*
Sig. Fantoni	Ma voi, però, potete andare spesso a sciare, perché nevica molto in Inghilterra, no?
You	*(Sometimes, but there's more snow in Scotland than in England)*
Sig. Fantoni	Già. In Scozia ci sono delle montagne alte, credo.
You	*(Yes, fairly, but they're less high than the Alps, and you like them less)*
Sig. Fantoni	Ma allora lei viene qui in Italia a sciare?
You	*(Yes, you like skiing in Italy best)*
Sig. Fantoni	Ho capito. Senta, è vero che c'è tanto smog a Londra?
You	*(They all think that! Say no, there's much more smog in Milan than in London now)*
Sig. Fantoni	Davvero? Certo che il clima su al nord è meno bello che qui – e qui lo smog non c'è per niente.

You	*(Thank goodness! But look, there's a black cloud over there!)*
Sig. Fantoni	Non si preoccupi. Qui non piove mai d'estate. La pioggia comincia solo in autunno.
You	*(Really? But look, there's a rainbow* (un arcobaleno), *so it's raining down there in the valley. Let's go inside . . .)*

5 Listen to the **Da capire** section, and then try answering the questions in Italian.

1 Nel centro di Venezia si può girare in macchina o no?
2 Quali sono i mezzi pubblici più usati nel centro di Venezia?
3 E' possibile arrivare a Venezia con altri mezzi pubblici?
4 Come si chiama l'altra Venezia meno conosciuta?
5 Quest'altra Venezia è moderna o antica?
6 Al signor Gabriele piace questa Venezia oppure no?

12/2/96

VITA ITALIANA

La villeggiatura (holiday)

Al giorno d'oggi sono pochissimi gli italiani che non vanno in villeggiatura, cioè in vacanza. Nonostante una tendenza negli ultimi anni ad andare anche all'estero, la maggioranza rimane nel Bel Paese per andare ai laghi, in montagna e soprattutto al mare. E' considerato molto importante poter mandare i figli al mare o in montagna. Molto spesso le madri ci rimangono un mese con i bambini, anche se a volte, per ragioni di lavoro, i padri ci possono rimanere solo quindici giorni.

Al mare ci vanno persone di tutte le classi sociali, anche quelle che hanno pochi mezzi. Fin dagli anni Trenta, associazioni religiose (le parrocchie) o civili (i sindacati, i comuni, le ditte) hanno costruito o affittato grandi case al mare o in montagna per assicurare una vacanza economica al maggior numero possibile di bambini. firms

La scoperta della villeggiatura al mare come luogo di vacanza per eccellenza risale alla fine del secolo scorso, intorno al 1880. Le vacanze al mare a quell'epoca, però, erano riservate ai ricchi, e si svolgevano in un modo molto diverso. Per esempio, non si cercava per niente un'abbronzatura dorata: anzi, si cercava di evitarla con l'uso di enormi ombrelloni che a volte assomigliavano di più a piccole tende!

Moltissime delle grandi famiglie di Torino, Milano e Bologna andavano a Viareggio o a Forte dei Marmi in Versilia. Oggi, però, la costa della Versilia è stata invasa dal turismo di massa. Viareggio, soprattutto, non è più quel posto elegante di una volta. Forte dei Marmi, comunque, è rimasta un po' più esclusiva, perché dopo la seconda guerra mondiale hanno cominciato a frequentarla attori e cantanti italiani.

Gli italiani e la difesa dell'ambiente

Negli ultimi anni un sempre maggior numero di italiani sta diventando molto più sensibile ai molti problemi dell'ambiente, dall'inquinamento *(pollution)* dell'aria e del mare, agli incendi dei boschi, alle frane

(landslides) e alle alluvioni *(floods)*.
I giornali e i settimanali discutono
spesso a fondo questi problemi, e
sembra che finalmente si cominci
ad ascoltare organizzazioni come
Italia Nostra e il Club Alpino
Italiano, che hanno lottato a lungo
per cercare di sensibilizzare non solo l'opinione pubblica ma anche le
autorità.

Negli anni Settanta, molta gente ha cominciato a rivendicare più spazi
verdi in città e sono stati fatti grandi progressi in questo campo con la
creazione di moltissimi parchi nuovi, come Villa Pamphili a Roma e
l'enorme Parco della Pellerina a Torino. A Milano il verde in città è quasi
triplicato negli anni Settanta, e la creazione di altri parchi in periferia è
continuata negli anni Ottanta.

protection

Per quanto riguarda la campagna, invece, l'impegno delle autorità è
finora stato minore. Questo può essere attribuito al conflitto di vari
interessi ma anche al fatto che la responsabilità della difesa dell'ambiente
è divisa fra vari ministeri – dal Ministero dell'Agricoltura al Ministero
della Marina Mercantile! Comunque, all'inizio degli anni Ottanta è
However
finalmente stata discussa la legge per la difesa del suolo che era promessa
soil
da più di dieci anni, e sono stati progettati altri otto parchi nazionali per
creare un totale di tredici.

12/2/96

13 COM'È ANDATO?

> **How did it go?**
> How you enjoyed something
> Talking about what you've done and what happened to you

---

1 Francesca asks what kind of day Benedetto has had at the office . . .

Francesca Benedetto, com'è andata la tua giornata di lavoro oggi?
Benedetto Ah, molto vivace. Oggi c'è stato un violentissimo scontro con . . . condito con un linguaggio molto colorito tra due dei . . . gli architetti capi del mio studio.

c'è stato   *there was*
condito con *spiced with*

---

2 . . . and what her friend Antonella got up to the previous evening.

Francesca Antonella, cos'hai fatto ieri sera?
Antonella Sono andata al Centro Donna dove facevano una conferenza su un libro di una scrittrice francese, Colette; il titolo era *Il grano in erba*.

Francesca	E com'era, ti sei divertita?
Antonella	No, insomma, non è che mi sia tanto divertita.

facevano una conferenza   *they were giving a lecture*
non è che mi sia tanto   *I didn't enjoy myself*
 divertita   *that much*

To ask *how did it go?*
 com'è andato?

To ask *what did you do?*
 cos'hai fatto?

To ask *did you enjoy yourself?*
 ti sei divertito/a?

---

3 Alessandro and Anna both spent Saturday evening at the cinema, but they went to see different films.

Alessandro	Sei andata al cinema ieri sera?
Anna	Sì.
Alessandro	E cos'hai visto?
Anna	*Fuga di mezzanotte.*
Alessandro	Ti è piaciuto come film?
Anna	Sì, mi è piaciuto molto, però c'eran delle scene molto violente che mi hanno scioccata abbastanza.
Alessandro	Sì, ne ho sentito parlare, mi hanno detto che è un film abbastanza violento. Anch'io sono andato al cinema ieri sera.
Anna	E cos'hai visto?
Alessandro	Ho visto *I predatori dell' Arca perduta.*
Anna	E ci sono delle scene belle che ti son piaciute?
Alessandro	Sì, quelle sì. Sì, a me è piaciuto perché mi son divertito, anche i miei amici, è stato bello.
Anna	Senti, e scene invece violente che ti hanno fatto un po' schifo, un po' . . . che hanno colpito particolarmente?
Alessandro	No, scene violente non direi.

Fuga di mezzanotte   *'Midnight Express'*
c'eran = c'erano   *there were*
anch'io   *I also*
I predatori dell' Arca   *'Raiders of the Lost Ark'*
 perduta
che ti hanno fatto un   *which disgusted you a bit*
 po' schifo

To say *I've heard of it*
 ne ho sentito parlare

To say *I've been told that . . .*
 mi hanno detto che . . .

To say *it was nice*
 è stato bello

4 Fiorella Banfi talks about the places she's been to, and in particular her impressions of snow-covered London.

Daniela	Signorina Fiorella, lei ha viaggiato molto all'estero?
Fiorella	Sì, abbastanza, sono sempre in giro.
Daniela	E in quali posti è stata?
Fiorella	Sono stata prima di tutto nei vari paesi europei, per esempio in Spagna, in Portogallo, in Gran Bretagna, e poi in Australia.
Daniela	Ah, in Australia. Beata lei! Quanto tempo fa questo?
Fiorella	Due mesi fa.
Daniela	E quando lei è stata in Gran Bretagna, in che periodo è andata?
Fiorella	Ah, ci sono stata molte volte, perciò posso raccontarle di tutte le stagioni.
Daniela	E ha mai visto Londra con la neve per esempio?
Fiorella	Ah, una meraviglia! Sì, anzi: Londra è coperta di neve in questo periodo. Ne sono tornata due o tre giorni fa, c'era stata una grande bufera di neve, tutta Londra era coperta da questo manto bellissimo.

sono sempre in giro	*I'm always on the move*
beata lei!	*lucky you!*
ne sono tornata	*I came back from there*
c'era stata	*there had been*

> To ask *how long ago?*
> **quanto tempo fa?**

DA CAPIRE

1 Benedetto described his day at work as **molto vivace** – 'very lively'.
What happened in the architects' office that made it so lively and caused
problems? Is Benedetto entirely happy at work?

Francesca Vivace, ma come mai vivace se lavori in uno studio di architettura?
Benedetto Perché, oggi c'è stato il resoconto del . . . di un progetto che portiamo
avanti da quindici giorni e i due architetti responsabili di questo progetto
si sono scambiate le reciproche opinioni sul . . . i rispettivi lavori.
Francesca Le reciproche opinioni, come? Hanno litigato?
Benedetto Sì, hanno espresso i loro giudizi in maniera un po' violenta sul merito del
. . . del lavoro, insomma.
Francesca Ma che cos'è successo?
Benedetto Mah, la storia è nata un po' così. Noi abbiamo cominciato a lavorare, io e
l'altro architetto, su un progetto per un comune, mentre il . . . il collega
di questo architetto era assente; quando lui è tornato ha iniziato anche lui
a interessarsi di questo lavoro ed ha proposto delle modifiche, che
ovviamente non andavano bene – giustamente non andavano bene perché
erano delle modifiche assolutamente ridicole, diciamo così.

Francesca	Ma tu come ti trovi in questo tipo d'ambiente? Dev'essere un po' difficile viverci.
Benedetto	Mah, è difficile quando sono tutti presenti gli altri architetti, ma questo è molto raro e in generale son solo, e quando son solo riesco a lavorare bene.
Francesca	Ma ti trovi bene in generale?
Benedetto	Be', come in ogni cosa ci sono dei momenti divertenti e dei momenti meno divertenti.

che portiamo avanti	*that we've been working on*
da quindici giorni	*for a fortnight*
si sono scambiate le reciproche opinioni	*they exchanged opinions*
non andavano bene	*weren't any good*

ANALISI

1 How things have gone

To ask someone *how's it gone?* or *how did it go?*, you use the verb **andare**

com'è andato?	how did it go?
com'è andata la giornata?	how did the day go?
come sono andate le vacanze?	how did the holidays go?

This is the perfect tense of **andare**, and it's made up of two parts: **sono, sei, è**, etc (the present tense of **essere**), plus **andato/a/i/e** (the ending depends on the subject of the verb).

To say where someone went

Fiorella **è andata** in Cornovaglia

Note: **è andata** can have various English translations, eg *she has gone, she went*; and the question **è andata?** can mean *has she gone?, did she go?*.

To say what something was like, you use the perfect tense of **essere** – the key word is **stato**

è stato bello	it was lovely
è stata una bella gita	it was a lovely trip

and to say *there was . . .* , begin with **ci**

c'è stato un violentissimo scontro   there was a very violent clash

Lots of other verbs combine with **essere** in this way, eg **riuscire** *(to manage)*, **rimanere** *(to stay)* and **tornare** *(to return)*

Fiorella **è riuscita** ad andare in vacanza: **è rimasta** cinque giorni in Cornovaglia ed **è tornata** a Milano la settimana scorsa

(These verbs are marked * in the **Vocabolario**.)

2 How you enjoyed it

To say you enjoyed yourself/yourselves, or had fun

mi sono divertito/a	I enjoyed myself
ci siamo divertiti/e	we enjoyed ourselves

This is the perfect tense of **divertirsi**: use part of the verb **essere**, add to it **divertito/a/i/e** – and don't forget to put **mi, ci, ti, si** or **vi** in front of all this.

To ask *did you enjoy yourself/yourselves?*
    ti sei divertito/a?
    si è divertito/a?
    vi siete divertiti/e?

---

3   **Talking about what you've done**
To ask *what have you done?* or *what did you do?*, you need part of the verb **avere**, plus **fatto**

cos'	hai ha avete	fatto?	what have you done? what did you do?

Lots of other common verbs combine with **avere** in this way, eg **dire, vedere, sentire**

cos'hai	detto?	what have you said/did you say?
	visto?	what have you seen/did you see?
	sentito?	what have you felt/did you feel?

Andato, divertito, etc, are all past participles, and there is a rule of thumb for forming these
    andare – and**ato**   vend**ere** – vend**uto**   sent**ire** – sent**ito**

As you've already seen, though, there are lots of exceptions, eg **fare – fatto, essere – stato, vedere – visto**, so it's just worth learning each one as you go along. At the same time, you'll have to learn whether to use **avere** or **essere** (see **Grammatica** 53–55).

One good thing is that when you use **avere** you generally don't change the ending of the past participle.
    Fiorella non **ha fatto** niente
    abbiamo visto *I predatori dell' Arca perduta*
    avete viaggiato molto?

However, you *do* change the ending of the past participle when saying things like
    le scene **mi hanno scioccato/a**   the scenes shocked me

If **mi** is male it's **scioccato**, but if **mi** is female it's **scioccata**. Likewise, if **lo, la, li** or **le** come before the verb
    le scene **li hanno scioccati** | the scenes shocked them
    le scene **le hanno scioccate** |

(This is further explained in **Grammatica** 56.)

---

4   **'I've heard of it'**
To say you've heard of something or someone, you say **ho sentito parlare di . . .**

ho sentito parlare	**di** quel film
	di Greta Garbo
	delle Eolie

To say *I've heard of it/her/him/them*, just use **ne**
> **ne ho sentito parlare**
> **non ne ho mai sentito parlare**   I've never heard of it etc

Ne is a shorthand way of saying *of it*, *of them*, etc
(see **Grammatica** 35).

---

5 **How long ago**
To ask *how long ago?*
> **quanto tempo fa?**

Fa is the equivalent of *ago*

poco (tempo)		a short while	
due minuti/anni	**fa**	two minutes/years	ago

PAROLE

cos'hai fatto di bello?		done anything interesting?

	al cinema		to the cinema
	a teatro		to the theatre
andare	**ad una mostra**	to go	to an exhibition
	ad un concerto		to a concert
	all'opera		to the opera

cosa fanno al cinema/	what's on/what are they
teatro?	showing at the cinema/theatre?
fanno *Fuga di mezzanotte*	they're showing *Midnight Express*

è stata un'ottima	**interpretazione**
	esecuzione

it was a very good	performance (theatre/cinema)
	performance (musical)

lo spettacolo	show/performance
l'ultimo spettacolo	the last show/performance
è alle undici	is at eleven
la commedia	play of any kind, but can mean comedy
la trama	plot
il personaggio	character
il/la protagonista	star, leading actor/actress
recitare, interpretare	to act/perform
il regista	director/producer
il maestro/direttore	conductor
d'orchestra	

---

perciò – *therefore*, *and so*; it means virtually the same as **quindi**
> ci sono stata molte volte, perciò posso raccontarle di tutte le stagioni

PROVACI

1   Come si dice?

1   How would you ask Signor Fabrizi if he liked the exhibition?
Le sono piaciuti i quadri?
Gli è piaciuta la mostra?
Le è piaciuta la mostra?

2   How would you express great enthusiasm about the concert you've just been to?
E' stata un'ottima interpretazione – hanno recitato bene.
É' stato un bel concerto – hanno suonato abbastanza bene.
E' stata un'ottima esecuzione – hanno suonato benissimo!

3   How do you ask what's on tonight at the cinema?
Cosa fanno stasera al cinema?
Cosa fanno domani sera al cinema?
Cosa fanno stasera alla televisione?

4   You're not being very complimentary about a play – what do you say?
E' una commedia stranissima, ma mi sono divertito.
E' una commedia molto lenta, mi sono addormentato!
E' una commedia stranissima, si è divertito?

5   How would you describe a gripping film you've seen?
La trama del film è piuttosto noiosa, ma il personaggio di Anna è abbastanza interessante.
La trama è un po' stupida, ma il film è abbastanza buffo.
La trama è affascinante e i protagonisti sono tutti bravissimi!

6   How would you ask Sara whether she's read the latest novel?
Sei andata all'ultimo spettacolo di *Enrico IV*?
Hai letto l'ultimo romanzo di Calvino?
Hai visto l'ultimo film di Olmi?

2   Being a methodical person you make a list of things to do during the day:

andare in banca
comprare carne e frutta
telefonare a Giorgio
spedire cartoline
far riparare la macchina

a)   Later on, if everything went according to plan, how would you answer the question **cos'hai fatto oggi?** ?

b)   Now elaborate on what you did:

1   I went to the bank but I forgot the travellers' cheques.
2   I bought the meat but I couldn't buy the fruit.
3   I telephoned Giorgio and he's coming tomorrow.
4   I wrote the postcards but I haven't sent them. (**scrivere** – *to write*;
    scritto – *wrote*)
5   I managed to get the car repaired.

3   Giulietta keeps a diary, and here are some entries she's made over the last
    few months. She's a secretive girl (as well as moody!), and she's left out
    most of the verbs – can you supply them, using the perfect tense?
    Eg: *29 marzo* Oggi **mi sono sentita** . . .

29 marzo	Oggi (**sentirsi**) molto male, con un mal di testa incredibile.
19 aprile	Che giornata noiosa! E' piovuto tutto il giorno, e (**annoiarsi**) da morire!
3 maggio	Che rabbia! Non (**riuscire**) a parlare con Pino.
14 giugno	Troppo lavoro! (**Dispiacere**) non uscire oggi.
23 luglio	Sono contenta! Stamattina tutto (**andare**) benissimo all'esame, e poi (**riposarsi**) tutto il pomeriggio.
8 agosto	Mi sento giù. Susanna (**arrabbiarsi**) con me.
17 settembre	Devo assolutamente essere più puntuale in futuro – Adriano (**seccarsi**) tanto quando io (**arrivare**) con mezz'ora di ritardo!
26 ottobre	Stanotte (**dormire**) poco, ma (**alzarsi**) di buonumore, la giornata è cominciata bene!

4   You and your friend Peter are having lunch with an Italian couple in
    Pisa. Over the minestrone they ask what you've been doing since you
    arrived in Italy, and as your friend doesn't speak much Italian you
    answer for both of you.

Sig.ra Marconi	Dunque, quando siete arrivati in Italia?
You	*(Tell her you arrived ten days ago)*
Sig. Marconi	E siete venuti direttamente a Pisa?
You	*(Say no, you stayed in Rome for a bit more than a week)*
Sig. Marconi	Beati voi! Io ci sono stato solo una volta, per lavoro. Vi siete trovati bene?
You	*(Yes, you enjoyed yourselves, and you walked a lot)*
Sig.ra Marconi	E cos'avete fatto lì? Avete visitato il Colosseo?
You	*(Yes, you visited the Colosseum, St Peter's Square, the Trevi Fountain, and lots of other places)*

Sig.ra Marconi	Che bello! Non li ho mai visitati, li ho visti solo in fotografia. Mi hanno detto che vale veramente la pena visitarli, no?
You	*(Definitely! You want to go back to Rome because there are so many things you didn't see)*
Sig. Marconi	Ma di sera a Roma, cos'avete fatto?
You	*(Well, one evening you went to the cinema and saw 'La città delle donne')*
Sig. Marconi	Il film di Fellini, no? Io non l'ho visto, ma ne ho sentito parlare. Il protagonista è Marcello Mastroianni, mi sembra.
You	*(Yes, Marcello Mastroianni is very good, and it's a very lively film. The language is difficult, though)*
Sig.ra Marconi	Sì, e poi a volte i personaggi parlano in dialetto. Molto spesso non lo capisco neanch'io. Ma vi è piaciuto, però?
You	*(Say yes, you liked it, but Peter didn't; he found it a bit strange)*

5   Listen to the **Da capire** section, and then try to answer these questions in Italian.

1   Da quanto tempo si preparava il progetto nell'ufficio di Benedetto?
2   I due architetti responsabili del lavoro si sono trovati d'accordo?
3   Anche Benedetto ha lavorato sul progetto?
4   Il secondo architetto ha lavorato sul progetto fin dall'inizio?
5   Come giudica Benedetto le modifiche proposte da quest'architetto?
6   Benedetto quando riesce a lavorare bene in ufficio?

VITA ITALIANA

12/30/96

Il cinema italiano

Il cinema in Italia è sempre stato uno degli svaghi più accessibili ed economici. Per quelli che vanno al cinema in Italia c'è la possibilità di scegliere fra tipi diversi di cinema: quelli di prima e di seconda visione e i proseguimenti *(continuations)*. I cinema di prima visione si trovano generalmente in centro e sono i più cari perché proiettano gli ultimissimi film. Con i proseguimenti o i cinema di seconda visione i film sono un po' meno recenti, e naturalmente costano di meno.

In Italia il cinema è sempre stato riconosciuto come un'arte importante, e non è mai stato considerato inferiore al teatro come in alcuni altri paesi. Infatti, proprio fin dai suoi inizi il cinema è stato accolto con grande entusiasmo dagli intellettuali e dagli ambienti più ricchi e influenti di città come Roma, Milano, Torino. Questo significa che l'industria cinematografica si è sviluppata presto – in concorrenza con quella francese – e già nel 1907 esistevano 500 sale cinematografiche in Italia. Questa tradizione è ancora molto viva oggi, come dimostrano i numerosi e prestigiosi festival cinematografici che hanno luogo in tutta Italia. Tra questi ricordiamo il più celebre, il Festival del Cinema di Venezia, che si è inaugurato nel 1932 e che ha luogo ogni anno durante il mese di settembre.

Il cinema italiano è famoso per film molto diversi tra loro, da quelli d'evasione *(escapism)* come i western classici di Sergio Leone, a quelli su temi storici e politici, a quelli di 'fantasia' di Federico Fellini e scenografici di Franco Zeffirelli.

143

La continuata popolarità di film storici e politici nella lunga storia del cinema italiano è forse uno degli elementi che più contraddistinguono il pubblico e i registi italiani. Uno dei primissimi film, **La presa di Roma**, fatto nel 1905 da Filoteo Alberini, trattava dell'unificazione italiana, ed è stato seguito da altri sullo stesso tema, come il film **1860** di Alessandro Blasetti nel 1934, **Senso** di Visconti nel 1954, e più di recente da **Alonsafàn** dei fratelli Taviani.

Un altro periodo storico che ha ispirato molto i registi italiani negli ultimi 40 anni è il fascismo. Fra i registi contemporanei Bernardo Bertolucci è specialmente conosciuto per tre film di grandissimo successo sul fascismo: **Il conformista** (1970), **La strategia del ragno** (1970) e **Novecento** (1975). Meno conosciuto, e veramente agghiacciante, è l'ultimo film di Pier Paolo Pasolini, **Salò** (1975), in cui lo scomparso regista rappresenta gli orrori e gli eccessi del periodo finale del fascismo.

In modo meno brutale, ma non meno drammatico, i film di Francesco Rosi denunciano la violenza e la corruzione a vari livelli della società italiana del secondo dopoguerra. Film come **Salvatore Giuliano** (1961), **Le mani sulla città** (1963), **Il caso Mattei** (1972), **Cadaveri eccellenti** (1975) e **Tre fratelli** (1980) hanno avuto un discreto successo anche all'estero. Nel complesso però, il successo di film su temi sociali e politici è più assicurato in Italia che in Gran Bretagna, dove non esiste una tradizione così fortemente radicata di stretto rapporto fra cinema e società.

Altri spettacoli: il rock e i cantautori

In Italia ormai, come nel mondo anglosassone, sono molto seguiti i complessi rock, i cui concerti attirano migliaia di giovani negli stadi che diventano sempre più stretti. E' stato detto che questo è un fenomeno degli anni Ottanta, di un periodo in cui i giovani hanno cominciato ad interessarsi di politica molto meno che negli anni precedenti. Il paradosso è che tutti i partiti politici si sono ora messi a studiare questo fenomeno, per cercare di capire il modo migliore di ottenere l'appoggio dei tantissimi giovani che ormai hanno il diritto di votare a 18 anni anche in Italia.

Sempre nel campo della musica, esiste un fenomeno più strettamente italiano, i cantautori *(singer-songwriters)*. Tra i primi ricordiamo Domenico Modugno e Gino Paoli già negli anni Sessanta, le cui canzoni erano caratterizzate da temi romantico-esistenziali. A loro sono succeduti cantanti come Fabrizio De André e Giorgio Gaber, le cui canzoni hanno toccato temi sociali e politici d'attualità. Le ballate satiriche e pungenti di Gaber negli ultimi anni, con la loro critica contro tutti, hanno suscitato tantissime polemiche, ma continuano ad avere molto successo, forse perché Gaber esprime i dubbi e la sfiducia di molti nella politica italiana di oggi.

14 COM'ERA?

> **How things were**
> What used to happen
> What things were like
> What you were doing

1

Luca Villani describes the hours he used to work.

Daniela Senta, nel lavoro che lei faceva prima, a che ora cominciava e a che ora smetteva di lavorare?

Luca Dunque, erano otto ore il giorno, otto ore lavorative il giorno, e due giorni soli liberi la settimana, che potevano essere il giovedì e il venerdì, il sabato e la domenica, a seconda delle scelte. Cominciavo alle otto la mattina e finivo alle una, per poi rientrare alle quattro del pomeriggio.

otto ore il giorno	*this should be* al giorno
a seconda delle scelte	*according to choice*
alle una	*this should be* alla una *or* all'una
per poi rientrare	*then I'd go back*

> **Saying what you used to do**
> **cominciavo** alle otto e **finivo** alla una
>
> **and what the situation was**
> **erano** otto ore al giorno
> **potevano** essere il giovedì e il venerdì

2

Professor Simonelli now enjoys a relatively quiet retirement, but when he and his wife were young they used to go out a great deal.

Daniela	Molti anni fa, quando uscivate fuori, dove andavate?
Prof. Simonelli	Mah, quando eravamo giovani andavamo qualche volta al cinematografo – erano i tempi dei film di Greta Garbo tanto per intendersi, noi eravamo giovani a quell'epoca lì – e molto spesso al teatro anche. Qui a Firenze eravamo amici del soprintendente del Teatro Comunale, il quale ci dava la possibilità di assistere alle prove, che sono anche più interessanti delle esecuzioni molte volte, perché si segue come un pezzo nasce, come la esecuzione viene perfezionata. Quindi eravamo quasi tutte le sere a . . . a teatro. Nelle vacanze eravamo appassionati della montagna. Andavamo sulle Dolomiti e camminavamo molto a piedi.

tanto per intendersi	*so we know where we are*
al teatro	*normally you say* a teatro
il quale = che	*who*
assistere alle prove	*to attend rehearsals*

> To ask others what they used to do
> quando **uscivate**, dove **andavate?**
>
> To say *we used to go* . . .
> **andavamo** qualche volta al cinematografo
>
> and to describe what you were like
> **eravamo** giovani a quell'epoca lì

3 Maria Villani, who describes herself as **proprio fiorentina**, recalls what the city was like forty years ago.

Daniela	Le sembra che la città sia cambiata in tanti anni?
Maria	Oh, moltissimo cambiata. Per esempio, ricordo che molti anni fa il centro la sera era un'animazione di . . . di giovani che . . . ma non di corsa come ora ma che passeggiavano, che camminavano, cioè in quell'intervallo fra il . . . il . . . cessato il lavoro e l'ora della cena questi giovani, fra i quali anch'io, ci trovavamo in Via Roma, Via Tornabuoni, in Via Calzaiuoli, ecco, i ragazzi, i giovanotti, e passeggiavamo così, parlavamo del nostro lavoro, ci fermavamo allora . . . c'era Bozzichelli . . .
Daniela	Era un bar vecchio che adesso non c'è più mi pare.

147

Maria	Non c'è più, esatto. E ci fermavamo lì a prendere l'aperitivo, poi venivamo . . . ci accompagnavamo a casa, secondo dove abitavamo, ecco, e Firenze era molto bella in quest'ora del tramonto. Oggi niente, oggi è un caos, e quello corre, quello si spinge, le macchine che . . . che . . . che t'incalzano dietro.
Daniela	Il ritmo è più nevrotico oggi?
Maria	Oh, sì, veramente sì, e anche il centro di Firenze non ha più quella poesia, è . . . è veramente cambiato.

era un'animazione di giovani   *was alive with young people*
di corsa   *in a hurry/rush*
cessato il lavoro   *when work was over*
fra i quali anch'io   *and I among them*
    (fra cui anch'io)
che t'incalzano dietro   *that chase after you*

> To talk about what others used to do
>   giovani che **passeggiavano**, che **camminavano**
>
> and what things were like
>   **era** un bar vecchio
>   Firenze **era** molto bella
>   forse **c'era** più miseria, però **c'era** più umanità

4 Maria Lencioni has lived in Baccano for over 30 years. She recalls how village life has changed in that time.

Maria	La vita a Baccano era più una vita contadina, perché tutta la gente lavorava nelle terre e nei . . . cosa che ora la gioventù non fa più, perché la terra purtroppo non offre da vivere decentemente, però prima come vita era più . . . più bella, più . . . forse c'era più gioia perché quando c'eran le vendemmie qua c'eran feste con balli e canti, e ora son tutte cose che son

scomparse. Prima era più . . . era tutta una famiglia nei paesi. Se uno aveva bisogno aiutava l'altro, tutto così. Forse c'era più miseria, c'eran tante brutte cose, però c'era più umanità, penso; non so se mi sbaglio ma non credo.

ora son tutte cose che *they're all things that*
    son scomparse   *have disappeared now*

DA CAPIRE

1   Maria Villani continues her comparison of Florence now with Florence when she was young. Which area does she feel has changed most, and why is it now quite sought after? What does Maria find most unpleasant about the suburbs?

Firenze invasa da turisti!

Daniela	Mi sembra che anche alcuni quartieri storici siano notevolmente cambiati nel corso del tempo.
Maria	Ah sì, per me quello che è cambiato di più è il . . . il rione di San Frediano, al di là dell'Arno. Cioè una volta questo rione era considerato di . . . di terza categoria, come posso dire? Per esempio, lei la sera passando nelle strade di San Frediano, lei vedeva sulla porta . . . sulle porte delle case le persone sedute con le . . . con le sedie fuori sul marciapiede, che parlavano da un marciapiede a un altro. Oggi invece è stato rivalutato questo bellissimo rione.
Daniela	Chi ci abita adesso?
Maria	Sempre, sempre le persone di San Frediano, ma in più ci abitano persone a cui piace vivere in San Frediano, e quelli che hanno molto aiutato questa rivalutazione sono stati gli stranieri, in particolar modo gli americani, che lo hanno conosciuto andando a visitare la Chiesa del Carmine.
Daniela	La Chiesa del Carmine è quella dove ci sono gli affreschi di Masaccio?
Maria	Preciso.

Daniela	Senta, le sembra che anche la periferia di Firenze, che un tempo era così piacevole, così quieta, così bella, sia cambiata oggi?
Maria	Oh sì, senz'altro. La periferia di Firenze era bellissima, specialmente quella . . . da Piazza Gavinana ed oltre, al di là del Ponte . . . a San Niccolò. Oggi s'è così allargata, s'è c– . . . allargandosi, invece di . . . di fabbricare quelle deliziose casette a due piani, a tre piani, villette, hanno fatto questi . . . questi palazzoni, questi alveari, che sono qualcosa proprio di . . . di brutto veramente.
Daniela	Nonostante tutti questi cambiamenti di Firenze, le piace sempre Firenze?
Maria	Oh, moltissimo. Mi piaceva com'era una volta e mi piace com'è ora, perché io adoro Firenze che è veramente una città splendida.

al di là dell'Arno	*on the other side of the Arno*
è stato rivalutato	*has been revalued, 'rediscovered'*
qualcosa proprio di brutto	*really ugly (things)*

ANALISI

1

What used to happen

To talk about things which used to happen, there is a special form of the verb – here are some examples

cominciavo alle otto	I used to start at eight
a che ora **smetteva** di lavorare?	what time did you use to finish work?
quando **uscivate**, dove **andavate**?	when you went out, where did you use to go?
che lavoro **faceva** prima?	what job did you use to do before?

This is called the *imperfect tense*, and it's not difficult to form

–are verbs:	cominciare	⟶ cominciavo
–ere verbs:	scrivere	⟶ scrivevo
–ire verbs:	finire	⟶ finivo

Here's the complete form of one verb, **andare**, and notice that the spoken stress is usually put on the last but one syllable, except when saying *they* . . .

(io)	**andavo**	(noi)	**andavamo**
(tu)	**andavi**	(voi)	**andavate**
(lei/lui)	**andava**	(loro)	**andavano**

(There are a few irregular forms – see **Grammatica** 46.)

This tense is used to talk about habit, often with words like **spesso** or **ogni**

andavo a teatro **ogni** settimana	I went/used to go to the theatre every week
finivo spesso alle due	I often finished/used to finish at two

Notice that there's more than one translation for this tense in English.

2

What you were doing

If you're talking about an action that carried on for a while – something that you *were doing*, again you use the imperfect tense

cosa **facevi** ieri?	what were you doing yesterday?
leggevo un libro, mentre	I was reading a book,
loro **litigavano**	while they were arguing

An alternative way of saying this is to use the imperfect tense of **stare** (**stavo**, etc), followed by a verb ending in –**ando** or –**endo**

cosa **stavi facendo** ieri?

stavo leggendo un libro, mentre loro **stavano litigando**

Note: –**are** verbs generally have the ending –**ando**; while –**ere** and –**ire** verbs have –**endo**. There are a few exceptions, like **facendo** from **fare** (see **Grammatica** 43, 48).

---

3 Describing how things were
You also use the imperfect tense to describe what things or people were like or used to be like.

What things were like

com'**era**?	what was it like?/how was it?
Firenza **era** molto bella	Florence was/used to be very beautiful
c'**era** più miseria	there was more poverty

and people

eravamo giovani	we were young
era una bella ragazza	she was a beautiful girl

To describe any situation, or state of mind, that continued for a while

non **sapevo** se darle	I didn't know whether to
del tu o del lei	say *tu* or *lei* to her
ero impacciata	I was embarrassed
mi **piaceva** Firenze	I liked/used to like
com'era	Florence as it was
mi **dava** soddisfazione	I enjoyed/used to enjoy
il mio lavoro	my work

---

4 C'era or c'è stato?
It's quite often difficult to know when to use the imperfect tense and when to use the perfect

c'**era** più umanità	there was more humanity
c'**è stato** uno scontro	there was a clash

C'era suggests a state of affairs which went on for some time, while **c'è stato** is used to describe a completed action or experience.

Compare also

era una bella serata	it was a lovely evening
è stata una bella serata	it was/has been a lovely evening

You could use the first sentence to set the scene, for instance to begin a romantic description of a sunset; and you could use the second one to thank someone for a lovely evening.

---

5 Some notes on time
To say on what day you *used to do* things

andavo sempre **il lunedì**   I always went on Mondays

You need the article (**il** or **la**) with the day of the week if you're talking about habitual actions.

To say on what day you *did* something
    sono andato lunedì   I went on Monday

Always leave out the article if you're talking about the specific day when you did something.

PAROLE

quanto spesso?	how often?
raramente	rarely, seldom
qualche volta, a volte	sometimes
ogni tanto	every so often, now and then
ogni giorno/anno	every day/year
spesso, molte volte	often
sempre	always

    – **sempre** can also mean *still*, as in
      chi ci abita?   – Sempre le persone di San Frediano

di solito	usually
generalmente	generally
quando?	when?
ai vecchi tempi	in the (good) old days
a quell'epoca	at that time
a quei tempi	in those days
da giovane	when I was young

ai tempi di | **Mussolini** / **mio nonno**   in   Mussolini's / my grandfather's | day/time

negli anni Venti/Trenta	in the Twenties/Thirties
agli inizi del secolo	at the beginning of the century
nell'Ottocento/nel diciannovesimo secolo	in the 19th century
nel Novecento/nel ventesimo secolo	in the 20th century

L'Ottocento and **il Novecento** are used more commonly than **il diciannovesimo/ventesimo secolo** – they mean *the 1800s* and *the 1900s*, though they look like 800 and 900. Likewise **il Cinquecento** is *the 16th century*, etc.

There are two ways of saying *to stop*: **fermarsi**
    ci fermavamo al bar   we used to stop at the bar

and **smettere** *(to stop/cease doing something)*
    a che ora smetteva di lavorare?   what time did you use to stop working?

---

secondo and **a seconda di** – *according to, depending on*
    ci accompagnavamo a casa secondo dove abitavamo
    due giorni liberi che potevano essere il sabato e la domenica a
      seconda delle scelte

Secondo is probably more common, but the two expressions are virtually interchangeable.

PROVACI

1 **Quale?**

1   Which phrase couldn't you use to say you often used to go to the mountains?
Andavo sempre in montagna.
Andavo spesso in montagna.
Andavo molte volte in montagna.

2   Which sentence could you use to say that you and your friend seldom used to attend classes in the morning?
Frequentavamo di solito la scuola dalle otto fino all'una.
Frequentavano di solito la scuola dalle otto fino all'una.
Frequentavamo raramente la scuola dalle otto fino all'una.

3   Which question would you use to ask Signor Caruso and his family where they used to stop to eat on their journeys south?
Ma cosa facevate per mangiare?
Ma quando smettevate di mangiare?
Ma dove vi fermavate per mangiare?

4   Which phrase would be appropriate to describe how you were feeling?
A quei tempi non sapevo scrivere a macchina.
Ai tempi del fascismo non ero molto felice.
A quell'epoca non capivo bene l'italiano.

5   You're reminiscing about an extremely religious aunt – choose the appropriate phrase.
Ogni tanto mia zia andava in chiesa.
Ogni giorno mia zia andava alla messa.
Ogni settimana mia zia andava in centro.

6   You've just been told that Italy was united in the 19th century (1870 in fact). Which is the correct phrase?
L'Italia è stata unificata nell'Ottocento.
L'Italia è stata unificata negli anni Ottanta.
L'Italia è stata unificata nel Novecento.

2   Someone asks you **cos'hai fatto?**, and here's your answer – part of a fairly orderly day in your life:

Ho fatto colazione, ho letto il giornale, ho ascoltato le notizie alla radio, e ho pensato al lavoro della giornata.

But when you got up late you had to do all these things at the same time, so how would you describe what happened? Begin like this: **Mentre facevo colazione . . .**

On a restful evening everything went according to plan:

Ho cenato, ho bevuto un digestivo, ho scritto una lettera, e mi sono cambiato per uscire.

But when you got back from work late you had to rush round doing all these things at the same time. Again, describe what you did, beginning with **mentre** . . .

---

3 Ispettore Corleone is investigating a crime, and he calls on a number of suspects and asks them **cosa stava facendo venerdì diciotto alle dieci di sera?**. Here are the suspects' alibis – what would each of them actually have said to the Ispettore? (Eg: Giovanni was asleep, so he'd have said **Stavo dormendo.**) You'll need to use one of these words each time:

lavando	guardando	traducendo	cenando	andando
facendo	suonando	riparando	leggendo	giocando

1 **Franco Fredda** was watching a film on television.
2 **Il professor Cremona** was playing the violin.
3 **I signori Nero** were playing chess.
4 **Signora Grassona** was having dinner at her sister's.
5 **Rossella Vitale** was cleaning her teeth.
6 **Signor Mastroianni and his girlfriend** were going to the last performance at the Rialto cinema.
7 **Signor Tessitore** was translating a novel into English.
8 **Signorina Porra** was reading a detective story **(un giallo)**.
9 Young **Massimo Motoguzzi** was repairing his bike.
10 **Signor Trompetto** was making a pizza.

---

4 You and Lucia, an elderly friend, have spent a day at an exhibition on Italy in the Thirties, and you're talking about it afterwards . . .

Lucia   Ti sei divertito?
You   *(Say yes, it's been an interesting day, hasn't it?)*
Lucia   Certo, mi è molto piaciuta la Mostra sugli Anni Trenta, anche se, però, mi ha fatto venire un po' di nostalgia.
You   *(Ask how old she was in the Thirties)*
Lucia   Eh! A quei tempi ero ragazzina, nel 1930 avevo quindici anni.
You   *(Ask what life was like in those days)*
Lucia   Per prima cosa c'era meno stress. Io mi divertivo molto e uscivo spesso: andavo con gli amici alle feste il pomeriggio, e qualche volta andavamo anche al cinema. Certo che ero troppo giovane per capire bene la situazione politica.
You   *(What was it like?)*
Lucia   Mah, piuttosto brutta, direi.
You   *(Yes, of course, Mussolini was in power* (al potere)*)*
Lucia   Ecco, sì. Ma io, però, sapevo solo che veniva chiamato Il Duce: a scuola ci dicevano che era un grande uomo.

You	*(And what did she think in those days?)*
Lucia	In realtà non pensavo molto ai problemi politici. Come ti ho detto ora, ero troppo giovane. Comunque, mi ricordo che Mussolini faceva tanti discorsi, e che la gente andava a sentirli.
You	*(Did she ever go to hear them?)*
Lucia	No, non ci sono mai andata, per cui è stata un'esperienza curiosa vedere Mussolini oggi alla mostra, nei vecchi film.
You	*(Yes, the films were funny! Mussolini seemed a bit ridiculous)*
Lucia	Sì, in effetti, ma a quell'epoca Il Duce non sembrava per niente ridicolo!
You	*(Say you're sure that at that time no one dared* (osare) *to criticise him)*
Lucia	Esatto. Era pericoloso criticarlo.
You	*(Say 'but there were some marvellous things in the Thirties: there was that aeroplane we saw today, for example')*
Lucia	Ah, sì, il Caproni. Era una meraviglia! Mi ricordo che mio fratello . . .

5 Listen to the **Da capire** section, and then try answering the questions in Italian.

1 In passato come veniva considerato il rione di San Frediano?
2 Oggi l'opinione che la gente ha di San Frediano è sempre la stessa?
3 Che tipo di nuovi abitanti vive adesso a San Frediano?
4 Dove si possono vedere gli affreschi di Masaccio?
5 A Maria Villani sembra che la periferia sia cambiata in peggio?
6 Invece di costruire delle casette a due o a tre piani, che cos'hanno costruito in periferia?

VITA ITALIANA

I caffè e la passeggiata

In Italia la vita sociale è vissuta molto più all'esterno delle case che in Gran Bretagna. La piazza e il caffè hanno sempre avuto un ruolo fondamentale come luogo di incontro, soprattutto per gli uomini, i giovani e la gente alla moda. All'inizio del secolo quest'ultima si riuniva nei **Gran Caffè** di lusso, ognuno dei quali aveva la propria orchestra che suonava la musica leggera dell'epoca. Esistono ancora alcuni Gran Caffè, come in Piazza San Marco a Venezia o in Piazza della Repubblica a Roma, ma, per la maggior parte, sono stati sostituiti da caffè più modesti in cui l'unica musica proviene dal jukebox. Oggi ci si incontra al caffè per fare delle partite a carte, per guardare la televisione insieme – specialmente quando ci sono partite importanti di calcio – o semplicemente per discutere. Insomma, andare al caffè o al bar per bere non è per niente lo scopo principale della gente.

Un altro aspetto di questa socialità vissuta all'esterno delle case è la passeggiata della sera prima dell'ora di cena. In molti casi, soprattutto nel sud, la passeggiata è un vero e proprio spettacolo perché la gente si veste bene per farsi notare. Infatti, in tutti gli ambienti sociali in Italia è tuttora importante fare bella figura. In alcune cittadine del sud è ancora possibile vedere gli uomini e le donne che passeggiano separatamente nella piazza principale, osservandosi però con molta attenzione!

Ciliegie

Salsiccia

Sagre e feste

Da secoli la piazza è anche stata il luogo in cui la gente si riuniva per celebrare le numerose feste durante l'anno. L'Italia ha una tradizione di feste religiose e folcloristiche, e dopo un periodo di declino c'è una spettacolare ripresa d'interesse verso feste di ogni genere.

Una delle feste che ha le sue radici nel mondo contadino è **la sagra**, durante la quale viene celebrato il cibo, o prodotti che si coltivano nella regione. Ci può essere la sagra della ciliegia, la sagra del pinolo, la sagra della salsiccia o della castagna, e così via. Al giorno d'oggi, però, molte sagre sono diventate più che altro manifestazioni commerciali. Infatti in alcuni posti ci sono perfino delle imprese specializzate in sagre locali!

Meno legate in origine al folclore, ma ugualmente popolari ormai, sono le **Feste dell'Unità** organizzate dal Partito Comunista Italiano verso la fine dell'estate. Sono state organizzate nell'immediato dopoguerra in varie città e paesi e sono diventate una delle feste estive più importanti. Durano in media quattro o cinque giorni, ma nei centri più grandi possono durare molto di più. Accanto alle iniziative politiche, come i dibattiti e le tavole rotonde, c'è una varietà enorme di spettacoli – film, opere teatrali, concerti – che in generale sono gratis. Alle feste più grandi prendono parte spesso artisti famosi davanti a un pubblico che non è certo interamente composto da iscritti al Partito Comunista. La gente, insomma, va alle Feste dell'Unità anche per divertirsi.

15 COSA NE PENSI?

> **What do you think?**
> Opinions and beliefs
> Agreeing and disagreeing
> How things seem to you

1 Viareggio is a lively holiday resort in summer – but in winter? Lisa, a young holidaymaker, says what she thinks of the place.

Daniela Cosa pensi di Viareggio?
Lisa Mah, è una città . . . così, in cui uno si può divertire durante l'estate, però niente di più, ecco. L'inverno per esempio è molto . . . molto morto, non c'è vita.
Daniela C'è chi dice che Viareggio d'inverno sia più bella.
Lisa Secondo me, no, assolutamente.

c'è chi dice   *there are people who say*

> To ask *what do you think of . . . ?*
> **cosa pensi di . . . ?**
>
> To say *in my opinion*
> **secondo me**

2 Football: what do you think of Inter Milan? It depends whether you support them or Milan's other main football team, AC Milan. Alessandro spoke to some young fans.

Stadio di San Siro, Milano

Alessandro	Vorrei sapere: chi è che tiene all'Inter? Ah, Pippo, Simona e Stefano. Tu, Simona, cosa ne pensi, come va l'Inter quest'anno?
Simona	Dunque, l'Inter è in terza . . . è terza in classifica e va abbastanza bene. Comunque, l'anno scorso giocava meglio.
Alessandro	Ho capito. Secondo te cos'è che è peggiorato?
Simona	Ehm . . . l'attacco, perché Altobelli non segna più.
Alessandro	Ho capito. Eh, Pippo, cosa ne pensi delle altre squadre?
Pippo	Che fanno schifo.
Alessandro	Ho capito. L'altra . . . l'altra squadra di club di Milano è il Milan. Chi è che tiene al Milan?
Tato	Io io io io!!
Alessandro	Tato, mi pare che il Milan non vada molto bene quest'anno . . . la partita migliore che hai visto del Milan quest'anno?
Tato	Milan-Fiorentina.
Alessandro	E ha vinto il Milan immagino?
Tato	No, ha perso però ha giocato bene.

chi è che tiene a . . . ?   *who supports . . . ?*
terza in classifica   *third in the league (table)*

To ask *what do you think of/about it?*
cosa ne pensi?

To say *it seems to me that . . .*
mi pare che il Milan non **vada** molto bene

---

3   Carlo is the lighting technician who works with pop and rock groups. What's his view of the increasing use of electronics in everyday life?

Alessandro	Carlo, tu fai il tecnico-luci. Comunque, tu cosa ne pensi in due parole del fatto che ormai appunto nel nostro mondo tutto funziona elettronicamente?
Carlo	Mah, per me va molto bene per il fatto che, diciamo, professionalmente parlando io sono orientato più verso l'elettronica, infatti tutte le nostre luci, i nostri effetti, sono comandati elettronicamente, quindi a me sta molto bene tutto questo. Certo è una vita abbastanza ossessionante, quelle macchinette che si trovano nei bar, con tutti questi giochi elettronici, la televisione in tutte le case, però a me non dà nessun fastidio diciamo.
Alessandro	Ma . . . sì, anch'io sono un po' della tua opinione.

a me sta molto bene = per me sta molto bene

To say *it's fine by me*
per me va bene

and *it doesn't bother me*
a me non dà fastidio

To say *I agree with you*
sono della tua opinione

4	Milan's winter climate brings with it sore throats and advertisements for various remedies. Alessandro asked an ear, nose and throat specialist for his opinion on the products advertised.

Alessandro	Lei è medico, vero?
Dottore	Sì, sono medico.
Alessandro	Senta, suppongo che in questo periodo lei abbia un eccesso di lavoro?
Dottore	Sì, in effetti, durante la stagione invernale i mali di gola sono molto frequenti.
Alessandro	Io ho visto in questi giorni per la città, non so, in autobus, in tram, sui muri, un po' dappertutto, molte pubblicità riguardanti dei farmaci per i mal di gola. Lei crede a questi farmaci che vengono propagandati?
Dottore	Per lo più i farmaci che vengono propagandati nei locali pubblici sono dei rimedi sintomatici, palliativi, che possono avere efficacia per diminuire i disturbi.

pubblicità riguardanti dei farmaci   *adverts for medicines*

To say *I suppose that* . . .
  suppongo che lei **abbia** un eccesso di lavoro

To ask *do you believe in* . . . ?
  lei crede a questi farmaci?

DA CAPIRE

1	Francesca and Signora Gabriele are discussing schools. Signora Gabriele is a local councillor with educational responsibilities in her district of Venice. What does she think is wrong with nursery schools, and did she encounter the same problem when she lived in Milan?

Sig.ra Gabriele	Attualmente un grave problema del nostro quartiere è la mancanza della scuola materna pubblica, abbiamo solo scuole materne private.
Francesca	Sì, infatti, è un problema molto grosso, penso, questo delle scuole pubbliche materne. Penso che in altri centri del nord Italia esistano già come struttura pubblica, mentre è abbastanza significativo secondo me che qui a Venezia ancora non esistano. Non pensa lei?
Sig.ra Gabriele	Sì, infatti, io ho avuto l'esperienza di vita vissuta a Milano, con i miei figli, i primi due hanno – anzi – i primi tre hanno fatto la scuola materna a Milano in delle scuole pubbliche molto ben funzionanti, molto efficienti, mentre il quarto figlio ha fatto la scuola materna qui a Venezia in una scuola privata perché non avevo altra alternativa.

2	Elisabetta hopes to start working once her child is older. According to her, what does the public think of working mothers?

Alessandro	Senti, Elisabetta, cosa ne pensa l'opinione pubblica di queste mamme che abbandonano il figlio piccolo e poi se ne vanno a lavorare?
Elisabetta	Dunque, intanto ti devo riprendere sul termine perché abbandonare non è la parola giusta, non è che noi mamme abbandoniamo i nostri piccoli, li diamo per alcune ore a persone che sono esperte. Comunque, mia

mamma e mio marito erano favorevoli a questa scelta. L'opinione pubblica, in particolare i giovani anche sono favorevoli, benché in Inghilterra mi risulta si creda ancora al mito della donna italiana tutta casa e famiglia.

intanto ti devo riprendere	*but I must pick you up*
sul termine	*on that word*
benché in Inghilterra mi risulta	*although in England I hear*
si creda ancora a . . .	*they still believe in . . .*

ANALISI

1 **Enquiring about opinions and beliefs**
To ask what someone thinks of things or people, use the verb **pensare di**

cosa pensi/a	**di** Viareggio?
	della mia ragazza?
	del mio amico?
	degli uomini italiani?

If you simply want to ask *what do you think of it/her/him/them?*, use **ne**
   cosa ne pensi/a?
The context always tells you what **ne** is referring to. You'll find it is used with any verb normally followed by **di**, such as **parlare di**, **ricordarsi di** (see **Grammatica** 35).

To ask someone whether they believe in a particular thing, you can use **credere a**

lei **crede**	**a** questi farmaci?	do you believe in	these drugs?
	all'energia nucleare?		nuclear power?

To ask *do you believe in it/them?* etc, then you use **ci**
   ci credi/e?   (ai farmaci, in Dio)

(You'll sometimes hear **credere in**, eg **lei crede in Dio?**.)

To ask if someone believes another person or believes what's been said, also use **credere a**

tu **credi a**	Corrado/Rina?	do you believe	Corrado/Rina?
	quello che dice?		what he/she says?

To ask *do you believe it?*
   ci credi/e?

but *do you believe him/her?*

gli	**credi/e?**
le	

2 **Simple ways of stating your opinions**
The easiest way to say *I think* or *in my opinion* is to use **secondo** (lit. *according to*) or **per**

secondo	**me**, Viareggio non è bella d'inverno
per	

Other people's views

secondo / per	te/lei/voi, qual è la squadra migliore?

in your opinion . . .

secondo / per	lui/lei/loro, va bene un mondo elettronico

in his/her/their opinion . . .

(See **Grammatica** 28.)

---

3   **Agreeing – and disagreeing**
When you're discussing points of view you'll need to express agreement and disagreement. One way to agree is simply to say
  sono della tua/sua/vostra opinione

More common perhaps is **essere d'accordo**
  sono d'accordo (con te/lei/voi)

and if you want to disagree you can say
  non sono d'accordo

---

4   **How it seems to you, what you think or suppose**
Very often when you're expressing an opinion you need to use a phrase like **mi sembra che** or **mi pare che**. These both mean *it seems to me (that)* or *I think (that)*, and you'll hear these phrases followed by words like **vada, sia, abbia**

mi sembra che / mi pare che	la squadra non **vada** bene / **sia** un po' difficile / Fausto **abbia** ragione

. . . the team's not doing well
. . . it's a bit difficult
. . . Fausto's right

Vada, sia and **abbia** are the subjunctive forms of **va, è** and **ha**. Subjunctive verbs are common in Italian, though the English equivalents have virtually died out.

Fortunately **vada, sia** and **abbia** can be used with **io, tu** or **lei**
  mi sembra che tu vada   I think/it seems to me
    male in matematica   you're doing badly in maths
  mi pare che lei sia   I think/it seems to me
    un po' pessimista   you're a bit pessimistic
  ti sembra che io sia   do you think I'm
    troppo ottimista?   too optimistic?

Other expressions which you can use in the same way

penso che		I think . . .
credo che		I believe . . .
suppongo che	sia così	I suppose . . .
ho l' impressione che		I have the impression . . .

(You may hear some of these used without the subjunctive – see **Grammatica** 74.)

The usual way to make a verb subjunctive is to start with the **io** form of the present tense and just change the last letter

parl**are** (io) parlo $\longrightarrow$ parli
legg**ere** (io) leggo $\longrightarrow$ legga
ven**ire** (io) vengo $\longrightarrow$ venga

Sia (from **essere**) and **abbia** (**avere**) are exceptions – see **Grammatica** 70 for others.

PAROLE

esprimere un punto di vista	to express a point of view
essere favorevole a, appoggiare	to be favourable to(wards), to support
essere contrario/a a, opporsi a	to be opposed to, to oppose
essere sicuro/a che	to be certain/sure that

There are various ways of saying *right* and *wrong*. To talk about a person being right or wrong, use **aver ragione/torto, sbagliarsi**

hai/ha ragione	you're right
hai/ha torto	you're wrong
ti sbagli/si sbaglia	you're mistaken/wrong

To talk about a fact being right/correct or wrong, use **giusto** or **sbagliato**.

Giusto also means *right* in the sense of *just* or *fair*, and the opposite is **ingiusto**, *unjust, unfair*.

i vantaggi, gli svantaggi	advantages, disadvantages
i lati positivi/negativi	positive/negative sides
l'atteggiamento	attitude

The same word can often have two different meanings, eg

la discussione	discussion *or* controversy
il contrasto	difference of opinion *or* contrast, as in **contrasto di colori**

pensare – use **pensare di** to talk about opinions
cosa pensi di Maria?   what do you think of Maria?

– don't confuse this with **pensare a**
penso sempre a Maria   I'm always thinking about Maria

---

infatti – *in fact*
infatti, è un grosso problema

in effetti – *in fact, that's right*
sì, in effetti durante la stagione invernale i mali di gola sono molto frequenti

in realtà – *in reality, in actual fact*
be', in realtà durante la stagione invernale i mali di gola sono molto frequenti
(this implies that someone has said sore throats are not frequent)

per lo più – making generalisations, *for the most part*
per lo più i farmaci sono dei rimedi palliativi

PROVACI

1 **Quale?**

1 Which phrase suggests you don't agree with what's been said?
E' un punto di vista molto valido.
E' un'idea giusta.
E' un atteggiamento strano.

2 Which phrase shows the greatest conviction?
Mi pare che abbia ragione.
Sono sicuro che ha ragione.
Non mi sembra una ragione convincente.

3 Which phrase would you use to admit you were wrong?
Mi dispiace, ma lei si sbaglia.
Mi dispiace, ma hai torto.
Mi dispiace, avevo torto io.

4 Which phrase would you use to ask someone's opinion?
Hai pensato a questo?
Cos'hai pensato di questo?
Hai pensato a me ieri?

5 Which phrase would you use to ask what's bad about someone's job?
Quali sono i vantaggi del suo lavoro?
Quali sono gli svantaggi del suo lavoro?
Quali sono i lati positivi del suo lavoro?

6 How would you ask a friend if he's against divorce?
Sei favorevole al divorzio?
Ti sembra che sia giusto il divorzio?
Sei contrario al divorzio?

7 Which phrase would you use if you thought someone had his facts wrong?
Per me è un'analisi sbagliata.
Per me è un'analisi ingiusta.
Per me è un'analisi negativa.

2 Use each of the expressions in the box in the appropriate situation.

> **per lo più**
> **infatti**
> **in realtà**

1 You're talking to your friend Adele about nuclear power.
Adele Io faccio parte di un gruppo antinucleare. Esistono anche da voi?
You Certo, ... ogni tanto ci sono delle grosse manifestazioni contro l'energia nucleare e ci sono andato anch'io.

<table>
<tr><td>2</td><td>Signora Pellizzi assumes that where you come from the health service is entirely free.</td></tr>
</table>

2 Signora Pellizzi assumes that where you come from the health service is entirely free.

Sig.ra Pellizzi   Suppongo che da voi il servizio sanitario sia completamente gratis, no?

You   No, non è completamente gratis. .... si paga quasi sempre qualcosa per la ricetta del medico, dipende un po' dai governi, però.

3 Signor Conti wonders whether everyone can go to university in Britain.

Sig. Conti   In Gran Bretagna le università sono aperte a tutti i giovani che hanno terminato il liceo?

You   No, adesso esiste una selezione sempre più forte. .... i giovani che frequentano l'università vengono dal ceto medio e devono essere molto bravi.

---

3 Gerardo is always blowing his own trumpet and boasting about his achievements. You don't believe half of it – and say so. Fill in the gaps with the correct verbs.

Gerardo   Io capisco bene l'inglese!

You   Mi pare che tu lo (1) poco.

Gerardo   Io conosco bene Paolo Rossi, è un grande amico!

You   Ma io non credo che tu lo (2) davvero.

Gerardo   Io non ho mai problemi!

You   Ho l'impressione che tu ne (3) tanti, invece.

Gerardo   Io esco ogni sera con una ragazza diversa!

You   Ma io credo che tu non (4) mai con nessuno.

Gerardo   Io penso sempre agli altri!

You   Mi sembra che tu (5) sempre a te stesso!

Gerardo   Luigi è un gran egoista!

You   Può darsi, ma io penso che lui (6) meno egoista di te!

---

4 You've been given a lift in an Italian friend's new car, but it's not a very smooth ride . . .

Bruno   Cosa ne pensi? Veloce, no?

You   *(Hurled back in your seat by his acceleration, you say 'yes, very fast, isn't it?')*

Bruno   E' una delle macchine più veloci. E poi, sai, consuma anche poca benzina, nove litri ogni cento chilometri. E' un enorme vantaggio, vero?

You   *(Trying to work out how many miles to the gallon that is and giving up, you say 'yes, certainly, it seems to me it's a great advantage')*

Bruno	Io pensavo di comprare il modello GTL-1 con cinque marce, ma forse con quattro basta, non ti pare?
You	*(Say yes, you agree with him, it seems to go very well with only four gears)*
Bruno	Certo che con cinque marce si risparmia più benzina, quindi è un piccolo svantaggio avere solo quattro marce. Pazienza!
You	*(Say that in your opinion it's not a disadvantage, in fact, you think he's going too fast already)*
Bruno	Va bene, andrò meno veloce. Mi dispiace che tu abbia avuto paura.
You	*(Say no, in actual fact it doesn't bother you, but you've got the impression that there's a policeman behind you . . .)*

5 Listen to the **Da capire** section, and then try to answer these questions, in Italian.

1 Nel quartiere della signora Gabriele ci sono scuole materne pubbliche?
2 Nel nord Italia esistono solo scuole materne private o no?
3 A che tipo di scuola materna sono andati i primi tre figli della signora Gabriele?
4 Che tipo di scuola materna ha frequentato il quarto figlio?
5 Secondo Elisabetta le madri che lavorano abbandonano i figli o no?
6 L'immagine della donna italiana tutta casa e famiglia è giusta o sbagliata?

VITA ITALIANA

Il calcio in Italia

Una forma di calcio esisteva già in Italia, a Firenze, nel Cinquecento, e il nome deriva dal fatto che il gioco consisteva nel passare il pallone a calci *(kicks)* fra due squadre di 26 giocatori! I giocatori italiani di oggi, però, sono ben più raffinati nel gioco, e viene riconosciuto che sono fra i più forti del mondo.

Nonostante le origini fiorentine del calcio, è stato un gruppo di uomini d'affari inglesi a fondare il primo club di calcio a Genova nel 1893. Infatti il club del Genoa porta ancora il nome originale di **Genoa Cricket and Football Club**! Per cinque anni il club è stato riservato agli inglesi che abitavano a Genova, ma poi, a partire dal 1898, e con giocatori italiani, il Genoa è diventata la squadra più forte del paese, vincendo il campionato italiano sei volte nei primi sette anni. (Bisogna dire però che il cricket non ha avuto una storia così gloriosa, e oggi è praticamente sconosciuto in Italia!)

L'Italia è entrata nel campo internazionale con Vittorio Pozzo, un torinese che ha imparato molto sul calcio negli anni in cui è vissuto nel nord dell'Inghilterra, dove andava spesso a vedere il Manchester United. Nel ruolo di commissario tecnico *(manager)* (per circa 20 anni), Pozzo ha fatto diventare grande la squadra nazionale. L'Italia ha vinto la Coppa del Mondo nel 1934 (a Roma, di fronte a Mussolini stesso, che ci teneva per ragioni di propaganda), e anche nel 1938 a Parigi.

Negli anni Sessanta gli italiani hanno perfezionato un sistema di gioco molto difensivo, il cosiddetto 'catenaccio', e hanno avuto parecchi successi in campo internazionale. Comunque, è stato un ritorno al loro caratteristico gioco d'attacco che li ha riportati alla gloria. Nell'estate del 1982, infatti, tutti gli italiani, anche quelli all'estero – a Londra per esempio – sono impazziti di gioia dopo la clamorosa vittoria degli 'Azzurri' nella Coppa del Mondo in Spagna. Inaspettatamente, l'eroe è stato Paolo Rossi, un giocatore che poco prima era ben lontano dalla gloria. Sospeso dal gioco per due anni come conseguenza dello 'scandalo delle scommesse' *(betting scandal)*, Paolo Rossi è potuto ritornare nella squadra nazionale solo un mese prima dei Mondiali, ma nonostante la mancanza di un lungo allenamento ha segnato sei gol durante il torneo.

Dopo la vittoria gli Azzurri sono stati tutti onorati dallo Stato italiano con il titolo di Commendatore. E' stato anche emesso un francobollo commemorativo disegnato dal più famoso pittore italiano contemporaneo, Renato Guttuso. Inoltre, a Paolo Rossi alcune ditte hanno promesso tutte le scarpe e tutto il vino che gli potrà servire per tutta la vita!

Gol di Paolo Rossi!

La medicina alternativa

In Italia, molto più spesso che in Gran Bretagna, la gente va dal farmacista quando non si sente bene. Se il disturbo non è molto grave, il farmacista è spesso in grado di capire di che cosa si tratta, e di prescrivere qualcosa da prendere.

La digitale

C'è chi, però, comincia a preoccuparsi dell'abuso di farmaci spesso inutili e quindi dannosi, per cui molti adesso non si fidano più di questi rimedi. Di conseguenza, la medicina alternativa, come quella omeopatica, o l'agopuntura, comincia ad interessare un numero crescente di medici, farmacisti e pazienti. Invece di prescrivere antibiotici, lassativi, tranquillanti e così via, alcuni medici preferiscono usare rimedi a base di piante medicinali, piante che sono inoltre autorizzate ufficialmente come cura dal Ministero della Sanità in una circolare speciale. L'esistenza della circolare dimostra che l'interesse attuale nella medicina omeopatica è notevole. Infatti, in alcuni posti i rimedi naturali sono preferiti a quelli della medicina ortodossa. Per esempio, in un paese della Toscana (Gabbro), il medico condotto *(GP)* e il farmacista preferiscono i medicinali preparati con le erbe, e sembra che i pazienti siano molto soddisfatti dei risultati.

16 IL FATTO È QUESTO

Discussion and debate
Asking for and giving explanations
Clarifying matters
Discussions – pros and cons
What's likely and unlikely

Soldato italiano

1 Marco Carrara, a student of agriculture who
hasn't yet done his military service, explains
why it is that military service doesn't appeal
to many Italians.

Alessandro Immagino che in Italia, come dappertutto,
del resto, nessuno voglia fare il militare, no?

Marco No! In effetti c'è parecchia gente che non . . .
preferirebbe non fare il servizio militare.

Alessandro E per quali motivi non vogliono farlo?

Marco Per vari motivi, innanzitutto perché uno se ha già finito i propri studi,
prima di entrar in . . . a lavorare deve perdere un anno in cui resta
completamente slegato. Oppure se lo fa a metà degli studi è un problema
perché vuol dire interromperli e perdere tempo.

Alessandro E non ci sono anche motivi di coscienza o altri motivi diciamo
più profondi?

Marco Sì, vi è molta gente ultimamente che per motivi di coscienza e cioè perché
è contraria all'uso delle armi, perché è contraria alla violenza, non vuole
fare il servizio militare.

resta slegato	*is out of touch*
a metà degli studi	*halfway through a course*
vi è = c'è	*there is*

To say *I expect that* . . .
immagino che nessuno **voglia** fare il militare

To ask *for what reasons?*
per quali motivi?

---

2 Francesca wonders if the number of bars in Venice is related to the
Venetians' lifestyle.

Sig.ra Gabriele Infatti a Venezia è difficile poi che la sera le persone si trovino nelle case
per parlare, per stare insieme, perché in fondo stanno insieme durante la
giornata per la strada, parlano per la strada, si fermano a far la
chiacchieratina sui ponti, e stanno a lungo a parlare.

Francesca E' per questo che a Venezia ci sono tanti bar allora, per permettere alla gente di chiacchierar?

Sig.ra Gabriele Sì, infatti la gente a Venezia ha sempre vissuto la sua socialità all'esterno della casa, tranne nelle grandi famiglie dove appunto c'erano questi saloni, il palazzo veneziano, ma nelle famiglie di ceto medio la socialità è vissuta soprattutto in campo, in calle, nella strada.

in fondo	*basically*
far la chiacchieratina	*to have a bit of a chat*
stanno a lungo a parlare	*they stop to talk for a long time*
chiaccherar = chiaccherare	

> To ask *is that why . . . ?*
> **è per questo che** ci sono tanti bar?
>
> To say *it's unlikely that . . .*
> **è difficile che si trovino** nelle case

---

3 A commonly-held prejudice about the southern Italians is that they're dishonest. For Angelo the Neapolitan art of **arrangiarsi** (getting by – by legal means or otherwise) is linked to social problems.

Alessandro I napoletani hanno fama di essere un popolo poco onesto. E' vero questo o no?

Angelo Un po' è vero, diciamo, il napoletano spesso vive un po' di arrangiamenti.

Alessandro Arrangiamenti? Cosa vuol dire esattamente arrangiamenti?

Angelo L'arte di arrangiarsi direi che è napoletana. Arrangiare vuol dire che una persona la mattina si alza, non sa cosa mangiare, non ha denaro, e allora cerca la maniera di o rubare o fare qualche piccolo lavoro per procurarsi il cibo per il giorno. Sono delle cose disoneste, però è un po' colpa di una società che ha messo questi giovani in queste condizioni.

hanno fama di essere	*are reputed to be*

> To ask what something means
> **cosa vuol dire** arrangiamenti?
>
> To say *is it true or not?*
> **è vero o no?**

---

4 Gaetano from Palermo in Sicily dismisses another prejudice – that southerners are lazy and don't like working.

Gaetano Mah, il fatto è questo: prima di tutto, secondo me è una grossa sciocchezza questa che il meridionale non ha voglia di lavorare, perché quando il meridionale va in una fabbrica del nord o va in Germania o va in Inghilterra o va in America ha dimostrato che quando vuole lavorare – lavora. E' soprattutto un fattore climatico, secondo me, nel senso che da noi si è abituati a lavorare di meno, o meglio con un ritmo diverso, perché chiaramente a trentacinque, a trenta gradi si può lavorare molto meno, si fa molta più fatica nel lavorare di quanto si possa fare lavorando, non so, a quindici, venti gradi.

è una grossa sciocchezza	*it's absolute rubbish*
questa che . . .	*this idea that . . .*
si è abituati a	*people are used to*
si fa molta più fatica	*you need to make much more*
. . . di quanto si possa fare	*effort . . . than you do*

> To say *the point is this*
> **il fatto è questo**

DA CAPIRE

1 Daniele Pugliese is a journalist in Florence for **L'Unità**, the Italian Communist Party newspaper. What does he think are the good and bad points of the Italian press?

Daniela Qual è la tua opinione personale sui giornali italiani?

Daniele Mah, innanzitutto io penso che i giornali italiani abbiano due . . . due facce. Da un lato viene contestato il giornale italiano di essere molto difficile e quindi di escludere una buona fetta di pubblico. Questo può darsi, e riconosco che spesso il linguaggio dei quotidiani è difficile e . . . ed è un linguaggio elitario in qualche modo, cioè un linguaggio che . . . che impedisce alla gente di leggerli. Ma non sempre cioè, questo dipende anche da giornale a giornale, però, ecco, ritengo anche che i giornali italiani siano fatti con molta serietà, sia nella scelta delle notizie sia nel modo di trattarli sia nel . . . nell'approfondimento anche, nell'andare al fondo del . . . del problema. Ecco, io questo non conosco benissimo la stampa estera, ma mi pare che . . . è più difficile nei . . . in altri paesi trovare questo tipo di giornalismo e questo tipo di giornali.

Daniela Senti, quali giornali leggi quando li leggi?

Daniele Be', dunque, io leggo tutti i giorni il quotidiano su cui scrivo, poi leggo *La Repubblica*; quando ho tempo e quando ne ho voglia leggo *Il Corriere della Sera* che dà un panorama abbastanza ampio di notizie. *Il Corriere della Sera* ha molte più notizie del quotidiano *La Repubblica*, ma il quotidiano *La Repubblica* ha il grosso pregio di darti delle notizie flash, con dei titoli abbastanza grossi, e di presentarti una buona dose di ... di opinioni qualificate sia sulla politica che sulla cultura che sull'economia.

viene contestato ... di essere	*is criticised for being*
una buona fetta	*a sizeable section (* lit. *slice)*
questo può darsi	*this may be so*
sia ... sia, sia ... che	*both ... and	whether ... or*

ANALISI

1 Getting and giving explanations

If you want to know the reason for something, you can simply ask *why?* – **perché?**; but to get a detailed explanation

per quali motivi	
per quali ragioni	non vogliono fare il militare?

Il motivo and **la ragione** both mean *reason*.

To say *is that why ...?* or *is it because of this that ...?*

è per questo che	ci sono tanti bar?
	hanno fama di essere disonesti?

When you want to find out if something is true, ask
    è vero che i napoletani sono disonesti?

and to say *to what extent ...?*
    fino a che punto sono disonesti?

2 Clarifying matters

If you want to know what a word means, use the phrase **vuol dire**

cosa vuol dire	arrangiamenti?
	calle?

what does	*arrangiamenti*	mean?
	calle	

If you want to ask what someone means by a certain word, use **cosa intendi/e per** . . . ?

> **cosa intendi/e per** disonesto?   what do you mean by dishonest?

The answer may begin in two ways

> **intendo**
> **voglio dire** | qualcosa che è contro la legge

3 Discussions

There are any number of conventional phrases which are used in everyday discussion, debate and argument. For instance, to start a discussion in a forthright way you can say

il fatto è questo	the point is this
il problema è questo	the problem is this
il discorso è questo	the argument is this
prima di tutto	} first of all
innanzitutto	

When weighing up the pros and cons you can use phrases like

da un lato . . . dall'altro	} on the one hand . . .
da una parte . . . dall'altra	on the other
d'altra parte	on the other hand
di conseguenza	as a consequence, as a result

> **da un lato** si sta bene nel sud, **dall'altro**
> bisogna dire che c'è poco lavoro; **d'altra parte**
> anche nel nord c'è meno lavoro adesso, e
> **di conseguenza** ho deciso di rimanere nel sud

And to sum up

infine	finally
tutto sommato	all things considered

4 Discussing what's likely and unlikely

When you're talking about something you think is fairly likely, you can use **immagino che**

> **immagino che** nessuno   I expect no one wants
> **voglia** fare il militare   to do military service

Note that **immagino che** is followed by a verb in the subjunctive, just like **mi sembra che** and **mi pare che**.

As long as you know how to form the singular subjunctive of a verb, you can make the 'they' form by adding **−no** on the end

> immagino che **sia** ricco   immagino che **siano** ricchi
> immagino che gli italiani non **vogliano** fare il militare

When you think something is unlikely you can use **è difficile che**

> **è difficile che**   they're unlikely to
> **si trovino** nelle case   meet/be found . . .

To say something is probable or likely you can use **è probabile che** or **è facile che**

> **è facile che** Barbara **sia** malata   Barbara is probably ill

When you're quite certain of your case or your grounds for argument, you can show your conviction with phrases like **ritengo che**, *I maintain*, or **sono convinto/a che**, *I'm convinced that*

ritengo che	il giornale **sia** fatto bene
sono convinto/a che	i giornali italiani **siano** fatti con molta serietà

Note that the subjunctive is also used after these two expressions.

PAROLE

The normal word for *subject/topic* is **un argomento**, but notice the expression **cambiare discorso**, *to change the subject*.

Il discorso can mean *argument, reasoning*, as in
   il tuo discorso è giusto
or *speech, talk, conversation*, as in
   ho perso il filo del discorso   I've lost the thread of the conversation

la politica – can mean *politics* or *policy*, as in
   la politica economica del governo è sbagliata

radicale, conservatore	radical, conservative
di sinistra/centro/destra	left-wing/centre/right-wing
dimettersi	to resign
il governo si è dimesso	
il cambiamento	change
l'aumento	rise/increase
il miglioramento, migliorare	improvement, to improve
il peggioramento, peggiorare	deterioration, to worsen
un paese emergente	developing country
arretrato, progredito	backward, advanced
i sindacati	trade unions
fare sciopero/scioperare	to go on strike
essere in sciopero	to be on strike
la manifestazione	demonstration
la richiesta	request
la rivendicazione, rivendicare	demand, to demand
fare una domanda	to ask a question

---

del resto – an aside, *incidentally*
   immagino che in Italia, come dappertutto, del resto, nessuno voglia fare il militare

in fondo – *basically, after all*
   in fondo stanno insieme durante la giornata

meglio – *rather*
   da noi si è abituati a lavorare di meno, o meglio con un ritmo diverso

1	**Quale?**

1 How do you apologise if you don't understand the question?
Scusa, ho perso il filo del discorso.
Scusa, ma cambiamo discorso.
Scusa, ma non ho capito la domanda.

2 Which phrase would you use if you were pessimistic about the prospect of change?
In fondo, è difficile che ci siano dei cambiamenti.
In fondo, è facile che ci siano dei cambiamenti.
In fondo, è facile che ci siano delle riforme.

3 How would you say you expect the workers have made some demands?
Immagino che gli operai abbiano fatto degli errori.
Immagino che gli operai abbiano fatto delle domande.
Immagino che gli operai abbiano fatto delle rivendicazioni.

4 Which sentence is inappropriate if you're talking about developing countries?
Cosa intendi per paese progredito?
Cosa intendi per paese emergente?
Cosa intende per paese arretrato?

5 Which phrase would you use if you thought a situation had improved?
La condizione delle donne è molto migliorata.
Ci sono stati pochi miglioramenti nelle scuole.
La situazione del governo è peggiorata.

6 You don't agree with a particular argument – what do you say?
Ritengo che sia una politica sbagliata.
Ritengo che sia un discorso sbagliato.
Ritengo che sia un argomento difficile.

7 What would you say if you were curious to know why the unions had asked for more money?
Per quali ragioni i sindacati hanno fatto sciopero?
Per quali ragioni i lavoratori hanno fatto delle manifestazioni?
Per quali ragioni i sindacati hanno rivendicato degli aumenti?

2	Which expression would you use in which situation?

> **del resto**
> **in fondo**
> **meglio**

1 You're explaining how little you know about Italian politics.

Leopoldo La settimana scorsa la Democrazia Cristiana ha perso dei voti nelle elezioni amministrative, cioè locali. E' un fatto molto significativo.

You Scusa, potresti spiegarmi un po' la situazione politica, perché non ci capisco molto, o ...., non ci capisco niente!

2 You're talking about prejudices.

Giuliano Tu credi ai pregiudizi più diffusi? Per esempio, l'ebreo tirchio, l'italiano pigro e simpatico?

You	Non molto. Io credo che .... non si possa generalizzare in questo modo!

3 'What do you think about terrorism?' asks Dottor Spini.

Dott. Spini	Lei cosa ne pensa del terrorismo in Italia? I giornali ne parlano molto nel suo paese?
You	Sì, ne parlano abbastanza, come .... parlano anche del terrorismo in altri paesi. Io sono sempre stato contrario a questo tipo di violenza.

---

3   Dino is optimistic and thinks everything is likely; Marco is pessimistic and always expects the worst; while Sandro is assertive and always sure of his facts. Bearing this in mind, piece together what each of them says by supplying the appropriate beginning from the following phrases:

Sono convinto che loro . . .
E' poco probabile che loro . . .
E' probabile che loro . . .
E' facile che io . . .
Ritengo che il governo . . .
E' difficile che io . . .

Dino	(1) . . . esca presto oggi.
Marco	(2) . . . vogliano venire.
Sandro	(3) . . . debba spendere di più.
Marco	(4) . . . riesca a finire il lavoro domani.
Dino	(5) . . . possano aiutare tutta la settimana prossima.
Sandro	(6) . . . stiano in vacanza per tutto il mese.

---

4   You and your friend Agostino are driving through some lovely Italian countryside – part of a national park – when you come upon a very large half-completed building . . .

Agostino	Tu sai che cosa stanno costruendo qui?
You	*(Say no – but it must be a church)*
Agostino	Altro che chiesa!
You	*(Well, it must be a cathedral* (una cattedrale) *then)*
Agostino	Ma no! E' una centrale nucleare.
You	*(A nuclear power station? But isn't this a national park?)*
Agostino	No, qui no, in teoria siamo fuori i confini del parco. Comunque, gli ecologi ritengono che la costruzione della centrale farà enormi danni alla natura, anche dentro il parco.
You	*(Ask why exactly they chose* (scelto) *this place)*
Agostino	Be', soprattutto perché si trova lontano dai centri abitati. Così, se c'è per caso un incidente, non ci saranno morti! Questo lo dice il governo, ma io non ci credo.
You	*(Doesn't he believe in nuclear power?)*
Agostino	Francamente, no. Infatti, io faccio parte di un gruppo antinucleare, e ritengo che non sia affatto necessaria l'energia nucleare.
You	*(But isn't it true that Italy needs nuclear power because it doesn't have natural energy resources* (le risorse)*?)*

Agostino	Be', sì, hai ragione fino a un certo punto, ma il fatto è questo: abbiamo già l'energia sufficiente se riusciamo ad eliminare gli sprechi, e . . .
You	*(Sorry, what does* sprechi *mean?)*
Agostino	'Sprechi' vuol dire l'uso inefficiente, troppo abbondante, diciamo. Cioè, noi in Italia usiamo male le nostre risorse d'energia.
You	*(Ah, so energy is wasted –* sprechi *must mean 'waste'. Say 'I get it. So if they manage to eliminate waste I imagine new power stations aren't necessary')*
Agostino	Esatto, non sono necessarie. Ma questo è un discorso che il governo non riesce a capire!

5 Listen to the **Da capire** section, and then try answering these questions, in Italian.

1 Perché, secondo Daniele, i giornali italiani escludono a volte molti lettori?
2 In generale a Daniele sembra che i giornali italiani siano fatti con molta serietà?
3 Daniele crede che nella stampa estera non sia facile trovare giornali seri che approfondiscono i problemi?
4 Normalmente Daniele legge quotidiani stranieri oppure no?
5 Qual è il valore particolare del *Corriere della Sera*?
6 *La Repubblica* ha meno notizie del *Corriere della Sera*, ma Daniele la legge volentieri: perché?

VITA ITALIANA

L'arte di arrangiarsi

In sostanza l'arte di arrangiarsi è legata non solo alla disoccupazione ma anche alla sfiducia storica di molti italiani nello stato italiano. Nel sud, soprattutto, ci sono forti legami fra individui, e c'è più tendenza a fidarsi della famiglia, degli amici e delle proprie risorse di perseveranza e di fantasia per trovare lavoro. Infatti, a Napoli per esempio, dove esiste la disoccupazione da decenni, gli uffici di collocamento *(employment exchanges)* non sembrano servire a molto. Il modo più comune di trovare lavoro è con 'raccomandazioni' di vari tipi. Possono essere raccomandazioni di amici o parenti, ma si può anche trattare di raccomandazioni politiche. Non solo a Napoli, ma anche in altre città, può essere difficile – se non addirittura impossibile – ottenere certi posti senza essere legati a determinati partiti politici.

Con una situazione del genere è facile capire perché a Napoli si trovino tantissimi venditori ambulanti che vendono di tutto. Tra i lavori precari più comuni a Napoli ci sono quello del portabagagli o quello del tassista, spesso abusivi.

Il lavoro nero

Il lavoro nero *(moonlighting)* è anche una specie di 'arrangiamento', ma secondo molti italiani non è sempre provocato dalla necessità. Sono stati denunciati vàri casi scandalosi di lavoro nero riguardanti il pubblico impiego: cioè casi di persone che avevano due lavori e due stipendi, ma che in realtà facevano solo un lavoro, quello al di fuori del pubblico impiego. Tra i dipendenti dei ministeri romani, secondo un'inchiesta giudiziaria recente, si è scoperto che il fenomeno era abbastanza diffuso, e infatti è stato rivelato che più del 50% aveva un doppio lavoro. In alcuni casi l'assenteismo era veramente incredibile, come per esempio in un ufficio postale con un personale teorico di 42, ma con presenze effettive di 4!

Questo ha creato indignazione non solo fra i molti impiegati che si trovavano regolarmente al lavoro, ma anche, e soprattutto, fra i disoccupati, a cui basterebbe solo uno stipendio regolare.

Stereotipi regionali

Come in tutto il mondo, esistono luoghi comuni spesso scherzosi per caratterizzare gli italiani delle varie regioni, per esempio:

Il piemontese – c'è un notissimo proverbio che dice 'piemontese, falso e cortese'; i piemontesi sono considerati gli inglesi d'Italia: freddi, riservati, chiusi, eccetera.

Il genovese – è considerato tirchio, come gli inglesi considerano tirchi gli scozzesi.

Il milanese – ha il cuore in mano; i milanesi sono generosi, pronti ad aiutare con generosità, ma pronti anche a vantarsi delle loro qualità imprenditoriali e manageriali.

Il veneziano – è signorile nei modi, dolce nel tratto e nell'accento.

Il bolognese – è simpaticone, cordiale, gran mangiatore e amante della vita; le donne bolognesi sono considerate particolarmente attraenti e vivaci.

Il fiorentino – ha una grande padronanza *(command)* della lingua, e notevole prontezza alla battuta satirica e spiritosa, che usa nelle perenni polemiche.

Il siciliano – è di carattere chiuso, sospettoso verso il Continente, come nell'isola è chiamata la penisola italiana.

17 IN FUTURO...

> **In the future . . .**
> What is about to happen
> How things will be
> What will or would happen if . . .
> What you'd like to happen

1   Alessandro and Carlo Battaini are talking about a computerised discothèque that's just about to open.

Alessandro   Mi è parso di leggere su una rivista che adesso stanno per aprire una discoteca che si chiamerà 'L'Apocalisse', mi pare, dove non c'è più il disc-jockey, ma ci sarà un computer che sarà in grado di capire se c'è un certo feeling in sala, se c'è tanta gente, se la gente si stufa o no, e, in base alle osservazioni che questo computer sarà in grado di fare, cambierà musica o metterà una musica più forte o una musica più dolce: questo mi sembra un po' disumano, non trovi?

Carlo   Ma per me tutto questo è fantastico, cioè mi piacerebbe proprio veder un impianto di questo genere perché sarebbe praticamente un successo dell'uomo elettronico sull'uomo normale.

Alessandro   Senz'altro questo non contribuisce a risolvere il problema della disoccupazione in ogni caso.

Carlo   Sì, questo senz'altro, però noi dobbiamo guardare più al progresso che alla disoccupazione, che per me l'importante è il . . . il progresso della scienza; per il resto, sì, sono problemi grossi anche questi però io guardo più al futuro che al presente.

mi è parso di leggere	*I seem to have read*
in grado di	*capable of*

177

> To say *they are about to . . .*
> **stanno per** aprire una discoteca
>
> To say *I would like to see . . .*
> **mi piacerebbe vedere** questo

---

2 The ear, nose and throat specialist from Chapter 15 explains what he will prescribe for a sore throat.

Dottore Se lei viene da me per farsi curare un mal di gola con la febbre alta dovuto a tonsillite, certamente le darò degli antibiotici o degli antipiretici.

per farsi curare *to be treated for*

> To say *if you . . . I will . . .*
> **se lei viene** le **darò**

---

3 Daniela wants to know how Lino would describe his house.

Daniela Signor Lino, se lei dovesse descrivere la sua casa, come la descriverebbe?
Lino E' una vecchia casa contadina che io ho risistemato, ci abito da quattro anni, e tutti gli anni ci faccio un po' di lavori, però ce ne sono ancora molti da fare.

un po' di lavori *a few jobs*

> To say *if you had to . . . how would you . . . ?*
> **se dovesse descrivere** la sua casa, come la **descriverebbe?**

---

4 Itala Vivan explains what advice she would give about learning Italian.

Alessandro Senta, se lei dovesse darci un consiglio per imparare bene l'italiano, che cosa ci direbbe, così?
Itala Sì, questa è una domanda molto difficile. Io mi sono occupata di questi problemi per molti anni e veramente io consiglierei a chiunque di cercare di comunicare con delle persone con cui ha qualche cosa da dire; cioè, cercare di incontrare delle persone con cui ha degli argomenti di interesse in comune. Se è un ragazzo di diciott'anni che si occupa, che so io, di . . . di ippica, di andar a cavallo, che parli con dei suoi coetanei a cui piace andar a cavallo. Perché evidentemente se lui impara a parlare da gente di sessant'anni parlerà l'italiano delle persone di sessant'anni.

chiunque *anyone*
che parli con *let him talk to*

> To say *if you had to . . . what would you . . . ?*
> **se dovesse darci** un consiglio, che cosa ci **direbbe?**

Signora Bensi thinks it's important for her children to learn a foreign language, and she would like them to be able to go to England.

Daniela   Lei è mai stata in Inghilterra?

Sig.ra Bensi   No, in Inghilterra non sono mai stata, però mi piacerebbe che i miei bambini potessero andarci, o con la scuola o con i genitori, se possibile.

Daniela   Lei pensa che sia importante per i suoi bambini imparare un'altra lingua?

Sig.ra Bensi   Sì, è importantissimo, sì.

> To say *I would like (my children) to be able . . .*
> **mi piacerebbe che** i miei bambini **potessero** andarci

DA CAPIRE

1

There are various alternatives to doing military service in Italy – what will Marco choose to do?

Marco Carrara, studente agronomo

Alessandro   Senti, tu cosa farai? Farai il militare, farai l'obiettore di coscienza? Che intenzione avresti?

Marco   Mah, io probabilmente firmerò un contratto per andare due anni in Costa d'Avorio a lavorare come agronomo.

Alessandro   E non hai quindi nessuna conseguenza rispetto allo Stato, cioè è come se avessi fatto il servizio militare, no?

Marco   E' come se uno avesse fatto il servizio militare.

è come se avessi fatto   *it's as if you had done*

Fiorella will be getting married soon, and Daniela asks about all the documents she'll need. Which one does she have to get from the Archbishop of Milan?

Daniela	Senta, signorina Fiorella, io so che lei fra poco si sposerà. Ecco, cosa vuol dire per una promessa sposa fare i documenti per il matrimonio? Che tipo di documenti deve prepararsi?
Fiorella	Ah, incredibile. Dunque, ci vogliono prima di tutto documenti civili, e poi documenti religiosi: quelli religiosi, certificato di battesimo, certificato di cresima, e certificato di buona condotta, diciamo.
Daniela	Che cos'è?
Fiorella	Un certificato che dice – è in latino, allora spero che sia un certificato di buona condotta, non di cattiva, ma viene dalla Curia di Milano, e l'Arcivescovo dice che io sono stata una brava ragazza e che sono libera di sposare un altro bravo ragazzo.
Daniela	Quanto tempo ci vorrà per raccogliere tutti questi documenti?
Fiorella	Ah, li ho . . . li ho tutti adesso, tanti, tutti.
Daniela	Come vi sposerete, come sarà la cerimonia?
Fiorella	La cerimonia sarà una cerimonia religiosa in una chiesa cattolica e . . . finisce lì.

| una promessa sposa | *a bride-to-be* |
| finisce lì | *that's all there is to it* |

ANALISI

1

What is about to happen

There are various ways of talking about the future in Italian. For instance, to say what is about to happen, you use the phrase **stare per**

sta per / **stanno per**	aprire una nuova discoteca
he/she is / they are	about to open a new disco

sto per / **stiamo per**	uscire	I am / we are	about to go out

When you're talking about what is going to happen or what will happen soon, you can just use the present tense

ti **telefono** domani	I'll phone/be phoning you tomorrow
ripasso giovedì sera	I'll come by/be coming by again on Thursday evening
glielo **dico** subito	I'll tell you right away

2 How things will be

Although you use the present tense quite a lot when talking about the future, the future tense is nevertheless used to say what *will* happen

il computer **cambierà** musica o **metterà** una musica più forte	the computer will change the music or will put on louder music
fra poco **aprirà** una nuova discoteca	soon he will open a new disco

It's not difficult to form the future tense

cambi**are** ⟶ cambi**erò**, cambi**erai**, cambi**erà**, cambi**eremo**, cambi**erete**, cambi**eranno**

mett**ere** ⟶ mett**erò**, mett**erai**, etc

apr**ire** ⟶ apr**irò**, apr**irai**, etc

Some common verbs don't follow this pattern, eg

essere	⟶	**sarò** etc	I will be etc
dovere	⟶	**dovrò**	
volere	⟶	**vorrò**	
rimanere	⟶	**rimarrò**	

(For other exceptions see **Grammatica** 60.)

3 What will happen if . . . – conditions

To talk about what *will* happen *if* something else happens, you need the future tense

se lei viene da me le **darò** degli antibiotici	if you come to me I will give you antibiotics
se impara a parlare da gente di 60 anni, **parlerà** l'italiano delle persone di 60 anni	if you learn to speak from 60-year-olds, you will speak the Italian of 60-year-olds

You will also hear the future tense used after **se** (and this is sometimes considered more correct)

se **verrà** da me le darò . . .

se **imparerà** a parlare . . . parlerà . . .

(See **Grammatica** 61 if you want to know more about when to use the future tense.)

4   What would happen if ... – hypotheses

When you talk about what *would* happen, you use the conditional

come la **descriverebbe?**   how would you describe it?
cosa ci **direbbe?**   what would you tell us?

The full range of conditional verb endings is given in **Grammatica** 64, but the basis is similar to that of the future tense

io descriver**ò**/tu descriver**ai**   I/you *will* describe
io descriver**ei**/tu descriver**esti**   I/you *would* describe

io dir**ò**/tu dir**ai**   I/you *will* say
io dir**ei**/tu dir**esti**   I/you *would* say

When you ask someone what would happen *if they were to* do something, you often use the phrase **se dovesse** – this means *if you were to*, or sometimes *if you had to*

se dovesse descrivere   if you were to/had to
la sua casa, come la   describe your house,
descriverebbe?   how would you describe it?

se dovesse darci   if you were to/had to
un consiglio, che cosa   give us advice,
ci **direbbe?**   what would you tell us?

If you're on friendly terms with someone, use **se dovessi**

se dovessi descrivere la tua casa, come la **descriveresti?**

And you also use **se dovessi** to say *if I were to* ...

se dovessi darvi un consiglio, vi **direi** questo

5   What you would like to happen

To talk about what you personally *would like* to do, use **mi piacerebbe**

mi piacerebbe vedere una discoteca elettronica

To talk about what you would like to do if you could

mi piacerebbe vederla **se potessi**

Se potessi here means *if I could* or *if I were able to*

se potessi, ci andrei   if I could, I would go there

Like **dovesse/dovessi**, **potessi** is part of the subjunctive, which you also need to talk about what you would like *others* to do

mi piacerebbe che	mia figlia **potesse** i miei figli **potessero**	andarci
I would like	my daughter my children	to be able to go there

You could also say

mi piacerebbe che	mia figlia **andasse** i miei figli **andassero**
I would like	my daughter my children	to go

Potessi/e, potessero; **dovessi/e**; and **andasse/andassero** are parts of what is called the imperfect subjunctive – for this in full, see **Grammatica** 72.

fra quanto?	how soon?
fra poco, fra non molto	soon, before long
fra mezz'ora/due mesi etc	in half an hour/two months etc
fra quindici giorni	in a fortnight, the week after next
fra can also mean *between*, as in	
uscirò fra l'una e le due	

non . . . ancora	not yet
dopodomani/domani l'altro	the day after tomorrow
il lunedì della prossima settimana	Monday next
a quest'ora la settimana	this time next week/month
prossima/il mese prossimo	
nei prossimi giorni/mesi	in the next few days/months

aver intenzione di   to intend to, to be going to
    ho intenzione di andare domani

aspettare qualcuno – notice this can mean *to expect someone* as well as *to wait for someone*
    ti aspetto fra due giorni   I expect you in two days

a meno che (non)   unless
    a meno che non sia troppo difficile
a condizione che   on condition that, as long as
    verrò a condizione che non piova
purché   provided that, as long as
    l'aspetterò purché non sia in ritardo

---

in ogni caso – *at any rate, anyway, in any case*
    questo non contribuisce a risolvere il problema della disoccupazione, in ogni caso

o . . . o – giving alternatives, *either . . . or*
    mi piacerebbe che i miei bambini potessero andarci o con la scuola o con i genitori

PROVACI

1   Quale?

1   Which phrase suggests you're expecting someone?
    E' molto in ritardo, non lo aspetto più.
    Ti aspetto qui la settimana prossima.
    Non è più qui, è partito da un'ora.

2   If you're going to read the paper in half an hour's time, what do you say?
    L'ho letto in mezz'ora.
    Lo leggerò fra mezz'ora.
    Lo leggerò per mezz'ora.

3 Which arrangement is the most specific?
Verrò a trovarti fra le due e le tre.
Verrò a trovarti fra quindici giorni.
Verrò domani, a meno che non abbia impegni.

4 Which statement has no strings attached?
Mi piacerebbe venire a condizione che venga anche tu.
Mi piacerebbe venire per almeno un mese.
Mi piacerebbe venire purché ci sia anche tu.

5 Which question would be appropriate in a shop?
Per quando saranno pronti?
Fra quanto sarete pronti?
Sarete pronti fra poco?

6 What are you likely to say if you've got quite a lot lined up for some time to come?
Nei prossimi giorni partirò per la Francia.
Non ho progetti per i prossimi giorni.
Ho vari progetti per i prossimi mesi.

7 What would you say if you were staying only a short time?
Rimarrò qui fino alla fine del mese prossimo.
Ho intenzione di rimanere qui per alcuni giorni.
Ho intenzione di stare qui per almeno un anno.

---

2   Fit these two expressions appropriately into the following:

> **in ogni caso   o . . . o**

You're discussing plans for tomorrow.

Marina   Cos'hai intenzione di fare domani?
You   Mah, non lo so ancora di preciso. Andrò .... al mare
.... in montagna. Dipende un po' dal tempo che farà. Se farà
bel tempo andrò probabilmente al mare. .... prima di
prendere una decisione dovrò vedere che cosa vogliono fare gli altri.

---

3   Say what you will do in the following cases by putting the verbs into the future tense.

1 Se riuscirò ad alzarmi in tempo, (**prendere**) il treno delle otto.
2 Se potrò, (**partire**) presto per venire da te.
3 Se non verrò in ufficio lunedì, (**dovere**) venirci sabato.
4 Se potremo trovare una babysitter, (**venire**) senz'altro domani.
5 Se partiremo da qui alle undici, (**arrivare**) verso le cinque.

Now say what *other* people will do:

6 Se Pino deciderà di venire, (**fare**) piacere a tutti.
7 Se mio padre avrà tempo, (**venire**) con noi al mare.
8 Se arriverò in ritardo domani, il mio capo (**arrabbiarsi**).
9 Se Dino riuscirà a prendere il posto, (**offrire**) da bere a tutti.
10 Se verrai con me al mare, so che (**divertirsi**).

<table>
<tr><td align="right">**4**</td><td>Arrigo and Stefano enjoy their pipe dreams. Show what they would both do if they won the pools (il Totocalcio). Look back at Analisi 4 if you're stuck.</td></tr>
</table>

Arrigo	Senti, se tu dovessi vincere il Totocalcio, cosa (1 – **fare**)?
Stefano	Mah, se potessi, (2 – **andare**) in Cina.
Arrigo	Eh, piacerebbe anche a me. Però, se dovęssi vincere io, (3 – **rimanere**) qui.
Stefano	Come! Ma non (4 – **cambiare**) niente allora?
Arrigo	Certo che (5 – **cambiare**) qualcosa, però i miei soldi li (6 – **spendere**) qui.
Stefano	Ma (7 – **divertirsi**) davvero?
Arrigo	Certo! (8 – **Divertirsi**) da matto. Prima di tutto, (9 – **smettere**) di lavorare. Poi, se potessi, (10 – **trovare**) un bellissimo castello in campagna, (11 – **sposarsi**) con una donna meravigliosa, tipo Claudia Cardinale, e (12 – **stare**) tutto il giorno senza far niente!

<table>
<tr><td align="right">**5**</td><td>You're travelling with your son on the train from Milan to Venice. Sharing the compartment are an Italian couple – the man seems to be asleep, but you strike up a conversation with the woman.</td></tr>
</table>

You	*(Ask the woman where they're from)*
Signora	Noi siamo di Milano, ma adesso andiamo a trovare nostra figlia a Vicenza.
You	*(Say 'Vicenza – I'd like to visit it, I've been told it's very beautiful')*
Signora	Sì, è bellissima, nostra figlia ci sta molto bene. Ma voi, quanto tempo rimarrete in Italia?
You	*(Say 'I'm not sure, but we'll probably stay in Venice for a week')*
Signora	Ah, allora avrete il tempo di vedere le cose più belle. Certo che ce ne sono tante! In realtà ci vorrebbe molto più di una settimana!
You	*('Yes, I know, there are so many things to see in Italy, not just in Venice. Unfortunately, we'll have to leave in three weeks')*
Signora	Peccato! Siete qui in Italia da molto tempo?
You	*('Yes, we've been here for three months')*
Signora	Ah, allora conoscete piuttosto bene l'Italia.
You	*('I would say so')*
Signora	E quale posto le è piaciuto di più? Se lei dovesse tornare in Italia dove sceglierebbe di andare?

You	(*'I liked lots of places, but if I were to come back I'd probably go to Sardinia, we only spent three days there*)
Signora	Ah, è troppo poco! Senta, non so se voi avete intenzione di visitare anche Vicenza prima di partire, ma in ogni caso le do il nostro indirizzo. *(Scrive l'indirizzo su un pezzo di carta)* Eccolo.
You	(*'Many thanks, you're very kind, we'll come if we can. I'd like* (mi piacerebbe che) *my son to be able to speak a bit of Italian'*)
Marito	(*Svegliandosi*) Lucia! Guarda, stiamo per arrivare a Vicenza! Sbrigati!
You	(*'Goodbye, perhaps we'll see each other in ten days'*)

6 Listen to the **Da capire** section, and then try to answer the questions, in Italian.

1 Marco ha intenzione di fare il militare?
2 Per quanto tempo dovrà lavorare come agronomo, e dove andrà?
3 Il lavoro che farà Marco servirà come servizio militare o no?
4 Ci vogliono molti documenti per sposarsi in Italia?
5 In che lingua è scritto il certificato di buona condotta della Curia di Milano?
6 Come sarà la cerimonia di nozze di Fiorella?

VITA ITALIANA

La stampa in Italia

I quotidiani
I quotidiani in Italia sono abbastanza numerosi, e alcuni risalgono al secolo scorso, come per esempio **Il Messaggero** di Roma, **La Nazione** di Firenze, e **La Gazzetta del Popolo** di Torino. A parte i quotidiani di carattere locale, che si trovano in quasi tutte le città, esistono dei giornali indipendenti a diffusione nazionale come **Il Corriere della Sera**, **La Stampa** e **La Repubblica**, che è stata fondata soltanto nel 1976.

Nonostante la varietà di quotidiani, la loro tiratura *(circulation)* non è molto alta. Infatti, in Italia una persona su nove compra un giornale ogni giorno, mentre in Gran Bretagna la percentuale è una su due. Queste cifre, però, possono ingannare *(deceive)*, perché non prendono in considerazione alcuni fattori molto importanti. Il primo è che in Italia non è sempre necessario comprare un giornale per leggerlo. Per esempio, viene considerato perfettamente normale chiedere a un viaggiatore in treno – o a qualcuno in qualsiasi luogo pubblico – di leggere il suo giornale. Inoltre, nei bar o dal barbiere è comune trovare il quotidiano del giorno.

Lo stile abbastanza letterario e complesso dei giornali italiani è un altro punto importante, perché questo rende il loro livello generalmente più alto rispetto alla media dei giornali inglesi, ma, per questo, sono anche meno accessibili a un pubblico numeroso. In Italia è praticamente sconosciuto il quotidiano popolare che dia spazio ai pettegolezzi *(gossip)* e alle donne mezze nude della terza pagina. (In Italia, al contrario, la

terza pagina è riservata alla cultura!) C'è stato un tentativo di creare un quotidiano popolare, **L'Occhio**, fatto sul modello di quotidiani inglesi come il *Daily Mirror* e il *Sun*. E' stato un giornale un po' scandalistico, con poche notizie serie approfondite, che però non è riuscito ad affermarsi.

Un altro fattore che contribuisce alla tiratura poco alta dei quotidiani seri è l'esistenza in Italia di diversi quotidiani dedicati esclusivamente allo sport, e in particolare al calcio, in cui vengono analizzati minuziosamente sia partite e gare, sia gli sportivi che ci partecipano.

I settimanali
Una delle ragioni del fallimento dell'**Occhio** può essere la concorrenza di vari settimanali che già presentano questo tipo di notizia a un pubblico considerevole, raccontando, nei minimi dettagli, i fatti personali di principi e principesse e gli amori di dive famose!

Oltre a questo tipo di settimanale, ne esistono altri in cui vengono esposti e discussi a fondo i problemi politici, economici e culturali del momento. Fra i più venduti ci sono **L'Espresso**, **Europeo** e **Panorama**.

Anche se molte donne leggono quotidiani e settimanali di attualità, un numero ancora maggiore legge i settimanali femminili. Da una parte esistono sempre quelli tradizionali che si limitano a parlare della moda, del trucco *(make-up)*, della casa o dell'amore. Dall'altra, comunque, ci sono quelli, come **Amica**, **Annabella** o **Grazia**, che pubblicano anche un numero di articoli politici e culturali tutt'altro che frivoli, e che in realtà li rendono spesso più interessanti di molte riviste femminili inglesi.

18   COS'È SUCCESSO?

> **What happened?**
> What happened to you and what you had to do
> What *had* happened
> Story telling
> What you said you'd do

1   Alessandro tells Mick about an unfortunate encounter with the
Carabinieri.

Alessandro   Ero molto in ritardo, e avevo una macchina non mia fra l'altro – mi
avevano imprestato una macchina – e dovevo andare di pomeriggio a una
lezione all'università. La lezione era alle due e mezza e io alle due e
venticinque naturalmente ero ancora a casa. Parto in ritardo da casa mia e
c'era un semaforo rosso. Io dovevo girare a destra, quindi di solito
girando a destra si può anche passare col rosso a volte . . . cioè, non si
può! Ma non si rischia un incidente, diciamo.

Mick   E' meno pericoloso?

Alessandro   E' meno pericoloso. Appena girato a destra, c'era una macchina di
Carabinieri che mi ferma. E cos'è successo? Eh! E' successo che io mi
sono dovuto fermare, anche perché in questo periodo i Carabinieri sono
molto nervosi per questioni di terrorismo e altri inconvenienti del genere,
per cui mi son dovuto fermare. Mi hanno chiesto i documenti e poi
hanno . . . senza nessuna pietà hanno cominciato a scrivere un verbale
con una multa di diecimila lire che avrei dovuto pagare io.

appena girato a destra   *as soon as I'd turned right*
che avrei dovuto pagare io   *which I would have to pay*

2   Signora Gabriele tells Francesca what happened when she was house-hunting in Venice.

Francesca   Signora, lei ha avuto difficoltà a trovare casa?

Sig.ra Gabriele   Posso dire che sono stata abbastanza fortunata. L'ho trovata tramite un'agenzia, ma mi è successo una cosa particolare. Prima di sapere che sarei venuta a vedere questa casa, passando qui sotto con mio marito, vidi un trasloco che si stava effettuando, e per fare una battuta di spirito dissi a mio marito 'ci stanno liberando l'appartamento'. Dopo quindici giorni venni a vedere quest'appartamento per affittarlo poi!

vidi, dissi, venni = ho visto, ho detto, sono venuta
prima di sapere che sarei venuta   *before I knew I would be coming*

3   Don Giuseppe is a parish priest in Venice. He tells what happened when the mummified body of Santa Lucia was stolen from his church.

Don Giuseppe   Era la sera del sette novembre e stavo chiudendo la chiesa, l'orologio segnava le sette e quaranta; e mentre stavo chiudendo la chiesa dall'interno, ecco, sento una pressione alla porta, cioè la porta viene respinta verso l'interno, e mi si affaccia un signore con un fazzoletto che gli copriva dal naso in giù, la bocca, il volto praticamente, aveva solo scoperti gli occhi – e mi punta una pistola. Ecco, a un certo punto ho visto il suo complice, che l'ho visto solo di spalle, prendere il corpo della santa sotto il braccio, scendere giù da questa parte, mettersi lì al lato, e . . . e lì l'ha messo in un sacco. Poi io ho visto semplicemente, quando sono usciti mi sono accorto che il corpo della santa era dentro un sacco. Ecco, questo un po' l'accaduto. Nel frattempo, un aiutante sagrestano era riuscito a . . . a dileguarsi e andare nella mia abitazione, e di là ha fatto telefonare al centotredici, cioè alla . . . alla questura.

mi si affaccia un signore	*a man appears in front of me*
che gli copriva dal naso	*that covered him from the*
in giù	*nose down*
ha fatto telefonare al	*he got someone to dial 113*
centotredici	*(Italian equivalent of 999)*

DA CAPIRE

1 Daniela recounts a mishap she and her friend Michele had with the car keys. What actually happened? And why does Daniela assume the mechanic wouldn't tell anyone his secret?

Daniela Dunque, è successo così che avevamo finito il lavoro a Bagni di Lucca, e avevamo avuto un pranzo meraviglioso, e allora al momento che stavamo ripartendo, Michele si è accorto che aveva lasciato le chiavi dentro la macchina e la macchina l'aveva chiusa, l'aveva chiusa con le sicurezze degli sportelli. E allora, così, tutto il paese ci ha aiutato, ognuno portava una cosa, o un cacciavite o un fil di ferro o una forcina per capelli, ma tutti sono risultati gente onestissima perché nessuno è riuscito ad aprire la macchina, fino a che è stato chiamato un meccanico che ormai è abituato ad aprire le macchine dei turisti distratti. E in una maniera che non ci ha voluto dire, non ci ha fatto vedere, è riuscito ad aprire senza alcun danno la macchina, e così siamo ripartiti. Penso che abbia voluto mantenere il segreto perché in questo modo può farsi pagare per aprire le macchine! Se invece la gente imparasse il sistema per entrare in macchina senza le chiavi non lo chiamerebbe più e non lo pagherebbe più diecimila lire!

può farsi pagare   *he can get paid*

ANALISI

1	**What happened**

To talk about what happened, use the verb **succedere**

cos'**è successo**?	what happened?
è successo che i Carabinieri	what happened was that
mi hanno fermato	the Carabinieri stopped me

To emphasise that it happened *to you*

mi è successa una	an odd thing
cosa particolare	happened to me
mi è successo un incidente	I had an accident
mi sono successe delle	some strange things
cose strane	happened to me

2	**What you had to do**

To say *I had to . . .*

mi sono dovuto fermare	I had to stop
ho dovuto pagare una multa	I had to pay a fine

Whether you use **sono** or **ho** depends on the verb that follows **dovuto** and how its perfect tense is formed

mi **sono** fermato	mi **sono dovuto** fermare
ho pagato	**ho dovuto** pagare
sono andata	**sono dovuta** andare

The same usually applied to **voluto** and **potuto**

l'**ho** fatto	I did it
ho voluto farlo	I wanted to do it
non **sono** venuto	I didn't come
non **sono potuto** venire	I wasn't able to come

In speech, though, people often use **ho** in either case.

(See **Grammatica** 53–55 for more on using **essere** or **avere**.)

---

3 **What had happened**

era riuscito a farlo	he had managed to do it
aveva lasciato le chiavi	he had left the keys

To describe what *had* happened rather than what *has* happened, you need to use the imperfect tense of **essere** or **avere** with the past participle

I/we have . . .	I/we had . . .
sono riuscito	**ero riuscito**
mi sono accorto	**mi ero accorto**
ho chiuso la macchina	**avevo chiuso** la macchina
abbiamo finito il lavoro	**avevamo finito** il lavoro

This is the pluperfect tense (see **Grammatica** 51, 52).

An Italian talking about what he's been told/given, etc, will often say *they've told/given me . . .*

mi hanno detto che è molto bello	I've been told it's very nice
mi hanno dato una macchina	I've been given a car

To talk about what you *had been* told, etc

mi avevano detto che è molto bello	I had been told it's very beautiful
mi avevano imprestato una macchina	I had been lent a car

---

4 **What you said you would do or would happen**

ho detto che sarei venuto domani	I said I would come tomorrow

Notice that instead of the expected **verrei** *(I would come)*, you say **sarei venuto/a**.

The same thing occurs after expressions like **sapeva che** and **pensava che**

sapeva che **pensava che**	**sarei venuto** domani
he/she knew he/she thought	I would come tomorrow

(See **Grammatica** 66.)

5 Story telling

a Setting the scene often involves using the imperfect tense to explain what was going on at the time

l'orologio **segnava** le sette e quaranta, e mentre **stavo chiudendo** la chiesa ...	the clock was showing 7.40, and while I was closing the church ...
ho visto un trasloco che **si stava effettuando** ...	I saw a house-moving taking place ...
al momento che **stavamo ripartendo** ...	just as we were leaving ...

b For the actual events you use the perfect tense
> **è successo** che io **mi sono dovuto fermare**
> **mi hanno chiesto** i documenti

but you can use the present tense instead for added drama, as in English

c'era una macchina di Carabinieri che mi **ferma** (ha fermato)	there was a Carabinieri car which stops (stopped) me
mentre stavo chiudendo la chiesa, ecco, **sento** (ho sentito) una pressione	while I was closing the church, lo and behold, I feel (felt) a pressure

Sometimes, when telling a story, Italians use another past tense, eg *vidi un trasloco*, *dissi* a mio marito, *venni* a vedere – these are the equivalent of **ho visto, ho detto, sono venuta**. You don't need to use this tense yourself, but you will hear it in everyday speech in places like Florence and Naples, and it's also used a lot in written Italian. (See **Grammatica 57, 58** for more details.)

c When you're referring to what *had* happened previously, you use the pluperfect tense

avevamo finito il lavoro	we had finished the work
era riuscito a telefonare	he had managed to phone

d And when referring to what *was going to happen*

prima di sapere che **sarei venuta**	before knowing that I would be coming

---

PAROLE

Two extremely useful and common words to describe difficulties and tricky situations are **il guaio** and **il pasticcio**.

il guaio	trouble/difficulty
essere | nei guai	to be in | trouble/a fix
mettersi |	to get into |
il guaio è che ...	the trouble/difficulty is ...

Guaio can sometimes have the connotation of *misfortune*, as in
> ha avuto un sacco di guai: è morto suo padre e poi suo marito

i guai:

ho perso . . .	I've lost my . . .
mi hanno rubato . . .	my . . . has been stolen
. . . il portafoglio	. . . wallet
. . . i bagagli	. . . luggage

il pasticcio		mess/fix
essere **mettersi**	**nei pasticci**	to be in to get into — a mess/fix
è un pasticcio		it's a mess

> ho perso le mie chiavi: è un pasticcio

che pasticcio!	what a mess!
fare dei pasticci	to make a mess of things

i pasticci:

c'è stato un ritardo	there's been a delay
c'è stato un disguido	there's been a mix-up, something's gone astray
sono stato chiuso fuori	I've been locked out

These words are useful for giving a sequence of events when you're telling a story:

mentre – *while, as*
a un certo punto – *at a certain moment, at that point*
poi – *then*

> **mentre** stavo chiudendo la chiesa, **a un certo punto** ho visto il suo complice, e **poi** ho visto che il corpo era dentro un sacco

nel frattempo – *meanwhile*
> nel frattempo era riuscito a telefonare

appena – *as soon as, just*
> appena girato a destra   as soon as I'd turned right, I'd just turned right

1   **Quale?**

1   There's been a breakdown in communication and you've turned up for dinner on the wrong day – which would you say?
Che strano!   Che bello!   Che pasticcio!

2   Which of these isn't a disaster?
Il guaio è che sono rimasto senza soldi!
Il fatto è che mi hanno pagato troppo!
Il problema è che sono stato chiuso fuori!

3   A friend of yours is in trouble with the police – what might you say to him?
Sei nei guai.   Sei in ritardo.   Sei in ufficio.

4   From these descriptions, who appears to be efficient?
Gianna fa sempre dei pasticci.
Giuliana è sempre in orario.
Gloria è sempre nelle nuvole.

5   You've been waiting two months for a parcel which hasn't arrived.
What are you most likely to be told at the post office?
Mi dispiace, immagino che ci sia stato un disguido.
Mi dispiace, ma non ci sono mai ritardi.
Mi dispiace, ma abbiamo dimenticato il suo indirizzo.

6   How would you report the theft of your wallet and driving licence?
Ho perso il mio portafoglio e la mia carta di credito.
Mi hanno rubato il portafoglio e la patente.
Ho perso le chiavi e la patente.

---

2   Use the expressions in the box
appropriately in this account of a
handbag snatch.

> poi   mentre
> a un certo punto
> nel frattempo
> appena

Angela   Ieri mi è successa una brutta cosa.
Mi hanno scippato la borsetta in via
del Corso .... stavo andando da Giacomo. Ero ....
uscita dalla Rinascente dove avevo comprato un vestito. Andavo lungo la
strada e .... ho sentito una motocicletta dietro di me. Non ci
ho fatto caso: fra l'altro non sapevo che molti ladri usano le motociclette!
.........................., d'improvviso, il motociclista si è avvicinato, mi ha
strappato la borsetta ed è subito scappato. Sono rimasta così sorpresa che
non ho reagito. ...., qualcuno aveva preso il numero di targa
della motocicletta; comunque, sono sicura che servirà a poco, purtroppo!

---

3   Giuliana gives her account of what happened to her on her day off, when
she went shopping in two different bookshops – Moretti's and Franchi's.
Fill in the appropriate past tenses of the verbs to complete her story.

Martedì ho avuto una giornata piuttosto movimentata. Non (1 – **dovere**)
andare in ufficio perché mi avevano dato un giorno libero per il lavoro che
(2 – **fare**) sabato scorso. Quindi (3 – **decidere**) di approfittarne per
andare a comprare dei libri.

Sono andata alla Libreria Moretti. Là (4 – **trovare**) diversi libri che mi
(5 – **interessare**), ma dato che avevo fretta, (6 – **dire**) al commesso che
non c'(7 – **essere**) bisogno di incartarli. Poi (8 – **mettere**) lo scontrino in
tasca e sono andata di corsa da Franchi. Sono entrata lì con i libri che (9 –
comprare) sottobraccio. A un certo punto, senza pensarci, li ho messi
nella mia borsa. Non (10 – **riuscire**) a trovare i libri che volevo da
Franchi, ma appena uscita da lì sento una voce che mi chiama: –
'Signorina!'. Allora mi fermo e il tizio della libreria mi fa: – 'Signorina,
non ha per caso dimenticato di passare alla cassa?' Lui mi aveva vista
mettere i libri della Libreria Moretti in borsa! Per fargli capire che non li
(11 – **rubare**), io ho dovuto fargli vedere lo scontrino. Per fortuna lo
(12 – **avere**) ancora in tasca!

| | 4 | You've just had an odd encounter at the station which you tell your friend Ivana all about over dinner. |

Ivana — Dunque, com'è andata la tua giornata?

You — (*Say OK, but an odd thing happened to you*)

Ivana — Una cosa strana? Niente di grave, spero.

You — (*Say well, you've just met a strange man*)

Ivana — Strano in che senso? Raccontami un po'.

You — (*Well, you were waiting for Salvatore at the station; the train was late and so you had to wait for a long time, and then you realised that this old man was looking at you*)

Ivana — Ma non c'è niente di strano, tu sai che agli italiani piacciono le belle donne.

You — (*Perhaps, but anyway, suddenly he spoke to you, and he said 'Good afternoon, Miss White'*)

Ivana — Sapeva addirittura come ti chiami?

You — (*Yes, that's right, but you had never seen him before in your life* (in vita mia), *and what's more he said to you 'Your friend has missed the train, he won't arrive tonight'*)

Ivana — Ma come poteva saperlo quell'uomo?

You — (*Who knows?*)

Ivana — E poi, dimmi un po' che cos'è successo. E' arrivato Salvatore o no?

You — (*No, he didn't come, and he's just telephoned to say he'll arrive tomorrow*)

Ivana — Che strano! Ma dimmi un po', quell'uomo alla stazione, com'era fisicamente?

You — (*He was very thin, with fair hair and very blue eyes*)

Ivana — Mamma mia, sai chi era quello? Era il capostazione Morandi che è morto dieci anni fa sotto il super-rapido da Roma! Hai visto un fantasma!!

| | 5 | Listen to the **Da capire** section, and then try answering these questions, in Italian. |

1 Dove aveva lasciato le chiavi Michele?
2 La gente ha cercato di aiutare Daniela e Michele ad aprire la macchina?
3 Alla fine che cos'hanno dovuto fare Daniela e Michele per far aprire la macchina?
4 Il meccanico è riuscito ad aprire senza alcun danno la macchina?
5 Ha spiegato come aveva fatto per aprire?
6 Secondo Daniela, che cosa succederebbe se la gente imparasse il sistema per entrare in macchina senza le chiavi?

VITA ITALIANA

I Carabinieri

L'Arma dei Carabinieri esiste in Italia dalla creazione dello stato unito, e può sorprendere sapere che non fa parte del corpo di polizia. I Carabinieri, insomma, costituiscono una forza paramilitare, cioè un piccolo esercito, che comprende tre divisioni con sede (*headquarters*) a Milano, Roma e Napoli. Questo corpo ha origine nel 1814, quando è stato usato contro Napoleone. I Carabinieri si chiamano così perché quando il corpo è stato fondato, i soldati erano armati di carabine. Con l'unificazione italiana, ai Carabinieri è stato dato il compito di difendere l'Italia dall'eversione *(subversion)* sociale e politica, e infatti al giorno d'oggi i Carabinieri vengono usati contro il terrorismo e la Mafia, per esempio. Fra i tanti altri compiti, hanno anche quello di polizia militare. Esistono delle barzellette sull'incredibile stupidità dei Carabinieri, ma in realtà hanno anche la reputazione di essere il corpo militare più efficiente.

Infine, l'Arma dei Carabinieri gode di compiti onorifici che riflettono la sua posizione importante. Nelle aule di giustizia *(law-courts)*, i Carabinieri sono sempre presenti come guardie. In più, lo squadrone dei corazzieri, formato da cento uomini, fornisce la scorta d'onore al Presidente della Repubblica, Capo dello Stato italiano.

Il servizio militare
E' obbligatorio per tutti gli italiani di sesso maschile il servizio militare, che dura 12 mesi. La maggior parte degli italiani lo fa nell'esercito. Tutti i cittadini sono soggetti alla leva *(conscription)* da quando compiono 20 anni per la Marina, e 21 anni per l'Esercito e l'Aeronautica. Anche quando si è terminato il servizio militare, si continua a far parte delle Forze Armate fino ai 43 anni.

Da alcuni anni il servizio militare può essere sostituito con **il servizio civile**. Questo è consentito ai ragazzi che ne fanno richiesta e che si dichiarano obiettori di coscienza, previo consenso del Ministero della Difesa. Il servizio civile, però, dura due anni.

> **I thought it was . . .**
> What you thought was the case
> What would have happened if . . .
> What probably happened

1 We arranged to record an interview with a waiter in a Venetian restaurant, but unfortunately arrived a bit late. Francesca tells Antonella what happened next.

Francesca Avevamo appuntamento alle tre e mezza. Siamo arrivati lì alle quattro meno cinque, il ristorante era chiuso, ci siamo arrampicati sulla porta, avevamo tentato di guardare dentro ma non c'era, era tutto buio. Allora abbiam pensato: ci avrà aspettato in un bar qua vicino, sarà andato a bersi un caffè o una cosa del genere. Siamo andati a cercare nei bar ma erano o quasi tutti chiusi o . . . boh, non c'era nessuno dentro.

Antonella Era abbastanza difficile trovarlo?

Francesca Sì, cosa potevamo fare? Siamo andati a cercare in un negozio di scarpe vicino al ristorante . . .

Antonella Un negozio di scarpe, perché?

Francesca Sì, perché era lì vicino e pensavo che lo conoscessero.

ci siamo arrampicati   *we climbed up*

> To say *I thought that* . . .
>   **pensavo che** lo **conoscessero**
>
> To say *he must have* . . .
>   **avrà aspettato . . . , sarà andato . . .**

2	Angelo tells a story about Naples and the attitude of the local police towards contraband goods.
Alessandro	Dicono che molti napoletani vivono di contrabbando. E' vero questo o no?
Angelo	Sì, è molto vero, anzi: le autorità lo sanno e lo permettono, perché se eliminassero il contrabbando questi napoletani non saprebbero come fare a andare avanti, in quanto non ci sono dei posti di lavoro come esistono su al nord.
Alessandro	E quindi la polizia sorvola, non . . . non fa niente per . . . per evitare che succeda tutto questo?
Angelo	No, no, no, la polizia anche lei utilizza – e a questo proposito vorrei raccontare un episodio molto significativo. Una macchina della polizia arriva velocemente vicino ad una donna che stava vendendo le sigarette di contrabbando. Io credevo che la polizia andasse a . . . ad arrestare questa donna. Invece il poliziotto è andato e ha comprato un pacchetto di sigarette da questa donna!
Alessandro	Suppongo quindi a prezzo ridotto?
Angelo	Notevolmente ridotto! Forse a quello della polizia gli ha fatto uno sconto particolare!

come fare a andare avanti	*how to manage, how to make ends meet*
la polizia anche lei	*the* lei *refers to* la polizia
a quello della polizia gli ha fatto uno sconto particolare	*she gave the policeman a special discount*

To say what would happen if . . .
se eliminassero il contrabbando non **saprebbero** come fare

To say *I thought that* . . .
credevo che la polizia **andasse** . . .

3	Marco describes an accident he had while skiing.
Marco	Mi è capitato recentemente un . . . un taglio nella gamba, nella gamba sinistra. Ero con dei miei amici durante le vacanze natalizie e stavamo salendo verso il ghiacciaio del Monte Rosa per poter andare a vedere più da vicino il Camerone Marinelli, e nella discesa sono caduto e lo sci sinistro mi ha provocato un taglio all'altezza dello stinco.
Alessandro	E poi l'hanno portato all'ospedale o che cosa?
Marco	Sì, in un primo momento, visto che non usciva molto sangue, pensa . . . pensavamo non fosse una cosa molto . . . molto grave per cui abbiamo disinfettato superficialmente la ferita, l'abbiamo pulita, l'abbiamo lavata. Allora abbiamo pensato di andare dalla . . . dal medico condotto locale.
Alessandro	Una specie di pronto soccorso.
Marco	Sì, esatto.
Alessandro	E adesso è guarita bene?
Marco	Sì, molto bene, la . . . la ferita è guarita perfettamente.
Alessandro	Chi è che ha pagato le spese?
Marco	Mah, trattandosi di prestazione specialistica ho dovuto sostenere personalmente le . . . le spese delle . . . del caso. Se fossi andato però in un ospedale sarebbe stato tutto a carico della Mutua.

mi è capitato ... un taglio	*I got a cut*
all'altezza dello stinco	*at shin level*
trattandosi di prestazione	*as it was a question of*
specialistica	*specialist treatment*
a carico della Mutua	*charged to the* Mutua

To say *we didn't think it was* ...
pensavamo non fosse una cosa molto grave

To say what would have happened if ...
se fossi andato ... sarebbe stato ...

DA CAPIRE

1 Following the theft and recovery of Santa Lucia's body, who was
suspected of the crime? What was the possibility that no one thought of
at first but that was later confirmed by the **questore** (roughly equivalent
to a Chief Constable) of Venice? Was anyone caught?

Antonella Ma cosa aveva pensato la gente quando era stato rubato il corpo?
Don Giuseppe Be', tantissime ipotesi: chi pensava che fossero stati siracusani, chi fosse
stato un matto, un fanatico della religione. Nessuno forse aveva pensato
che ci fosse un complotto ad alto livello come poi è sembrato ci fosse,
ecco. Comunque, il corpo poi è stato riconosciuto come quello della santa
e riportato in chiesa, nella sua chiesa, il giorno diciannove dicembre,
dov'è stato collocato e dove lo si vede attualmente. Dicevo prima di
complotto ad alto livello, ecco in questo senso: perché sembra, da quanto
appunto diceva il questore di Venezia, che ci sia stato un tentativo della
mala milanese di mettere piede qui a Venezia: per 'mala' si intende un
po' la malavita, ecco, quel traffico sotterraneo di persone potenti
economicamente o politicamente, non lo so esattamente. Comunque c'è
stato questo tentativo – da quello che ho capito io. Ecco poi la questura
ha ... è riuscita a catturare uno dei due che abitava qui nella zona di
Marghera, ecco, uno dei due, e questo sembra in prigione, insomma.

chi pensava che ...	*some thought that : ...*
dove lo si vede attualmente	*where it can be seen now*
da quanto appunto diceva il questore	*in fact from what the questore said*
questo sembra in prigione	*it seems this one's in prison*

ANALISI

1 **What you thought was the case**
To say what you think or believe *is* the case

penso che sia importante imparare un'altra lingua
The verb **sia** is in the present subjunctive.

To say what you thought *was* the case

credevo che la polizia	I thought the police
andasse ad arrestarla	were going to arrest her
pensavo che lo **conoscessero**	I thought they knew him

Andasse and **conoscessero** are examples of the imperfect subjunctive, which is formed as follows

andare ⟶	(io/tu) and**assi**
⟶	(lei) and**asse**
⟶	(loro) and**assero**
conoscere ⟶	conosc**essi** etc
uscire ⟶	usc**issi** etc

One important exception to the pattern is

essere   ⟶ **fossi, fosse, fossero**
pensavo non **fosse** una cosa molto grave
we thought it wasn't anything very serious

(For the other forms see **Grammatica** 72.)

---

2   What you thought had happened
To say what you thought *had* happened

credevo che la polizia	I thought the police
fosse andata ad arrestarla	*had gone* to arrest her
pensavo che l'**avesse fatto**	I thought he/she *had done* it

Fosse andato and **avesse fatto** are examples of another kind of past subjunctive (see **Grammatica** 73).

---

3   What would have happened if . . .
To say what *would* happen if . . .

se **eliminassero** il contrabbando,	if they got rid of
non **saprebbero** come fare	smuggling, they wouldn't
a andare avanti	know how to manage

But to say what *would have* happened if . . .

se **fossi andato** in un	if I *had gone* to a hospital
ospedale **sarebbe stato**	it *would* all *have been*
tutto a carico della Mutua	charged to the Mutua
se l'**avessi saputo non**	if I *had known* I *wouldn't*
sarei andato	*have gone*

(For more explanations see **Grammatica** 79.)

---

4   Assuming and wondering what happened
To say what is probably the case, what you expect to be the case, you use the future of **essere**

sarà una pila	it must be/I expect it's a battery
saranno le cinque	it must be five o'clock

You can also use the future tense of other verbs in the same way

avrà ottant'anni	he must be eighty
uscirà molto spesso	I expect he goes out very often
qualcuno comunque	but surely somebody
dovrà pur lavorare?	must work?

To talk about what you assume *was* the case, you simply use the future of **avere** or **essere**, as appropriate, with the past participle

sarà andato	he must/will have gone
a bersi un caffè	to drink a coffee
ci **avrà aspettato**	he must/will have waited
in un bar	for us in a bar

And if you're wondering or speculating about something, you use the same structures as above, but make them questions

sarà una pila?	could it be a battery?
chi **sarà** quell'uomo?	who could that man be?
dove **sarà andato**?	where could he have gone?
cosa **sarà successo**?	what could have happened?

(See **Grammatica** 61–63.)

PAROLE

Words commonly used to describe accidents, disasters and mishaps:

l'incidente	accident (car/plane/skiing)
l'infortunio (sul lavoro)	accident (at work)
la disgrazia	accident/misfortune/bad luck

La disgrazia can be used for a wide range of situations, from a disaster to a slight mishap:

mi è successa		I've had some bad
ho avuto	**una disgrazia**	luck/a disaster

che disgrazia!	what bad luck! – this never means *what a disgrace!*
per disgrazia	by misfortune/accident

oh! ho rotto il vaso antico, è successo per disgrazia!

Note: when *by accident* means *by chance*, use **per caso**.

Some useful words and phrases when you've had an accident or are unwell:

al **Pronto Soccorso**:	at Casualty/a First Aid Post:
è urgente	it's an emergency

	tagliato/a . . .		cut my . . .
mi sono	**rotto/a** . . .	I've	broken my . . .
	slogato/a . . .		sprained my . . .
. . . il dito		. . . finger	
. . . la caviglia		. . . ankle	
. . . il polso		. . wrist	

in farmacia:	at the chemist's:
la ricetta	prescription
il cerotto, la benda	sticking-plaster, bandage
le compresse, le pillole	tablets, pills
le supposte	suppositories
gli assorbenti	tampons
i pannolini	nappies

in quanto – *in that*, *because*
> in quanto non ci sono dei posti di lavoro

visto che – *since*, *seeing that*
> visto che non usciva molto sangue

PROVACI

1 Quale?

1 Which would you say if you'd sprained your ankle?
Mi sono rotto la caviglia.
Si è rotto la caviglia.
Mi sono slogato la caviglia.

2 Which of these statements suggests a disaster?
E' successo per disgrazia.
L'ho fatto per sbaglio.
E' successo per caso.

3 You think the chemist has given you some tablets, but you get home and find they're suppositories – how would you tell this to a friend?
Pensavo fossero pannolini, non assorbenti!
Pensavo fosse cerotto, non scotch!
Pensavo fossero compresse, non supposte!

4 Which would you say if you'd had a lucky encounter?
Ho avuto la disgrazia di incontrare un vecchio amico che mi chiede sempre soldi!
Ho avuto la fortuna di incontrare un vecchio amico che mi ha prestato dei soldi!
Ho avuto la disgrazia di rompere un vaso antico che mia nonna mi aveva vietato di toccare!

5 Which sentence suggests you've been careless?
Se non fosse state urgente, non sarei andato dal medico.
Se avessi guardato prima di attraversare, non avrei avuto l'incidente.
Se la fabbrica fosse stata piu moderna, non ci sarebbero stati infortuni.

6 You hear sirens wailing as ambulances and police cars speed past. Which are you not likely to say?
Ci sarà stato un altro incidente sull'autostrada.
Ci sarà stato uno sciopero da qualche parte.
Ci sarà stata una disgrazia da qualche parte.

Use the expressions in the box
as appropriate.

perciò	visto che
secondo	in quanto

1 You're asked to explain an article
in English.

Dott. Barzini   Senta, ... lei è inglese, mi potrebbe spiegare cosa c'è scritto
in quest'articolo?

You   Certo. Ah sì, è una critica del governo britannico, giustificata, secondo
me, ... le promesse del governo non sono state realizzate.

2 You're explaining your failure to turn up.

Alberto   Come mai non sei venuto ieri? Ti aspettavo.

You   Davvero? Mi dispiace, ma pensavo che avessimo appuntamento per
domani, ... sono rimasto tranquillamente a casa!

3 Enza's mother is wondering what can have happened to her.

Sig.ra Pertini   Ma che cosa sarà successo? Enza doveva essere a casa due ore fa.

You   Non si preoccupi, non si sarà accorta dell'ora. .... quello che
mi ha detto lei stessa, Enza non ha nessun senso del tempo.

3

Here is what some people say they thought was the case. You fill in the
appropriate verb forms, eg: *Pensavo che lui* (**avere**) *70 anni!* (**avesse**)

1 Pensavo che tu (**essere**) molto giù.
2 Pensavo che Luigi (**avere**) un sacco di soldi.
3 Credevo che Nella (**andare**) in banca.
4 Credevo che i bambini (**dormire**).
5 Pensavo che Sandro (**dovere**) partire.
6 Pensavo che tu (**conoscere**) Mina.
7 Credevo che loro (**fare**) un corso di lingue.
8 Credevo che tu (**sentirsi**) meglio.
9 Pensavo che i Sorini (**avere**) soldi da buttar via.
10 Pensavo che Alberto (**essere**) medico.

Now do the same with these people saying what they thought *had*
happened. Eg: *Pensavo che lui* (**dimenticare**) i documenti.
(**avesse dimenticato**)

11 Pensavo che mio fratello (**perdere**) le chiavi di casa!
12 Pensavo che mia sorella (**prenotare**) i biglietti.
13 Credevo che tu (**uscire**), Carmela!
14 Credevo che loro (**partire**) ieri.
15 Pensavo che lei (**vendere**) la sua casa, Signor Blasi.

4

Back in Florence after a week in Naples, you're telling your friend
Adriana about your trip – which turned out to be a chapter of accidents . . .

Adriana   Allora, ti sei divertito a Napoli?

You   *(Well, no, not very much)*

Adriana   Come mai? Non ti è piaciuta la città?

You   *(Yes, you liked it a lot, but you had a lot of mishaps)*

Adriana   Cosa ti è successo?

You   *(Well, first of all your suitcase was stolen)*

Adriana	Dove?
You	*(In the hotel. It's a mystery* (un mistero)*: you'd left the suitcase in the entrance while you paid the taxi man, and when you came back it wasn't there any more!)*
Adriana	Ma che cos'hai fatto?
You	*(Say 'nothing; at first I thought "the porter must have taken it to my room"')*
Adriana	E poi?
You	*(Then you went up to your room and the suitcase wasn't there, so you called the porter and he said he hadn't seen it)*
Adriana	Quindi ti sei accorto che l'avevano rubata?
You	*(That's right)*
Adriana	Allora hai denunciato il furto?
You	*(Yes, and they called the police)*
Adriana	E hanno trovato la valigia?
You	*(No, they didn't find it, but anyway you didn't think the police were very efficient)*
Adriana	Mamma mia, che disgrazia!
You	*(Yes, and the story didn't end there!)*
Adriana	No? E cos'è successo poi?
You	*(You had the bad luck to fall and you sprained your ankle)*
Adriana	Oh Dio! Ma tu sei proprio sfortunato! E' stata una visita disastrosa allora!
You	*(Yes, you know! If you'd known, you'd never have gone to Naples!)*

5 Listen to the **Da capire** section, and then try to answer the questions in Italian.

1 C'era gente che pensava che i colpevoli del furto di Santa Lucia fossero di un'altra città: quale città?
2 Quando è stato riportato in chiesa il corpo della santa?
3 Dove si trova attualmente il corpo?
4 Secondo il questore di Venezia, i colpevoli del furto sono di Venezia?
5 Dove abitava uno dei colpevoli al momento del suo arresto?

VITA ITALIANA

Il culto dei santi: religione all' antica
In Italia esiste ancora il culto dei santi, specialmente nel sud, ma anche nelle cosiddette regioni 'bianche' del nord, come il Veneto, dove la cultura cattolica è tradizionalmente forte.

Ai tanti santuari, soprattutto nei giorni di festa, la gente va per fare dei voti *(vows and offerings)*, perché crede nei poteri miracolosi e leggendari delle Madonne o dei santi vari. Ci sono chiese, per esempio, dove vanno le donne che non riescono ad aver figli, e altre in cui si va per ottenere la grazia di ritrovare oggetti smarriti. Particolarmente popolare è Santa Rita da Cascia, chiamata 'la santa degli impossibili', venerata per la sua fama di risolvere qualsiasi problema.

Data l'importanza che hanno ancora i santi per una parte della popolazione, non sorprende che il furto di Santa Lucia abbia creato uno scandalo. Solo in seguito si è scoperto che l'obiettivo del furto era stato il riscatto *(ransom)*. Nessuno sa se sia stato pagato, ma secondo alcuni è anche possibile.

La chiesa moderna: Vaticano, divorzio e aborto

Gli italiani sono in maggioranza cattolici, nel senso che circa il 99% della popolazione viene battezzata secondo il rito cattolico. In generale in Europa l'influsso *(influence)* della chiesa non è così forte come prima; comunque in Italia la chiesa cattolica ha ancora un notevole influsso politico sulla società. Questo in parte è dovuto alla posizione di privilegio del Vaticano nei confronti dello Stato italiano. Come conseguenza dei Patti Lateranensi del 1929, che sono stati riconosciuti nell'articolo 7 della Costituzione repubblicana del 1948, il Vaticano è diventato uno stato sovrano all'interno del territorio italiano. (Significa fra l'altro che ha le proprie ambasciate straniere, e una posta indipendente con francobolli diversi.) Ma molto più significativo è il fatto che le sue numerose organizzazioni laiche *(lay)*, come l'Azione Cattolica, non sono state abolite, quindi anche oggi la chiesa continua ad esercitare un'influenza in molti settori della vita italiana. Esiste, per esempio, un'associazione cattolica di studenti, la FUCI*, e un sindacato cattolico, le ACLI**. E poi c'è la stampa cattolica, che è molto importante e diffusa.

Il Vaticano, sede della chiesa cattolica

Nonostante questo potere notevole, negli ultimi anni l'autorità del Vaticano è stata minata *(undermined)* in certi settori. Per esempio, ha perso il potere assoluto nel campo del matrimonio (concesso dai Patti Lateranensi), dato che nel 1970 il divorzio è stato legalizzato anche in Italia. Nel 1974 c'è stato un referendum sulla legge del divorzio, e se la maggioranza degli italiani avesse votato contro il divorzio, questo sarebbe stato abolito. Invece, l'autorità della chiesa non è stata sufficientemente forte, e la maggioranza degli italiani ha appoggiato la legge. Lo stesso è successo nel caso dell'aborto che è stato permesso nel 1976 e che è stato appoggiato dagli italiani nel referendum del 1981.

*FUCI = Federazione Universitaria Cattolica Italiana
**ACLI = Associazione Cristiana dei Lavoratori Italiani

20   LA LINGUA ITALIANA

> This chapter is revision of the main points covered in
> Chapters 11–20. As in Chapter 10, there are no *Analisi* or
> *Parole* sections, but there are extra exercises.

---

1   How you feel   *(Chapter 11)*

Francesca   Senta, come si trova qui a Venezia? Bene? Oppure ha avuto delle difficoltà?

Sig. Gabriele   Be', io a Venezia mi trovo molto bene.

---

2   What you liked; comparing things   *(Chapter 12)*

Alessandro   Gli anni passati a Napoli ti sono piaciuti?

Angelo   Sì, io ho vissuto per quindici anni a Napoli, e ci sono stato molto bene. Inoltre hanno anche un clima che è molto più bello di quello del nord.

---

3   How things seem   *(Chapter 12)*

Daniela   Ti sembra che in città ci sia rumore?

Laura   E' la cosa più terribile della . . . della città.

---

4   How things went   *(Chapter 13)*

Francesca   Benedetto, com'è andata la tua giornata di lavoro oggi?

Benedetto   Ah, molto vivace.

---

5   What used to happen   *(Chapter 14)*

Daniela   Senta, nel lavoro che lei faceva prima, a che ora cominciava e a che ora smetteva di lavorare?

Luca   Cominciavo alle otto la mattina e finivo alle una, per poi rientrare alle quattro del pomeriggio.

---

6   What do you think of it?   *(Chapter 15)*

Alessandro   Vorrei sapere: chi è che tiene all'Inter? Ah, Pippo, Simona e Stefano. Tu, Simona, cosa ne pensi, come va l'Inter quest'anno?

---

7   What you expect; asking for reasons   *(Chapter 16)*

Alessandro   Immagino che in Italia, come dappertutto, del resto, nessuno voglia fare il militare, no?

Marco	No!
Alessandro	E per quali motivi non vogliono farlo?

---

8   What will happen if ...   *(Chapter 17)*

Dottore   Se lei viene da me per farsi curare un mal di gola con la febbre alta dovuto a tonsillite, certamente le darò degli antibiotici o degli antipiretici.

---

9   What would happen if ...   *(Chapter 17)*

Alessandro   Senta, se lei dovesse darci un consiglio per imparare bene l'italiano, che cosa ci direbbe, così?

---

10   What was happening; what you thought   *(Chapter 19)*

Angelo   Una macchina della polizia arriva velocemente vicino ad una donna che stava vendendo le sigarette di contrabbando. Io credevo che la polizia andasse a ... ad arrestare questa donna. Invece il poliziotto è andato e ha comprato un pacchetto di sigarette da questa donna!

---

11   What has probably happened   *(Chapter 19)*

Francesca   Allora abbiam pensato: ci avrà aspettato in un bar qua vicino, sarà andato a bersi un caffè o una cosa del genere.

---

12   What would have happened if ...   *(Chapter 19)*

Marco   Mah, trattandosi di prestazione specialistica ho dovuto sostenere personalmente le ... le spese delle ... del caso. Se fossi andato però in un ospedale sarebbe stato tutto a carico della Mutua.

DA CAPIRE

1   Itala Vivan, a lecturer at Verona University, talks about language in Italy. Is Italian the first language for everyone? What distinction does Itala make between Italian and Italian dialects?

Alessandro	E' vero che in molte regioni del nostro paese la lingua italiana non viene effettivamente parlata?
Itala	Be', è vero che in Italia ci sono delle aree dove c'è proprio un bilinguismo, per esempio la Sardegna, Val d'Aosta, Trentino Alto Adige, e Friuli. Queste sono le regioni classiche dove esiste un bilinguismo diciamo riconosciuto a livello ufficiale nel senso che c'è veramente una seconda lingua, sia francese, tedesco, friulano o sardo. Tuttavia è anche vero che, in tutte le regioni italiane in pratica, esistono i dialetti, e quindi si parlano i dialetti.
Alessandro	Può fare qualche esempio magari?
Itala	Be', i dialetti si parlano dappertutto: il veneto si parla in Veneto, l'emiliano, romagnolo, qui c'è lombardo qui a Milano, romanesco a Roma, in Sicilia si parla siciliano, e così via. Tuttavia in prevalenza questi sono lingue parlate, che sono nate come lingue parlate, che si sono conservate come tali, mentre l'italiano è sempre stato una lingua scritta.

in prevalenza   *on the whole*

2 Is it common to find people who speak only dialect? What did Itala herself learn as a child?

Itala	In generale esistono le due cose, cioè è difficile oggi, oggigiorno, che si parli soltanto dialetto. Però di norma, la gente parla dialetto ed è di norma più spesso la prima lingua, la lingua veramente materna che i bambini sentono per prima, e da cui, voglia o no, traducono per entrare nell'italiano, ché l'italiano diventa una lingua di comunicazione al di fuori del livello familiare e del livello locale. Diventa una comunicazione più ampia, una comunicazione ufficiale, per la scuola, per il lavoro, per lo scritto soprattutto, perché tutto quello che è scritto passa attraverso l'italiano. Io però sono cresciuta parlando italiano fin da piccola perché era una famiglia di borghesi intellettuali e allora era più comune parlare l'italiano.

la lingua . . . materna	*the mother tongue*
voglia o no	*whether they want to or not*
al di fuori del livello familiare	*outside the family environment*
io però sono cresciuta	*however I grew up*

3 Does Itala think there is such a thing as 'correct' Italian? What example does she give of regional variations in Italian vocabulary?

Alessandro	Senta, a suo parere, esiste una lingua italiana veramente 'corretta', tra virgolette, oppure no?
Itala	Be', io direi di sì. L'italiano per esempio oggi da un lato si va facendo molto più standard. Si va standardizzando perché? Perché ci sono dei mezzi di comunicazione di massa che lo standardizzano, per esempio la televisione, il mezzo più classico e più noto, ma anche tanti altri. Quindi ecco che la lingua standard c'è, ed è il frutto di una cultura di massa che si è stabilita in Italia.
Alessandro	Senta, ma davvero è tutto così standardizzato, cioè esiste una sola parola per definire un qualcosa, un oggetto o un'idea?

Itala Be', no, no, no, non è tutto cosi standardizzato. Non so, prendiamo un esempio semplicissimo: se io da Milano parto e vado a Firenze e entro in un ristorante, devo ordinare un piatto, ho dei problemi grandissimi perché se io ordino una bistecca al ristorante non mi danno, non mi portano la stessa cosa che mi porterebbero se io avessi ordinato una bistecca a Milano. Ecco che *bistecca, cotoletta, costata, fettina*, assumono delle . . . delle varietà incredibili, e questo per una cosa molto semplice che è un piatto di carne fondamentale che tutti gli italiani mangiano. Questo perché? Perché noi in Italia abbiamo delle realtà gastronomiche molto regionali. Cioè in Italia non esiste una cucina italiana, punto e basta, ed ecco quindi che il vocabolario, il lessico, riflette queste differenze che sussistono.

a suo parere	*in your opinion*
delle realtà gastro- nomiche molto regionali	*very regionalised types of cuisine*
punto e basta	*full stop*

PROVACI

1 You overhear your friend Rosa talking to an old lady in what sounds like a foreign language. You're curious to know what it is.

You (*Ask her what language she was speaking to that lady*)
Rosa Be', non è una lingua vera e propria, è un dialetto, il napoletano.
You (*Say you didn't understand a thing*)
Rosa Ci credo! E' molto difficile da capire anche per altri italiani che non sono di Napoli. Comunque tutti capiscono qualcosa, perché dappertutto in Italia si sentono tante canzoni napoletane, tipo *O sole mio* o *Turna a Surriento*.
You (*Oh yes, you've heard of those songs*)
Rosa Ah sì? Le conoscono anche in Inghilterra allora?
You (*Yes, even though nobody understands the words!*)
Rosa Si, la musica è sempre bella.
You (*Ask if there are lots of Italian dialects*)
Rosa Si, tantissimi, ogni regione ha il proprio dialetto, e anche molte città come Napoli, Roma o Milano.

You	*(And does she manage to understand the other dialects?)*
Rosa	No, per niente! Per esempio, un mio cugino ha sposato una romana di Trastevere, che è il quartiere più romano di tutti, e un giorno l'ho sentita parlare con sua sorella, e io non ci capivo una virgola, ti giuro!
You	*(But everyone speaks Italian too, don't they?)*
Rosa	Sì, tranne alcuni che abitano nei piccoli paesi del sud, per esempio. Ma non ci sono dialetti anche in Inghilterra?
You	*(Yes, but they aren't spoken much nowadays)*
Rosa	Quindi si parla l'inglese standard dappertutto?
You	*(More or less, but there are regional accents and lots of words that are used only in one region)*
Rosa	E' logico – come qui in Italia, fra l'altro.
You	*(Yes, and then there are people who also speak another language – Welsh, for example)*
Rosa	Ah sì? E il gallese viene parlato molto?
You	*(Yes, quite a lot, but only in Wales obviously)*
Rosa	E' simile all'inglese o no?
You	*(No, it's completely different)*
Rosa	Quindi tu non ci capisci niente, vero?
You	*(No, in actual fact for you it would be easier to understand Neapolitan!)*

---

2 Quale? (1ª puntata)

1 Which of these works on a farm?
un muratore   **un bagnino**
un pastore   **un infermiere**

2 In which direction should a plane fly
to get from Florence to Cagliari?
a nordest   **a sud**
a ovest   **a sudovest**

3 Which of these sports does not involve a ball?
l'hockey su prato   **il pugilato**
il biliardo   **la pallanuoto**

4 To a lot of people, the 'typical' Italian is short
and dark, friendly and rather emotional. Which of
these descriptions would not apply?
occhi bruni   **carnagione olivastra**
capelli biondi   **sentimentale**

5 Which material would you not expect to find a suit made of?
acciaio inossidabile   **pura lana vergine**
gabardina   **pelo di capra d'Angora**

6 On the telephone, if you want to ask to speak to the manager, which do
you say?
Vorrei parlare con il padrone, per favore.
Mi può passare il direttore, per favore?
Devo parlare con l'amministratore delegato, è in ufficio?

7 Which place would be the most
suitable (and safest) to park your car?
sul marciapiede
nel parcheggio municipale
in mezzo all'autostrada
sotto il Ponte dei Sospiri

8 Which of these signs might you
see in a shop window?
vietato l'ingresso ai minori
di 18 anni
la persona civile non bestemmia
non parlare con l'autista
saldi di fine stagione

9 Which of these would you ask to mend your watch for you?
l'orefice   **il fruttivendolo**   **il calzolaio**   **l'orologiaio**

10 Which of these wouldn't you expect to find in the average house?
sala da ballo   **cucina**   **gabinetto**   **camera da letto**

---

3 The expressions in the box are all to do with time. Fit each into the
appropriate sentence.

scorso	non . . . mai
fra quanto	non . . . ancora
nei prossimi giorni	da quanto tempo
ogni tanto	da piccolo
non . . . più	quanto tempo fa

1 .... stai studiando l'italiano?
2 .... sei arrivato in Italia?
3 .... dovrai partire?
4 Purtroppo, i pantaloni .... sono .... pronti.
5 Dovrebbe arrivare ....
6 .... ho nostalgia del mio lavoro.
7 .... volevo fare il regista.
8 .... sono .... riuscito a capire come si fa!
9 L'anno .... ci siamo divertiti in Italia.
10 .... ci andremo .... in quell'albergo, perché
abbiamo pagato troppo l'ultima volta.

---

4 Try and get these sentences to make sense by matching up the beginnings
on the left with the endings on the right.

1 Ho l'impressione che tu . . .   a) . . . si sentisse male.
2 Credo che Rosario . . .   b) . . . non possano venire venerdì.
3 Immagino che loro . . .   c) . . . dia troppa importanza a questo.
4 Avevo l'impressione
che Aldo . . .   d) . . . stessi qui per lavoro.
    e) . . . stia al mare questo week-end.
5 Mi sembrava che loro . . .   f) . . . non volessero venire.
6 Credevo che tu . . .

Remember Giuliana and the shoplifting episode? Here's the assistant from Franchi's, the second bookshop she went to, explaining how he made a blunder. You complete the story by supplying the appropriate tense and form of the verbs.

Martedì ho fatto una gaffe. Stavo lavorando come al solito da Franchi quando (**1 – accorgersi**) che c'era una ragazza che stava mettendo un paio di libri nella sua borsa. Non ci credevo quasi! Pensavo che in generale i ladri (**2 – essere**) più furbi. In ogni caso, la ragazza (**3 – uscire**) dal negozio e io l'(**4 – seguire**) subito. L'(**5 – chiamare**), lei (**6 – fermarsi**) e poi io le ho chiesto se per caso avesse dimenticato di passare alla cassa. A questo punto lei mi ha guardato come se fossi un cretino, e mi (**7 – fare**) vedere lo scontrino della Libreria Moretti dove (**8 – comprare**) i libri. 'Ma scusi, le sembra veramente che io (**9 – avere**) la faccia da ladra?' mi ha detto lei. Che vergogna! Io (**10 – scusarsi**) tanto – ero così impacciato! Per fortuna lei non (**11 – fare**) scene, e (**12 – capire**) il mio imbarazzo.

6 Listen to the **Da capire** section again, and then answer these questions, in Italian.

1 Quali sono le due lingue europee che vengono parlate in certe regioni italiane?
2 Qual è la differenza fra l'italiano e i vari dialetti italiani?
3 Secondo Itala, ci sono molti italiani che parlano dialetto come lingua madre?
4 In quali situazioni o ambienti viene usato l'italiano dalle persone che a casa parlano dialetto?
5 Itala ha imparato il dialetto da piccola o no?
6 Che cosa ha aiutato a rendere più standardizzato l'italiano?
7 Come mai esiste ancora una varietà regionale nel lessico italiano, per quanto riguarda la cucina?

Quale? (2ª puntata)

1 You're leaving a party where you've had a great time – which of these might you say to your hosts?
Mi sono proprio stufato, me ne vado a casa.
Voi avete degli amici veramente noiosi.
Non mi sono mai divertito tanto.
Mi sento molto male, la pizza mi ha avvelenato.

2 Which of these wouldn't you say to describe a lovely hot summer's day?
C'è un sole bellissimo oggi.
Piove a catinelle.
Il tempo è favoloso.
Non si vede neanche una nuvola.

3 You've been to the theatre and enjoyed the performance very much – which would you say?
E' stata un'ottima esecuzione.
E' stato un bellissimo film.
E' stata un'ottima manifestazione.
E' stata un'ottima interpretazione.

4 You're asked how often you go to the cinema – you go fairly often. What would you say?

Ci vado ogni tanto.   **Ci vado poche volte.**
Ci vado abbastanza spesso.   **Non ci vado mai.**

5 Which phrase suggests that someone is in favour of a new idea?
Si oppone ad ogni cambiamento.
E' sicuro che l'idea è vantaggiosa.
Non è favorevole al nuovo disegno.
Vede solo i lati negativi dell'idea.

6 You've arrived at a restaurant to be greeted by the manager who apologises profusely and tells you the waiters have gone on strike – which does he say?
I camerieri hanno fatto sciopero.
I camerieri si sono dimessi.
I camerieri sono andati in ferie.
I camerieri hanno chiesto un aumento.

7 You're asked to meet someone at the airport, and you agree to do it as long as the plane isn't late – which do you say?
Sì, lo farò, a condizione che non sia in ritardo per il lavoro.
Sì, ci vado volentieri, purché l'aereo non sia in ritardo.
Sì, ci andrò, a meno che non abbia troppo da fare.
Sì, lo faccio, a condizione che mi aspetti all'aeroporto.

8 You're in a bit of a fix – you've locked yourself out of your holiday villa! Which phrase would express your reaction?
Che pasticca!   **Che pastasciutta!**
Che pasticcio!   **Che pastiglia!**

9 Which sentence would you use to tell a doctor that you've cut your knee?
Mi sono tagliato il ginocchio.
Mi sono rotto il braccio.
Mi sono slogato la caviglia.
Mi sono tagliato la mano.

10 A lot of Italian words have found their way into English. One of these, though, is not Italian but Spanish – which one?

incognito   **falsetto**   **pizzicato**
aficionado   **piano**   **dilettante**

---

8 You've been in Italy for four months. On the eve of your departure you're talking to a close friend over a farewell dinner . . .

Paolo   Allora, dimmi un po', è andato bene il tuo soggiorno o no? Ti sono stati simpatici gli italiani?

You   *(Say yes, you liked it a lot in Italy – you're sorry to leave)*

Paolo   Ma perché non rimani di più, allora? A me piacerebbe molto che rimanessi . . .

You   *(But you can't; naturally, if you'd had more time you would have stayed longer)*

Paolo   Pazienza! Vuol dire che la prossima volta rimarrai per almeno sei mesi, no?

You	*(Yes, you'd love to do that)*
Paolo	Sai, se dovessi passare altri sei mesi qui, parleresti benissimo italiano: te la cavi già bene, fra l'altro!
You	*(Say 'thanks, that's kind of you')*
Paolo	Ma sta' attento a non dimenticare il tuo italiano in Inghilterra, mi raccomando!
You	*(Say 'I'll do my best (del mio meglio)')*
Paolo	Comunque, se continuerai a seguire quel corso che avevi cominciato prima di arrivare, non avrai problemi.
You	*(Say 'ah, you mean* **L'Italia dal vivo***?')*
Paolo	Sì – insomma, quel libro che stavi leggendo disperatamente quando ti ho visto per la prima volta! Ti ricordi il nostro primo incontro?
You	*(Yes, you remember, it was funny, wasn't it?)*
Paolo	Eh sì, è stato buffissimo – non ci capivamo bene come adesso, vero?
You	*(Say 'just think, without* **L'Italia dal vivo** *I would never have met you!')*
Paolo	Eh sì, pensa un po'! Che peccato sarebbe stato!

9 Superquiz

Cosa sapete dell'Italia? Rispondete alle venti domande – in lingua italiana, naturalmente!

1 Circa quanti abitanti ci sono in Italia? 35 milioni, 46 milioni, 57 milioni o 68 milioni?

2 Come si chiamano le feste organizzate durante l'estate dal Partito Comunista Italiano?

3 Quale città è rinomata per le sue canzoni romantiche?

4 In quale isola italiana è stato esiliato Napoleone?

5 Quali sono i principali ingredienti del risi e bisi?

6 Chi è l'autore della *Divina Commedia*?

7 Quali paesi confinano con l'Italia? (Ce ne sono quattro.)

8 Quale giornale è l'organo del Partito Comunista Italiano?

9 Quali compositori hanno scritto questi capolavori della musica lirica?
a) *Madama Butterfly* b) *Rigoletto* c) *Il Barbiere di Siviglia*

10 Quanto tempo dura il servizio militare in Italia?

11 Chi ha costruito il primo telescopio astronomico (nel 1609)?

12 In quale città è stato fondato il primo club di calcio in Italia?

13 Che cos'hanno in comune Beniamino Gigli, Enrico Caruso, Mario Del Monaco e Luciano Pavarotti?

14 Ci sono strade in molte città italiane che portano il nome *via XX settembre*. Che cosa ricorda questa data?

15 Quante commedie di William Shakespeare hanno luogo (o parzialmente o completamente) in Italia?

16 Come si chiamava il viaggiatore veneziano che, nel secolo XIII, è andato in Cina, dove è rimasto 17 anni al servizio del Grande Khan?

17 In quale campo sono diventati famosi Giorgio Armani, Gianni Versace e Laura Biagiotti?

18 In quali regioni d'Italia vengono prodotti questi vini? a) *Soave* b) *Chianti* c) *Marsala*

19 Qual era il popolo che abitava in Toscana e in Lazio prima degli antichi romani?

20 Quali registi hanno diretto questi film? a) *Prima della rivoluzione*;

L'ultimo tango a Parigi; *Novecento*; *La luna*   b) *Per un pugno di dollari*;
C'era una volta il West; *Il buono, il brutto, il cattivo*   c) *La dolce vita*;
Otto e mezzo; *Satyricon*; *La città delle donne*

VITA ITALIANA

La lingua in Italia

Per ragioni storiche e sociali abbastanza complesse, in Italia non tutti gli
italiani parlano italiano come prima lingua. Esistono per esempio delle
minoranze linguistiche che parlano come prima lingua il tedesco
(Trentino Alto Adige), il francese (Val d'Aosta), il sardo (la Sardegna),
l'albanese (soprattutto in piccole aree della Calabria, in Sicilia e nel
Molise), e il ladino (Friuli-Venezia Giulia).

L'esistenza di minoranze linguistiche in Italia viene riconosciuta dalla
Costituzione che, all'articolo 6, dichiara: 'La Repubblica tutela con
apposite norme le minoranze linguistiche'. In realtà, però, non tutte le
lingue vengono protette nello stesso modo. In due regioni, la Val d'Aosta
e il Trentino Alto Adige, gli statuti dei governi regionali prevedono
(make provision for) il bilinguismo negli atti (documenti) amministrativi
e nell'istruzione scolastica. Comunque, in altre regioni, come la Calabria,
dove le comunità albanesi rappresentano più che altro isole linguistiche,
non esiste il bilinguismo a livello ufficiale, e quindi nelle comunità
albanesi la lingua e la cultura albanese – o *arbresh* – sono in decadenza.

A parte le minoranze che hanno una lingua madre diversa dall'italiano, ci
sono milioni d'italiani che parlano una grandissima varietà di dialetti.
Infatti, secondo un'inchiesta del 1982, il 47% degli italiani parla
abitualmente dialetto in casa e con i parenti, il 24% mescola il dialetto
con l'italiano, e solo il 29% parla unicamente italiano. Tutto questo ha
delle ripercussioni notevoli, perché significa che molti italiani imparano
l'italiano standard a scuola come seconda lingua. In passato i dialetti
venivano scoraggiati a scuola e considerati inferiori. Di conseguenza, per
quelli che non riuscivano ad imparare bene l'italiano ci poteva essere
discriminazione sociale.

Oggi in Italia, però, la situazione è cambiata, dato che si stanno
rivalutando i dialetti. Uno dei primi a farlo è stato lo scrittore e regista
Pier Paolo Pasolini, che ha perfino imparato il friulano per scrivere delle
poesie. Nel 1945, con degli amici friulani, ha fondato *L'Academiuta de
lenga furlana* (L'Accademia della lingua friulana) per studiare la lingua e
la cultura friulana. A quell'epoca c'era poco interesse per i dialetti, ma
ora, invece, è abbastanza diffuso. Ci sono, per esempio, vari cantanti che
cantano in dialetto e che hanno un discreto pubblico.

Alcune parole dialettali per **ragazzo**			
bocia	(lombardo)	**mulo**	(triestino)
toso	(veneziano)	**guaglione**	(napoletano)
bagaï	(piacentino)	**caruso**	(siciliano)
tus	(milanese)	**picciottu**	(siciliano)

Nonostante la rivalutazione del dialetto, a livello di scuola e d'insegnamento della lingua rimane il problema di insegnare un italiano ritenuto più o meno standard, senza, però, creare l'impressione che il dialetto sia inferiore. Molti insegnanti adesso spiegano agli alunni che i loro dialetti sono semplicemente un altro sistema linguistico, ma non per questo inferiore.

Il numero di parole inglesi che vengono usate nell'italiano è notevole, specialmente nei **mass media** come i giornali e la televisione. Alcuni esempi:

Nello **sport** – **lo sprint, il dribbling, il mister** *(manager)*, **i fan, lo sponsor, lo ski-lift, il jogging**
Nel tempo libero – **l'hobby, il birdwatching, il kit** *(DIY kit)*, **la slot-machine, l'hi-fi, il rock, il night** *(nightclub)*
Nei **film** – **il western, il Far West, la star, sexy, il set, il cast**
Nell'industria – **il computer, il laser, il design, il boom, lo slogan, il manager**
E in vari altri campi – **l'identikit, il killer, il gangster, il pull (o il pullover), i jeans** (o i **bluejeans**), **il week-end, la babysitter, on the rocks**, e **lo stress**

ANGOLO ENIGMISTICO

COME SI CHIAMA?

A typical Italian street – but what do Italians call a pedestrian crossing? Or a letterbox? Match the words with the numbers on the picture.

un semaforo
una cabina
   telefonica
un lampione
un cartello
   pubblicitario
un segnale
   stradale

una cassetta
   delle lettere
un cestino
   dei rifiuti
un'edicola
il marciapiede
un camioncino
un pedone

una fermata
   dell'autobus
un negozio
un passaggio
   pedonale
un autobus
una macchina

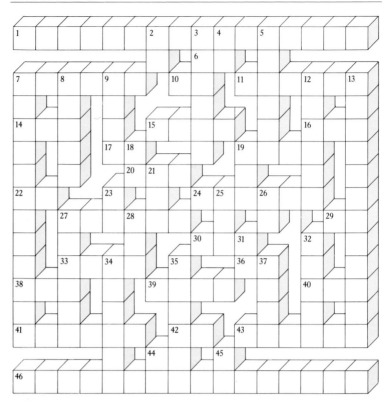

Orizzontali

1 Ha inventato la radio (nome e cognome – 9,7)
6 Sigla sulla targa di una macchina di Pescara
7 Il quinto mese
10 Modo breve di dire *bene*
11 Paese del Regno Unito
14 Radio televisione italiana (sigla)
15 Saluto tra amici
16 Palindromo negativo
17 Iniziali dello scrittore Italo Calvino
19 Zona settentrionale di un paese
20 .... peccato!
22 Risposta negativa
24 Quando viene lavata, una cosa diventa ....
27 Non è lassù, è .... !
29 Articolo maschile
30 In un tempo o in un momento successivo
33 Nei giochi di dama e di scacchi, i pezzi sono divisi tra bianchi e ....
36 Iniziali del politico fiorentino Niccolò Machiavelli
38 Si dà del .... per mostrare rispetto
39 Precipitazione solida in forma di cristallini – cade d'inverno
40 Segnale internazionale di pericolo dell'alfabeto Morse
41 Per fare l'aranciata ci vogliono delle ....

42 Iniziali dello scultore e orefice Benvenuto Cellini
43 Si mangia molto d'estate
44 I dialetti .... parlano dappertutto
46 Forma teatrale italiana che risale al Seicento, con maschere e personaggi fissi come Pulcinella, Arlecchino e Colombina (8,4,4)

Verticali
2 Articolo femminile singolare
3 Lavoratori
4 A te non piace, a .... sì però!
5 Ponte veneziano sul Canal Grande
7 Stazione ferroviaria di Firenze, Santa .... (5,7)
8 Molti anziani hanno i capelli così
9 Il giorno che precede oggi
12 La capitale d'Inghilterra
13 Nato ad Assisi, ha fondato un ordine religioso che porta ancora il suo nome (3,9)
18 Iniziali dello scopritore dell'America, Cristoforo Colombo
19 In + il
21 E tu, cos' .... fatto ieri?
23 Iniziali del patriota italiano Giuseppe Garibaldi
25 Fra i giovani, l' .... del *tu* è frequente
26 Articolo maschile
27 Giornale su cui scrive Daniele Pugliese
28 A lui
31 Il paese si trova .... cima alla collina
32 Un elemento comunissimo nella dieta di molti italiani
34 Le persone con un sacco di soldi sono molto ....
35 Quando c'è, ci si vede poco!
37 Uno è l'Adriatico
44 Risposta affermativa
45 .... vorrei un chilo, per piacere

COSA VUOL DIRE?

Increase your wordpower: try to work out – or guess – the correct meanings.

1 What is **un mangianastri**? Is it a) an anteater, b) a nose infection, or c) a cassette player?

2 What are **orecchini**? Are they a) mumps, b) earrings, or c) headphones?

3 **Un disco volante** – is it a) a hit record, b) a flywheel, or c) a flying saucer?

4 A famous American film was retitled **Mezzogiorno di fuoco** in Italian. What was its original title? a) *The Day the Earth Caught Fire*, b) *High Noon*, or c) *Towering Inferno*?

5 Is **un gabbiano** a) a seagull, b) a mackintosh, or c) a cupboard?

6 **Un giallo** – is it a colloquial word for a) a Chinaman, b) a coward, or c) a detective story?

7　The mountain that Italians call **Monte Cervino** we know by another name. Is it a) the Matterhorn, b) Mont Blanc, or c) the Eiger?

8　What is **una canottiera**? Is it a) a canoe, b) a tin-opener, or c) a vest?

9　Is **un grattacielo** a) a cheesegrater, b) a skyscraper, or c) a problem?

10　What is **un cocomero**? Is it a) a coconut, b) a water-melon, or c) a cucumber?

CRUCIPUZZLE

Hidden in the grid below are the names of the capitals of all 20 Italian regions. When you've found them, match them with the regions listed below. (If your Italian geography isn't too good, see the map on page 18.)

P	E	R	U	G	I	A	M	I	L	A	N	O	O
I	T	C	I	E	F	B	B	T	A	R	D	E	P
E	S	A	N	N	L	B	O	N	Q	V	L	M	I
M	E	M	X	O	C	A	L	O	U	Q	S	L	I
E	I	P	A	V	Z	L	O	N	I	R	O	T	R
V	R	O	N	A	O	P	G	E	L	P	R	O	A
O	T	B	C	A	T	A	N	Z	A	R	O	T	I
C	I	A	O	A	L	L	A	N	N	M	M	R	L
Z	I	S	N	R	V	E	N	E	Z	I	A	E	G
I	T	S	A	C	A	R	Z	R	U	B	L	N	A
A	B	O	Q	R	I	M	I	I	L	S	O	T	C
P	A	Z	N	E	T	O	P	F	F	G	H	O	Z

Le regioni

Valle d'Aosta	Liguria	Campania
Piemonte	Toscana	Puglia
Lombardia	Marche	Calabria
Trentino Alto Adige	Umbria	Basilicata
Veneto	Lazio	Sicilia
Friuli-Venezia Giulia	Abruzzi	Sardegna
Emilia-Romagna	Molise	

GRAMMATICA

This provides fuller information on the grammar points touched on in **L'Italia dal vivo**, though it is not a comprehensive guide to Italian grammar.

Contents: articles, p. 221; possessives, p. 222; nouns, p. 223; adjectives, p. 224; adverbs, p. 225; suffixes, p. 225; relative pronouns, p. 226; interrogatives, p. 227; personal pronouns, p. 227; other notes on pronouns, p. 229; verbs, p. 231; other common constructions, p. 240; word sequence, p. 241; spelling conventions, p. 242.

ARTICLES

1 *The indefinite article* (a, an) – *forms*
Un with most masculine nouns, but **uno** with those beginning with **gn, ps, x, z**, or **s** plus another consonant: **un ragazzo, un ospedale; uno psicologo, uno sport**.

Una with most feminine nouns, but **un'** with those beginning with a vowel: **una ragazza; un'isola**.

2 *Uses of the indefinite article*
It is usually used as in English, although you don't need it after **essere** when talking about occupations: **sono medico; è studente**.

However, when the noun is qualified, an article is required: **sono un medico specializzato; è uno studente di lingue**.

3 *The definite article* (the) – *forms*
Il with most masculine nouns, but **l'** with those beginning with a vowel, and **lo** with those beginning with **gn, ps**, etc: **il ragazzo; l'ospedale; lo psicologo, lo sport**.

La with most feminine nouns, but **l'** with those beginning with a vowel: **la ragazza; l'isola**.

With plural nouns, you use **i** or **gli** with masculine nouns: **i ragazzi; gli ospedali, gli psicologi, gli sport**. You use **le** with all feminine nouns: **le ragazze, le isole**.

4 *Uses of the definite article*
The definite article *is* used in the following cases, unlike in English:
1   with names and titles of people you're talking about:
il signor Marini; la signora Gabriele; il professor Simonelli.

2   with continents, countries, regions and large islands:
l'Europa; la Francia; la Toscana; la Sicilia.

However, when using **in** before the name of a country, region, etc, the article is not needed if the place-name is feminine and singular:

vado **in Italia, in Toscana**. With masculine countries the article is
optional: vado **in** *or* **nel Belgio**; though the tendency nowadays is to say
in. The article is more frequently used with masculine regions:
nel Veneto; negli Abruzzi; but you always say **in Piemonte** and
in Trentino.

If there is an adjective, an article is always required: **nell'Italia
centrale; nella Sicilia occidentale; negli Stati Uniti**.

When **a** is used with towns and small islands, no article is needed: abito
a Milano; vado **a Capri**.

3   with names of languages or dialects: parlo due lingue, **il francese
e l'inglese**; non capisco **il napoletano**. However, the article is often
omitted after **parlare**: **si parla inglese**.

4   in some expressions involving numbers:
Time: sono **le due e mezza** *(it's half past two)*.
Dates: alla fine **del 1982** *(at the end of 1982)*.
Age: you use the article with a preposition: un'età **dai 7 ai 32 anni**
(from 7 to 32 years of age); *but* ha 25 anni.
Percentages: il **99 %** della popolazione *(99% of the population)*.

5   in certain idioms – sometimes the definite article is used in Italian
where in English the indefinite article is used, eg to denote your job:
faccio **il medico** *(I'm a doctor)*; faccio **la disegnatrice** *(I'm a designer)*;
or to denote an illness: ho **la febbre** *(I've got a temperature)*; ho **la tosse**
(I've got a cough).

6   with abstract nouns, or nouns used in a general sense: il progresso
della scienza *(the progress of science)*; mi piace **la musica** *(I like music)*.

7   with nouns indicating substances or matter: cosa bisogna fare **alla
lana?** *(what must you do to wool?)*; **il fango** viene usato nelle cure *(mud is
used in the treatments)*.

8   to indicate possession – the definite article is often used when the
context shows clearly who the possessor is: è venuta un'amica **della
mamma** *(a friend of my mother's came)*; mi hanno rubato **il portafoglio**
(my wallet); gli fa male **il piede** *(his foot)*. This applies particularly
when using reflexive verbs: vorrei **farmi tagliare i capelli** *(my hair)*;
si mette le scarpe *(his/her shoes)*.

POSSESSIVES

5   These can be both adjectives and pronouns, ie **mio** = *my* or *mine*; **tuo**
= *your* or *yours*. They always agree in gender and number with the
object possessed: **il mio libro; la tua macchina**.

6   *Possessive adjectives* (my, your, his, her, etc)
You generally need a definite article with the adjective: **il suo nome**
(his/her/your name); **le loro merci** *(their goods)*; **le tue sorelle**
(your sisters).

When talking about *one* member of the family, the definite article is
omitted: le presento **mia moglie**; non è **nostra sorella**. However, the

article is always used with **loro**: **il loro padre**; and also if there is an adjective or a suffix: è **il nostro fratello maggiore**; è **la mia sorellina**.

7 *Possessive pronouns* (mine, yours, his, hers, etc)
A definite article is often required: vorrei una valigia, **la mia** si è rotta.
However, it is usually omitted when stressing ownership: è **tuo?** – sì,
è **mio** *(is it yours? – yes, it's mine)*.

NOUNS

8 The ending of a noun, in the singular, can give a clue to its gender:
−o often denotes a masculine noun and −a a feminine noun. Nouns
ending in −e can be of either gender, though −**ione** nouns are always
feminine: **la televisione, la lezione**.

Irregular nouns ending in −o: some common ones are feminine, and their
plural is either invariable or irregular: **la/le radio**; **la/le foto**; **la mano** –
le mani.

There are also common nouns ending in −o which change their gender in
the plural: **centinaio** (m) – **centinaia** (f); **l'uovo** (m) – **le uova**;
il paio – **le paia**; **il dito** – **le dita**.

Irregular nouns ending in −a: masculine nouns ending in −a are common:
il problema; **il sistema**; **il poeta**, etc. Their plural is regular:
i problemi; **i sistemi**; **i poeti**, etc. Notice, however: **il cinema** –
i cinema; **il clima** – **i clima**.

There are many nouns ending in −a which can be masculine or feminine,
and have two plurals: **il/la** giornalista – **i** giornalisti, **le** giornaliste;
il/la collega – **i** colleghi, **le** colleghe.

Nouns ending in accented vowels: these can be of either gender, though
those ending in −à are generally feminine. Their plural is always
invariable: **la/le città**; **il/i caffè**; **la/le virtù**.

Nouns ending in −si *and* −ie are mostly feminine, with an invariable
plural: **la/le crisi**; **la/le tesi**; **la/le serie**. But notice **la moglie** –
le mogli.

Nouns ending in a consonant and the increasingly large number of *foreign
words* in Italian tend to be masculine and to have an invariable plural:
il/i caos; **il/i bar**; **il/i film**; **il/i camion**.

A few words are extremely irregular: **l'uomo** – **gli uomini**; **il dio** –
gli dei.

9 *Spelling changes (nouns and adjectives)*
Nouns and adjectives ending in −**co**, −**go**, −**ca**, −**ga** usually have an **h**
inserted in the plural to keep the hard sound of the **c** or **g**: **parco** –
parchi; **lungo** – **lunghi**; **poca** – **poche**; **bottega** – **botteghe**.

In general this doesn't happen when the stress of the word is irregular:
m*e*dico – m*e*dici; simp*a*tico – simp*a*tici; psic*o*logo – psic*o*logi.

Masculine nouns ending in −io end in −i in the plural: figl**io** – figl**i**;
viagg**io** – viagg**i**; gua**io** – gua**i**. But if the **i** is stressed, the plural ends in
−**ii**: z**io** – z**ii**.

Feminine nouns and adjectives ending in −cia, −gia *have plurals ending in*
−cie, −gie *or* −ce, −ge. If the ending is preceded by a vowel, the i stays
in the plural: la farmacia − le farmacie; la valigia − le valigie; grigia −
grigie. Otherwise, the i is omitted in the plural: la spiaggia − le spiagge;
la salsiccia − le salsicce; liscia − lisce.

ADJECTIVES

10   *Forms* − adjectives agree in gender and number with the nouns they
qualify: **il mare sporco**; **la città rumorosa**. If there are masculine and
feminine nouns together qualified by an adjective, then the adjective
becomes masculine plural: **Pino e Sandra** sono **onesti**.

Most adjectives have four endings: il ragazzo italiano; i ragazzi italiani;
la ragazza italiana; le ragazze italiane.

However, there are many with only two forms, a singular ending in −e
and a plural ending in −i (irrespective of gender): il ragazzo/la ragazza
interessante; i ragazzi/le ragazze interessanti.

Some adjectives have a singular ending in −ista, irrespective of gender,
but two plural forms: **un** uomo/**una** donna egoista; uomini egoisti,
donne egoiste. Others include: **pessimista, ottimista, idealista,
fascista, comunista, socialista, femminista.**

A few adjectives have only one form. In general these describe colour:
una camicia **blu** − **due** camicie **blu. Rosa, viola, nocciola** and **beige**
are also invariable and **marrone** sometimes is. Compound colours
are invariable: **due** camicie **verde scuro/verde chiaro** *(dark
green/light green)*.

11   *Adjectives used in a general sense*
The masculine plural form of adjectives is always used with si where si is
used impersonally to mean *one* or *people*: si diventa **ridicoli** *(one becomes
ridiculous)*; da noi si è **abituati** a lavorare di meno *(in our part of the
world people are used to working less)*.

Similarly, a plural adjective is used with other impersonal expressions
like **bisogna: bisogna** stare attenti *(one must be careful)*.

With **qualcosa** or **niente, di** is put in front of the adjective: **qualcosa
di brutto** *(something ugly)*; non ha **niente di bello** *(there's nothing nice
about it)*.

12   *Comparative adjectives (*more *and* less)
Più and **meno** go before the adjective: **più alto** *(higher)*; **meno alto**
(less high).

Some common adjectives have their own comparative forms, eg **buono**
(good) − **migliore** *(better)*; **cattivo** *(bad)* − **peggiore** *(worse)*: il clima
del sud è **migliore**; il clima del nord è **peggiore**. (People also say
più or **meno buono/cattivo**, often in relation to food.)

To say *more and more* or *increasingly,* **sempre più** goes before the
adjective: sono **sempre più stretti** *(they are increasingly narrow)*. And
sempre meno to say *less and less*: è diventata **sempre meno allegra**.

13 *Superlative adjectives* (the most, the least)
These differ from comparatives only in the use of the article with **più** and **meno**.

Il più, la più, il meno, la meno, etc, go together when the adjective comes before the noun: **la più** importante stazione termale d'Europa; sono **i più** velenosi funghi. Otherwise they're split up: **la** stazione termale **più** importante d'Europa; sono i funghi **più** velenosi.

The same applies to **il/la migliore**, **il/la peggiore**, etc *(the best, the worst)*: **la migliore** spiaggia d'Italia; il clima **peggiore** d'Europa.

ADVERBS

14 *Forms* – unlike adjectives, adverbs don't undergo changes. They can be used with verbs or adjectives.

The largest group of adverbs end in **–mente**, and are generally formed from adjectives: **unico – unicamente; assoluto – assolutamente; semplice – semplicemente**. Notice that **–mente** is added to the feminine singular form of the adjective.

With adjectives ending in **–ale**, **–ile** or **–are**, the final **–e** is dropped: **normale – normalmente; facile – facilmente**.

There are adverbs which have other endings, eg **volentieri** *(willingly)*. Notice above all **bene** and **male**: mi sento **bene** *(I feel good/well)*; mi sento **male** *(I feel bad/awful)*; giochi **bene/male** *(you play well/badly)*. Although in English you can use what looks like an adjective *(good, bad/awful)* in this context, in Italian you can only use **bene** and **male** *(never* **buono** and **cattivo**).

Some words, like **molto, poco, troppo** and **tanto**, can be adverbs as well as adjectives. Notice that when this happens they are invariable: è una persona **poco** seria; ha gli occhiali **molto** spessi.

15 *Comparative and superlative adverbs*
To say *more* or *less*, put **più** or **meno** before the adverb: corre **più lentamente** *(more slowly)*; parla **meno rapidamente** *(less quickly)*.

To say *most* or *least*, put **il più** or **il meno** before the adverb: corre **il più lentamente** di tutti *(the slowest of all)*; parla **il meno rapidamente** di tutti *(the least quickly of all)*.

Notice that with some adverbs, the comparative and superlative forms can be the same: **bene** *(well)* – **meglio** *(better, best)*; **male** *(badly)* – **peggio** *(worse, worst)*; **molto** *(a lot)* – **di più** *(more, most)*; **poco** *(not much)* – **meno** or **di meno** *(less, least)*. Whether the meaning is *better* or *best*, *worse* or *worst*, etc, is apparent from the context in Italian: mi piace Roma, ma conosco **meglio** Venezia *(but I know Venice better)*; la città che conosco **meglio** è Venezia *(the city I know best is Venice)*.

SUFFIXES – with Adjectives, Adverbs and Nouns

16 One of the most common suffixes is **–issimo**, meaning *very, a lot*, which can be used with most adjectives and some adverbs **(bene, male, molto,**

poco, tanto). The ending changes with adjectives but is invariable with adverbs: le città sono **rumorosissime**; i problemi sono **moltissimi**; *but* la signora sta **benissimo**; vanno **pochissimo** al mare.

The suffix **–one** can be used with quite a few nouns and adjectives and with the adverb **bene**. It has the effect of magnifying the size of something or strengthening the meaning of the original word: **un simpaticone** (from **simpatico**) *(a particularly nice and easy-going person)*; **un sapientone** (from **sapiente**) *(a know-all)*; sto **benone** (from **bene**) *(I'm in really fantastic shape)*.

The suffix **–ino/–ina** is very common – it is generally a diminutive: **un uccellino** *(a small bird)*; **un bastoncino** *(a little stick)*; **piccolino/a** *(tiny)*; **una cittadina** *(a small town)*.

The suffix **–etto/–etta** also tends to be a diminutive: **la spiaggetta** *(small beach)*; **la casetta** *(small house)*; **un pezzetto** *(small piece)*.

Affection or sympathy can be implied by **–ino** or **–etto** endings, with names for example: **la Franceschina**; **la Claretta**; **Giannino**; or with **povero**: **poveretto/a, poverino/a** *(poor thing!)*.

Words with suffixes often have a separate meaning: **il finestrino** *(train/car window)*; **carino/a** *(pretty, sweet)*; **la borsetta** *(handbag)*; **un sacchetto** di plastica *(plastic bag)*; **il cartone** *(cardboard)*.

This often also applies to the diminutive suffix **–ello/–ella**, and the pejorative suffix **–accio/–accia**: **una cittadella** *(citadel, hill-top town)*; **la parolaccia** *(swear-word)*; **l'erbaccia** *(weed)*.

RELATIVE PRONOUNS

17 **Che** *(that, which, who, whom)*
Che must be used in Italian, though in English it is often left out: sento **che** lei non è veneziana *(I can hear (that) you're not Venetian)*.

Che can be both subject and object and can refer to things and people: c'è una tradizione **che** risale all'Ottocento *(a tradition which goes back)*; do del lei a persone **che** conosco poco *(to people (whom) I don't know very well)*.

Il che *(which)*: this is used instead of **che** when referring to a phrase rather than to a person or thing: non hai fatto niente, **il che** non mi sorprende *(which doesn't surprise me)*.

18 **Cui** *(which, whom)*
This replaces **che** after a preposition: un'aria famosa **in cui** *(in which)*; do del lei a persone **a cui** devo dare rispetto *(to whom)*.

Notice that **cui** is needed with **piacere**: persone **a cui piace** vivere in San Frediano *(people who like living in San Frediano)*.

Cui preceded by the definite article means *whose*: l'opera, **la cui** aria fondamentale *(whose basic aria)*; Domenico Modugno e Gino Paoli, **le cui** canzoni *(whose songs)*.

19 **Il/la quale, i/le quali** *(which, who, whom)*
These can sometimes replace **che** and **cui**: eravamo amici del

soprintendente, **il quale** (che) ci dava la possibilità; una persona con **la quale** (con cui) vado d'accordo.

Whether you use **che/cui** or **il/la quale**, etc, is partly a matter of individual habit, though **che** is more common than **quale**. However, if there is a risk of ambiguity, then the **quale** form tends to be used. Compare the following: l'amica di mio fratello, **il quale** è intelligente *and* l'amica di mio fratello, **la quale** è intelligente. **Che** would not make it clear whether the friend or the brother was the intelligent one.

20 **Ciò che** and **quello che** *(what)* are virtually interchangeable: non sento **quello che** dici *(what you are saying)*; **ciò che** ho fatto è assurdo *(what I did)*.

21 **Chi** is occasionally used as a relative pronoun meaning *some people*: c'è **chi** dice; or *whoever*: **chi** indovina, vince; **chi** risponde al telefono deve collegarsi a argomenti diversi.

Chi ... **chi** means *some* ... *others*: **chi** pensava che fossero stati siracusani, **chi** fosse stato un matto *(some thought it had been . . . , others that . . .)*.

INTERROGATIVES – Pronouns and Adjectives

These are used in direct and indirect questions.

22 **Chi?** *(who?)*: **chi** è che tiene al Milan? *(who supports Milan?)*; voglio sapere **chi** è che tiene al Milan.

Any prepositions go in front: **per chi** lavori?; **a chi** lo dici?.

23 **Cosa?** or **che cosa?** *(what?)*: **cosa** vuol dire?; voglio sapere **che cosa** dice. In speech **cosa** on its own is perhaps more common. **Che?** on its own can also be used: **che** dici? *(what are you saying?)*.

24 **Quale/i**: this is used as an adjective *(which?, what?)* and as a pronoun *(which one(s)?)*. In both cases it agrees with what it is referring to: **qual** è la zona che conosce meglio? *(which is the area . . . ?)*; **quale?** *(which one?)*; **quali giornali** leggi? *(which newspapers do you read?)*; **quali?** *(which ones?)*.

Prepositions come before **quale/i**: **in quali** posti è stata? *(which places have you been to?)*.

25 **Che?** *(what?)* is often used as an adjective in a question: **che** dimensioni ha? *(what dimensions does it have?, ie how big is it?)*; **che** canale è? *(what canal is it?)*; **che** ora è? *(what time is it?)*.

Prepositions come before **che?**: **in che** posti è stata? *(what places have you been to?)*. Sometimes there is no corresponding preposition in English: **di che** colore è? *((of) what colour is it?)*.

PERSONAL PRONOUNS

26 *Subject pronouns and stressed pronouns*
Subject pronouns can be used as the subject of a verb, while stressed pronouns are used mainly after prepositions.

subject		stressed	
I io		*me* me	
you tu		*you* te	
he lui		*him* lui	
she/you lei		*her/you* lei	
we noi		*us* noi	
you voi		*you* voi	
they loro*		*them* loro*	

*loro is also used as the formal plural *you* in writing; in speech, voi is generally both the informal and the formal plural *you*

27 Uses of subject pronouns

Subject pronouns are generally only used for emphasis or clarity: io vado a Bologna ma lui va a Padova; vado io *(I'll go)*.

They are also used after anche: vengo anch'io *(I'm coming too)*; ha parlato anche lui *(he spoke too)*.

28 Uses of stressed pronouns

Stressed pronouns are used after prepositions: per me va bene *(that's fine by me)*; sono d'accordo con te *(I agree with you)*; secondo lui *(according to him)*.

They are also used in exclamations after beato or povero: beato te! beati voi! *(lucky you!)*; povero me! *(poor me!)*.

Stressed pronouns must be used for contrast with expressions like piacere (a), dare fastidio (a): a me piace il mare ma a lui piace la montagna; a te dà fastidio il rumore mentre a noi dà fastidio il silenzio.

They are also generally used for emphasis (in preference to mi, ti, gli, le, etc): a me piace soprattutto la montagna; so che a lei dà molto fastidio il fumo.

29 Direct and indirect object pronouns

	direct object		indirect object	
singular	*me*	mi	mi	*to me*
	you	ti	ti	*to you*
	him/it	lo	gli	*to him/it*
	her/you/it	la	le	*to her/you/it*
plural	*us*	ci	ci	*to us*
	you	vi	vi	*to you*
	them (m)	li	(loro)**	*to them/you*
	them (f)/*you*	le*		

* the plural formal *you*, le, is hardly ever used – vi is used instead: non vi vedo spesso *(I don't see you often)*

** loro is rarely used in speech – for the plural formal *to you*, vi is used: vi presento mia moglie *(may I introduce my wife to you)*; and gli is used to mean *to them*: gli do del tu *(I say tu to them)* (masculine or feminine)

30 *Uses of direct object pronouns*

They are used with verbs which are transitive and have a direct object, eg **vedere, ringraziare, salutare, prendere, capire, conoscere, portare, mangiare**: mangia le melanzane qui? – no, **le** porto via; conosce la Cornovaglia? – sì, **la** conosco bene.

When referring to masculine and feminine objects together, use the masculine plural: vedi spesso Maria e Aldo? – sì, **li** vedo spesso.

Lo and **la** are usually shortened to **l'** before forms of the verb **avere**: **l'ho** trovato interessante.

31 *Uses of indirect object pronouns*

You have to use *indirect* object pronouns with verbs and expressions that are normally followed by **a**, eg **dare (a), telefonare (a), fare bene (a)**: **gli** telefono domani *(I'll telephone him/them tomorrow)*; **le** fa bene *(it does her/you good)*.

32 Some verbs, eg **chiedere, consigliare, raccontare**, are used with direct *and* indirect object pronouns, according to their meaning: consiglierei la borsa – **la** consiglierei *(I would recommend it)*; *but* consiglierei a Daniela di prendere la borsa – **le** consiglierei di prendere la borsa *(I would advise her)*.

33 *Reflexive pronouns*

	singular	*plural*
1st person	mi	ci
2nd person	ti	vi
3rd person	si	si

Reflexive pronouns are an integral part of reflexive verbs like **abituarsi, trovarsi, divertirsi**, and can never be omitted: **mi diverto** *(I enjoy myself)*; **si abitua** *(he gets used to)*.

When **si**, meaning *one* or *people*, is used with a reflexive verb, it is replaced by **ci**: **ci si abitua** *(one gets used to it)*. (It would sound ugly to say **si si abitua**.)

OTHER NOTES ON PRONOUNS

34 *The pronoun* **ci** can mean *there* or *here*: chi **ci** abita adesso?; **ci** vado spesso; **c'è** l'ispettore?.

It can mean *there* without reference to place: **c'è** una macchina *(there is a car)*; **ci** sono dei funghi *(there are some mushrooms)*.

With verbs followed by **a**, eg **pensare (a), credere (a), riuscire (a)**, **ci** is used to mean *it* or *them*: non riesco a capire – non **ci** riesco; non credo ai farmaci – non **ci** credo.

Ci (or **ce**) is found as an untranslatable part of the verbs **volerci** and **farcela**: **ci vuole** pazienza *(you need patience)*; quanto **ci vuole**?

(how long does it take?); non **ce la faccio** *(I can't manage it)*. It also occurs in idiomatic expressions such as: **non ci capisco niente** *(I don't understand a thing)*; **ce l'ho** *(I've got it)*.

35 *The pronoun **ne** can mean from there*: **ne** sono tornata tre giorni fa.

More frequently **ne** is used with quantities, where it is roughly equivalent to *of it/them* (though this is often omitted in English): quanto **ne** vuole? *(how much (of it) do you want?)*; quanti **ne** vuole? *(how many (of them) do you want?)*.

Ne must be used when specifying a quantity: **ne** prendo **un po'/due** *(I'll have a little/two (of it/them))*; **ne** viene ritagliato **un pezzo** *(a bit (of it) is cut off)*.

With verbs or expressions followed by **di**, eg **pensare (di), essere sicuro (di)**, **ne** is used to mean *of it/him/her/them*: cosa **ne** pensa?; **ne** sono sicuro.

36 *Combined pronouns*
When two pronouns are combined in Italian their order is as follows: **ci**, indirect object and reflexive pronouns go first; direct object pronouns **(lo/la/li/le)** or **ne** go second. When used with other pronouns, **mi, ti, ci, vi, si** become **me, te, ce, ve, se**: per quando **me li** può fare?; **te lo** posso mostrare; **se li** lava; **ce ne** sono.

Gli and **le** both change to **glie** in front of **lo, la, li, le** and **ne**, and the combination is written as one word: **gliela** vado a prendere; **glieli** posso fare per giovedì. (The context makes it clear whether **glie** means *him, her, you* or *them*.)

The indirect object pronoun **loro**, if used, always goes after the verb: **lo** do **loro** *(I give it to them)*.

37 *The impersonal **si** with other pronouns*
When combined with **lo/la/li/le**, the impersonal **si** comes last, and there are no spelling changes: quando **la si** stira, la lana diventa lucida *(when one irons it, wool . . .)*; **lo si** vede nella chiesa *(one can see it . . .)*.

However, **si** goes in front of **ne** and becomes **se**: **se ne** trovano presso le stazioni *(one can find some . . .)*.

38 *The position of pronouns*
Generally they come immediately before the verb: **li** mangia qui?; **gli** telefono subito; **mi** sto divertendo; **ne** prendo tre. This also applies to combined pronouns: **gliene** do un chilo?; **me lo** dà.

With an infinitive verb, the pronouns are generally attached to the end of it, making one word: mi piace mangiar**li**; basta andar**ci**; ora vado a prender**gliela**.

If the infinitive comes after **potere, volere** or **dovere**, joining the pronouns to it is optional: **ne** voglio prendere *or* voglio prender**ne**; **lo** devono usare *or* devono usar**lo**; **te lo** posso mostrare *or* posso mostrar**telo**.

With **tu, voi** and **noi** imperatives, the pronouns are attached to the end: ricorda**ti** bene; guarda**lo**; muoviamo**ci**; date**mele**.

Notice that with single syllable imperatives, eg **fa'**, **va'**, **da'**, **di'**, the initial consonant of the attached pronoun is doubled, unless the pronoun is **gli**: **fammi** sapere; **fallo** subito; **vacci**; *but* **digli**.

The word **ecco** has pronouns attached to it to make one word: **eccolo**; **eccoci** qua; **eccone** due.

VERBS

In the **Vocabolario**, verbs with irregularities *other* than their past participle or in the past definite tense are marked†.

There are many different patterns of irregularity, and often several verbs follow the same pattern, eg **tenere/ottenere/ritenere**; **uscire/riuscire**; **salire/risalire**; **venire/provenire**; **proporre/supporre**; **produrre/tradurre**; **scegliere/raccogliere**. In the tables that follow we have given only one example of each pattern.

39 *The present tense*
The regular patterns of −are, −ere and the two types of −ire verbs are:

parlare	parlo, parli, parla, parliamo, parlate, parlano
vendere	vendo, vendi, vende, vendiamo, vendete, vendono
partire	parto, parti, parte, partiamo, partite, partono
finire	finisco, finisci, finisce, finiamo, finite, finiscono

Where an −ire verb has a present tense with an −isco ending, this is marked in the **Vocabolario**.

40 *Irregular present tenses*
Here are some of the most common irregular present tenses. It is important to know them because some other tenses are derived from the present (see **Grammatica** 67, 70). Some verbs are extremely irregular:

essere avere	sono, sei, è, siamo, siete, sono ho, hai, ha, abbiamo, avete, hanno
andare dare fare stare	vado, vai, va, andiamo, andate, vanno do, dai, dà, diamo, date, danno faccio, fai, fa, facciamo, fate, fanno sto, stai, sta, stiamo, state, stanno
bere dovere possedere potere sapere tenere volere	bevo, bevi, beve, beviamo, bevete, bevono devo, devi, deve, dobbiamo, dovete, devono possiedo, possiedi, possiede, possediamo, possedete, possiedono posso, puoi, può, possiamo, potete, possono so, sai, sa, sappiamo, sapete, sanno tengo, tieni, tiene, teniamo, tenete, tengono voglio, vuoi, vuole, vogliamo, volete, vogliono

| produrre | produco, produci, produce, produciamo, producete, producono |
| proporre | propongo, proponi, propone, proponiamo, proponete, propongono |

dire	dico, dici, dice, diciamo, dite, dicono
morire	muoio, muori, muore, moriamo, morite, muoiono
uscire	esco, esci, esce, usciamo, uscite, escono
venire	vengo, vieni, viene, veniamo, venite, vengono

Some verbs are irregular only in the **io** and **loro** forms:

parere	**paio**, pari, pare, pariamo, parete, **paiono**
rimanere	**rimango**, rimani, rimane, rimaniamo, rimanete, **rimangono**
scegliere	**scelgo**, scegli, sceglie, scegliamo, scegliete, **scelgono**

| apparire | **appaio**, appari, appare, appariamo, apparite, **appaiono** |
| salire | **salgo**, sali, sale, saliamo, salite, **salgono** |

41 *Reflexive verbs – present tense*
These follow the patterns shown in **Grammatica** 39 and 40, and the reflexive pronouns (see **Grammatica** 33) always come in front, eg:

| alzarsi | **mi** alzo, **ti** alzi, **si** alza, **ci** alziamo, **vi** alzate, **si** alzano |

A few reflexive verbs have another pronoun as well, and this changes the spelling of the reflexive pronouns, eg:

| sentirsela | **me** la sento, **te** la senti, **se** la sente, **ce** la sentiamo, **ve** la sentite, **se** la sentono |

Similarly: **cavarsela** – **me la cavo, te la cavi**, etc; **andarsene** – **me ne vado, te ne vai**, etc. (Note that the verb **farcela** is not reflexive so requires no alteration to the pronouns: **ce la faccio, ce la fai**, etc.)

42 *The continuous present*
This is formed from the present tense of **stare**, plus the gerund of the verb required:

sto		
stai	parl**ando** (parlare)	There are only two gerund endings
sta	vend**endo** (vendere)	and these are added to the stem of the infinitive: −**ando** for −**are**
stiamo		verbs, and −**endo** for −**ere** and all
state	part**endo** (partire)	−**ire** verbs.
stanno	fin**endo** (finire)	

43   Some verb infinitives expand to give gerunds as follows: **fare** – **fac**endo; **bere** – **bev**endo; **dire** – **dic**endo; **produrre** – **produc**endo; **proporre** – **propon**endo.

44   *Uses of the continuous present*
The continuous present is used only to refer to something going on at the time of speaking: **sta facendo** le ferie qui? *(are you spending your holidays here?)* (ie at this moment).

It can never be used to refer to the future, so to say *are you spending your holidays by the sea?* (ie next summer): **farà** le ferie al mare?

45   *The imperfect tense*
The regular imperfect tense is formed from the stem of the infinitive:

parlare	parlavo, parlavi, parlava, parlavamo, parlavate, parlavano
vendere	vendevo, vendevi, vendeva, vendevamo, vendevate, vendevano
partire	partivo, partivi, partiva, partivamo, partivate, partivano
finire	finivo, finivi, finiva, finivamo, finivate, finivano

46   *Irregular imperfects*
The verbs mentioned in **Grammatica** 43 are also irregular in the imperfect, using the **–ere** endings added to the expanded infinitive: **fare** – **facevo, facevi**, etc; **bere** – **bevevo; dire** – **dicevo; produrre** – **producevo; proporre** – **proponevo.**

Essere has its own pattern: **ero, eri, era, eravamo, eravate, erano.**

47   *Uses of the imperfect tense*
The imperfect is used:
1   to describe past *habitual actions*, ie what used to happen;
2   to describe *incomplete actions* in the past, ie what was going on at the time (though the continuous imperfect can also be used, see **Grammatica** 48);
3   to describe past *states or situations*, ie what things or people were like.

For examples, see Chapter 14, **Analisi** 1, 2, 3.

48   *The continuous imperfect*
This is formed from the imperfect tense of **stare**, plus the gerund of the verb required (see **Grammatica** 42 and 43 on forming the gerund).

It is most commonly used in story-telling to describe what was going on at the time: **stavamo salendo** verso il ghiacciaio del Monte Rosa; al momento che **stavamo ripartendo.**

49 *The perfect tense*
This is formed from parts of the present tense of **avere** and **essere**, plus the past participle of the verb, eg: **ho venduto; sono andato**.

For notes on whether to use **avere** or **essere**, see **Grammatica** 53.

For the regular past participle, see Chapter 13, **Analisi** 3. Verbs with irregular past participles that occur in this book are listed in the **Vocabolario** as follows: vedere (pp visto).

50 *Uses of the perfect tense*
This is generally used to translate the form *I have spoken* or *I spoke*. It refers to completed actions: **sono andato** al cinema ieri sera; or to completed experiences: rimanere a casa **è stato** piacevole.

51 *The pluperfect tense*
This is formed from parts of the imperfect tense of **avere** and **essere**, plus the past participle of the verb: **avevo venduto; ero andato**.

52 *Uses of the pluperfect tense*
The pluperfect tense is generally used to translate the form *I had spoken*. It is mostly used in past tense narratives for completed actions that took place prior to others: **avevamo finito** il lavoro e poi Michele si è accorto che **aveva lasciato** le chiavi nella macchina.

53 *The auxiliary:* **essere** *or* **avere**?
This and the next three sections apply to all compound tenses such as the perfect and pluperfect.

As a rule, **avere** is used with transitive verbs (verbs with a direct object): **ho visto** un film; **avevo comprato** una valigia; and **essere** with intransitive verbs (ones with no direct object): **sono andato** a Roma; **ero uscito** presto. (Verbs used with **essere** are marked * in the **Vocabolario**.)

As an exception to this rule, **avere** is used with **camminare, dormire, viaggiare, abitare**, and frequently with **vivere**: **ho dormito**; **ho vissuto**, etc. (You will hear **vivere** used with either auxiliary, whether or not it has a direct object.)

54 Some verbs (marked (*) in the **Vocabolario**) can be used with both **avere** and **essere**, depending on whether they are being used transitively or intransitively. The most common are **finire, cominciare, passare, cambiare, migliorare, peggiorare** and **vivere**: **ho finito** di lavorare alle otto *but* il film **è finito** alle otto; **ho cominciato** con un libretto *but* la giornata **è cominciata** bene.

With verbs to do with weather, eg **piovere, nevicare**, either auxiliary can be used: **ha/è piovuto**.

55 With the verbs **dovere, volere** and **potere**, the choice of **essere** or **avere** depends on the verb which follows: **ho dovuto pagare** una multa; **sono voluto andare; si è potuto divertire**. In practice, though, **avere** is often used regardless.

56 *Agreement of past participles*

The past participle of verbs used with **essere** agrees with the subject:
Fiorella, quanto ci **sei rimasta?**; non **erano riusciti** a vederlo.

When **avere** is used the past participle does not agree, except when a direct object pronoun comes before the verb: **ha fatto** gli infissi in castagno *but* **li ha fatti** in castagno; **aveva chiuso** la macchina *but* **l'aveva chiusa**.

The participle also agrees with **ne** when this is a direct object:
ho mangiato tre pezzi *but* **ne ho mangiati** tre.

57 *The past definite tense*

The three regular types are as follows (–**ire** verbs have only one pattern). (Notice the alternative –**ere** forms.)

parlare	parlai, parlasti, parlò, parlammo, parlaste, parlarono
vendere	vendei/vendetti, vendesti, vendè/vendette, vendemmo, vendeste, venderono
finire	finii, finisti, finì, finimmo, finiste, finirono

There are a considerable number of irregularities – here are some common ones:

avere	ebbi, avesti, ebbe, avemmo, aveste, ebbero
dire	dissi, dicesti, disse, dicemmo, diceste, dissero
essere	fui, fosti, fu, fummo, foste, furono
fare	feci, facesti, fece, facemmo, faceste, fecero
vedere	vidi, vedesti, vide, vedemmo, vedeste, videro
venire	venni, venisti, venne, venimmo, veniste, vennero

58 *Uses of the past definite tense*

In certain areas, particularly in the south, and in Tuscany, the past definite is often used in speech for completed actions. In many regions, though, especially in the north, the perfect is the past tense most frequently used in speech, and the past definite is only used to talk about events in the distant past. As this use of past tenses is considered to be 'standard' Italian, it is not essential to learn to use the past definite in speech.

However, in writing, especially of a formal or literary kind, the past definite is used in preference to the perfect: Dante **morì** nel 1321 (as opposed to **è morto**).

In the **Vita italiana** sections of **L'Italia dal vivo** it was decided to use an informal style and not to use the past definitive tense.

59 *The future tense*

Regular forms are as follows (–**ire** verbs have a single pattern):

parlare	parlerò, parlerai, parlerà, parleremo, parlerete, parleranno
vendere	venderò, venderai, venderà, venderemo, venderete, venderanno
finire	finirò, finirai, finirà, finiremo, finirete, finiranno

Notice that −are and −ere verbs have identical endings.

60   *Irregular futures*
The normal future endings are used, except for the initial e or i:

andare	**andrò**	fare	**farò**		bere	**berrò**
avere	**avrò**	potere	**potrò**		produrre	**produrrò**
cadere	**cadrò**	sapere	**saprò**		proporre	**proporrò**
dare	**darò**	stare	**starò**		rimanere	**rimarrò**
dire	**dirò**	vedere	**vedrò**		tenere	**terrò**
dovere	**dovrò**	vivere	**vivrò**		venire	**verrò**
					volere	**vorrò**

Essere has its own pattern: **sarò, sarai, sarà, saremo, sarete, saranno.**

61   *Uses of the future tense*
The future tense is used as in English to talk about how things will be: come **sarà** la cerimonia?; and what will happen: **telefonerò** più tardi; il contadino **risponderà** con il voi.

It is often used where in English the present tense is used, after **se, quando** and **appena**: **se avrò** il tempo domani verrò con te *(if I have time)*; **quando** ti **vedrò** te ne parlerò *(when I see you)*; **appena arriverà**, te lo farà sapere *(as soon as he arrives)*.

The future tense is often used to indicate uncertainty or probability, ie as the equivalent of *could, may* or *must*: **sarà** una pila? *(could it be a battery?)*; **avrà** cinquant'anni, ma non ci credo *(he may be fifty but . . .)*; **saranno** le tre *(it must be three o'clock)*.

Notice, however, that the present tense is generally used instead of the future for definite arrangements: **ci vediamo** alle due; **vado** al cinema stasera. (This corresponds to the English *we're seeing each other*; *I'm going to the cinema*.)

The present is also used for actions in the very near future: **vado** io *(I'll go)*; ti **aiuto** io *(I'll help you)*. (In English the future is used.)

The present can be used after **se**, and this is common in speech: **se** lei **viene** da me le darò degli antibiotici.

The present must be used in a question that in English would begin with *shall?*: **vado** io? *(shall I go?)*; ti **aiuto** io? *(shall I help you?)*.

62   *The future perfect tense*
This is formed with the future of **essere** or **avere**, plus the past participle: **sarò andato**; **avrò venduto**; **avrò finito**. It corresponds to

the English *will have*: domani **sarà già partito** *(tomorrow he will already have left)*.

63 *Uses of the future perfect tense*
Most frequently it is used after **quando, appena** and **dopo che**, where in English the perfect tense is used: **quando sarà arrivato** potremo cominciare *(when he has arrived . . .)*; and to express uncertainty or probability: chi **sarà stato?** *(who could it have been?)*; **avranno notato** i nomi delle strade *(they must have noticed . . .)*.

64 *The conditional tense*
The regular forms are as follows:

parlare	parlerei, parleresti, parlerebbe, parleremmo, parlereste, parlerebbero
vendere	venderei, venderesti, venderebbe, venderemmo, vendereste, venderebbero
finire	finirei, finiresti, finirebbe, finiremmo, finireste, finirebbero

Notice that the −**are** and −**ere** endings are identical.

Irregular forms: verbs that are irregular in the future tense are also irregular in the conditional. The regular conditional endings are used, except for the initial **e** or **i**: **andare** – **andrei, andresti**, etc; **venire** – **verrei, verresti**, etc.

Essere has its own pattern: **sarei, saresti, sarebbe, saremmo, sareste, sarebbero**.

65 *Uses of the conditional tense*
It can be translated by *would, should* or even *could*: non **direi** *(I wouldn't say so)*; questo le **potrebbe** andare bene *(this could be fine for you)*; **dovrebbe** arrivare fra poco *(he should be arriving soon)*.

It is also used in polite questions, when asking a favour or wondering about something: mi **faresti** un favore? *(will/would you do me a favour?)*; che intenzione **avresti?** *(what would you be thinking of doing?)*; **potrei** venire domani? *(may/could I come tomorrow?)*.

66 *The past conditional tense*
This is formed with the conditional of **essere** and **avere** plus the past participle: **sarei andato; sarei venuto; avrei finito**. It corresponds to the English *would have*: mi **sarebbe piaciuto** venire *(I would have liked to come)*.

It is used after past tenses to say *what was going to happen* or *what would happen*: ha detto che **sarebbe rimasto** a casa *(he said he would stay at home)*; pensavo che tu lo **avresti aiutato** *(I thought you would help him)*.

67 *The imperative (commands and suggestions)*
Regular forms – **tu, noi, voi**:

	tu	noi	voi
guardare prendere sentire	guarda prendi senti	guardiamo prendiamo sentiamo	guardate prendete sentite

(These are the same as the ordinary present tense forms
except for **guarda**.)

Fare, dare, stare and **andare** also basically follow the pattern for
−are verbs, and their **tu** imperatives are: **fa'**; **da'**; **sta'**; **va'**. (Their **noi**
and **voi** forms are the same as the present tense.)

Irregular forms: there are two important ones which are irregular in the
tu and **voi** forms only: **essere – sii, siate; avere – abbi, abbiate.**
Dire is irregular in the **tu** form: **di'**.

Negative forms: to make a negative command or suggestion, add
non in front of the **noi** and **voi** forms: **non andate** troppo forte
(don't go too fast); **non andiamo** al cinema *(don't let's go to the cinema)*.
But with all **tu** imperatives, use **non** plus the infinitive: Michele, **non
andare** troppo forte; **non preoccuparti**.

68 *Polite imperatives*
The **lei** imperative is the same as the present subjunctive, eg: **guardare
– guardi; prendere – prenda; sentire – senta; finire – finisca**.
(See **Grammatica** 70 on forming the present subjunctive.)

When talking formally to more than one person, you generally use the
voi form of the imperative. (The **loro** form, when used, is the same as
the present subjunctive.)

69 *Pronouns with **lei** imperatives* always come before the verb: **mi dica;
mi scusi; lo prenda**. (With the other imperatives, the pronouns are
attached to the end: **scusami**.)

70 *The subjunctive mood*
This has virtually died out in English but is regularly used in Italian.
There are four tenses:

The present subjunctive

guardare	guardi, guardi, guardi, guardiamo, guardiate, guardino
prendere	prenda, prenda, prenda, prendiamo, prendiate, prendano
partire	parta, parta, parta, partiamo, partiate, partano
finire	finisca, finisca, finisca, finiamo, finiate, finiscano

Notice that the singular forms are identical, and that the **noi** form is the
same as the normal present tense.

Irregular present subjunctive forms are to be found in all verbs which
have an irregular present tense. Most are formed by starting with the

io form of the normal present tense and changing the final −o to −a: volere – voglio – voglia; potere – posso – possa; fare – faccio – faccia; dire – dico – dica. The regular endings are then added: possa; possiamo, possiate, possano. Exceptions are:

andare	vada, vada, vada, andiamo, andiate, vadano
avere	abbia, abbia, abbia, abbiamo, abbiate, abbiano
dare	dia, dia, dia, diamo, diate, diano
dovere	debba, debba, debba, dobbiamo, dobbiate, debbano
essere	sia, sia, sia, siamo, siate, siano
sapere	sappia, sappia, sappia, sappiamo, sappiate, sappiano
stare	stia, stia, stia, stiamo, stiate, stiano
venire	venga, venga, venga, veniamo, veniate, vengano

71 *The perfect subjunctive*
This is formed from the present subjunctive of **essere** and **avere**, plus the past participle: **abbia parlato**; **sia andato**.

72 *The imperfect subjunctive*

guardare	guardassi, guardassi, guardasse, guardassimo, guardaste, guardassero
prendere	prendessi, prendessi, prendesse, prendessimo, prendeste, prendessero
finire	finissi, finissi, finisse, finissimo, finiste, finissero

Notice that the **io** and **tu** forms are identical, and that −ire verbs have one pattern.

Irregular imperfect subjunctives: verbs that are irregular in the ordinary imperfect tense are irregular in the imperfect subjunctive, though the regular −ere endings are used: **fare – facessi**, etc; **bere – bevessi**; **dire – dicessi; produrre – producessi; proporre – proponessi.**

In addition, **stare** and **dare** have the −ere endings: **stare – stessi; dare – dessi.**

Essere has its own pattern: **fossi, fossi, fosse, fossimo, foste, fossero.**

73 *The pluperfect subjunctive* is formed from the imperfect subjunctive of **essere** and **avere**, plus the past participle: **avessi parlato**; **fossi andato**.

74 *The uses of the subjunctive*
1   The subjunctive is commonly used after verbs expressing *opinion, possibility or probability,* eg **pensare, credere, immaginare, parere, sembrare, ritenere,** followed by **che: sembra che duri** centinaia d'anni; **immagino che** nessuno **voglia** fare il militare.

However, the subjunctive is not generally needed if you are sure of your facts: mi **pare che è** più difficile in altri paesi trovare questo tipo di giornalismo; or when talking about the future: **credo che verrà** domani.

2   It is also used after some impersonal expressions to do with possibility, eg **è facile/difficile/probabile che**: a Venezia **è difficile che** le persone **si trovino** nelle case. Again, it is not necessary when talking about the future: **è probabile che verrà** sabato.

3   It is often used after verbs and expressions to do with *emotion or desire*, eg **sperare/volere/piacere/dispiacere/sorprendere che**; **peccato/meno male che**: **mi dispiace che** tu **abbia avuto** paura; **non sorprende che** il furto **abbia creato** uno scandalo; **mi piacerebbe che** i miei figli **potessero** andarci.

4   It can sometimes be used after the verb **dire**, but only when doubt or negation is implied, eg after **si dice che, c'è chi dice che, direi che, non dico che**: **c'è chi dice che** Viareggio d'inverno **sia** più bella.

5   The idea of *doubt, uncertainty or negation* is often expressed by the subjunctive, eg after **non è che, dubito che, non sapere se**: **non è che mi sia tanto divertita; nessuno sa se sia stato pagato**.

6   **Che**, meaning *let . . .* , is followed by a subjunctive: **che parli** con dei suoi coetanei *(let him speak to people of his own age)*.

7   There are a number of conjunctions which are always followed by the subjunctive, eg **benché, purché, a condizione che, a meno che (non), prima che, senza che, può darsi che**: **benché** in Inghilterra si **creda** ancora al mito della donna italiana tutta casa e famiglia.

8   Some phrases can be followed only by the imperfect or pluperfect subjunctive, eg **come se, anche se**: è **come se** uno **avesse fatto** il militare.

OTHER COMMON CONSTRUCTIONS

75   **Da** *with the present and imperfect tenses:* when **da** means *for* or *since*, it is used with the present or imperfect tense: ci **abito da** quattro anni *(I have been living there for four years)*; **era** promesso **da** più di dieci anni *(it had been promised for more than ten years)*.

76   *Some passive constructions*
Using **essere**: one way to make a verb passive is to use the appropriate tense of **essere** and add the past participle: tutto il mondo **sarà sommerso** *(will be submerged)*; la pomice **è estratta** dalle cave di Monte Pelato *(is extracted)*; **è stato chiamato** un meccanico *(was/has been called)*.

Using **venire**: the future, present and imperfect of **venire** are often used instead of **essere**: tutto il mondo **verrà sommerso**; **viene lavato** come **veniva lavato** *(it is washed as it used to be washed)*.

Using **andare**: the present and conditional of **andare** are commonly used with a past participle to say what must be done or what should be done: quanto tempo **va tenuto** nell'olio bollente? *(how long must it be kept in the boiling oil?)*; che cosa **andrebbe fatto**? *(what should be done?)*.

77   *The impersonal* **si**
This pronoun is used with the verb in the third person and generally

means *one, you, people*: il pollo **si taglia** a piccoli pezzetti e **si mettono** nella farina *(you cut the chicken into little pieces and put them into the flour)*. Notice that the verb becomes plural if there is a plural direct object (in this case **piccoli pezzetti**).

When **si** is used with a verb in the perfect tense, the auxiliary is always **essere**: i veneziani vanno in chiesa come **si è** sempre **fatto**.

78 *Comparatives – more or less than*
More/less than is translated by **più/meno di** in front of pronouns, numbers, and often nouns: è **più** intelligente **di te**; ha **meno di quarant'anni**: è **più** difficile o **più** facile **del piano**?

Otherwise, *than* is usually **che**: guardo **più** al futuro **che** al passato; in Italia la vita sociale è vissuta **più** all'esterno **che** in Gran Bretagna; è meno difficile **che** prima; il libro è **più** divertente **che** utile.

Che is also used before nouns when two things are being compared directly: bevo **più tè che caffè**; mi piace **più l'Italia che la Francia**.

If *more/less than* comes before a clause, *than* is often translated by **di quello che** or **di quanto (non)**: è **meno** difficile **di quello che** pensavo / **di quanto non** pensassi *(it's less difficult than I thought)*. (Notice that the subjunctive is used after **di quanto (non)**.)

79 *More uses of the subjunctive*
1 The subjunctive can be used in certain relative clauses (ie beginning with a relative pronoun such as **che**), eg where **che** refers to a superlative: è **il film più bello che abbia** mai **visto**; è **il posto più bello che** ci **sia**.

2 The subjunctive is used in conditional sentences after **se**, if the main verb is in the conditional or past conditional. With a conditional main verb, **se** is followed by the imperfect subjunctive: **se andassi** in un ospedale **sarebbe** tutto a carico della Mutua *(if I went/were to go . . . it would be . . .)*. With a past conditional, **se** is followed by the pluperfect subjunctive: **se fossi andato** in un ospedale **sarebbe stato** tutto a carico della Mutua *(if I had gone . . . it would have been . . .)*.

80 *The sequence of tenses in the subjunctive*
Which tense of the subjunctive you use depends basically on two things: the tense of the main verb, and the time being referred to (the future, now, or the past).

If the main verb is in the present tense, the *present* or *perfect subjunctive* can follow: **credo** che **vada** in Australia *(he will go/is going)*; **credo** che **sia andato** *(he has gone)*.

If the main verb is in the conditional or in any past tense (imperfect, perfect, past definite or pluperfect), the *imperfect* or *pluperfect subjunctive* is generally used: **credevo** che **andasse** in Australia *(he was going/used to go)*; **credevo** che **fosse andato** *(he had gone)*; mi **piacerebbe** che **venisse**.

WORD SEQUENCE

81 In Italian the order in which words appear in a sentence can be very flexible. For example, *Mary doesn't like courgettes* is frequently translated

as: **a Maria non piacciono gli zucchini**. But it is possible to say:
a Maria gli zucchini non piacciono, or even: **non piacciono gli
zucchini a Maria; non piacciono a Maria gli zucchini; gli zucchini
non piacciono a Maria; gli zucchini a Maria non piacciono**.

The change in word order slightly alters the emphasis in each case:
a Maria non piacciono gli zucchini is *MARY doesn't like courgettes*;
while **gli zucchini a Maria non piacciono** is *Mary doesn't like
COURGETTES*. (In English, change in emphasis is generally made by
stressing different words, since it is not possible to alter the word order as
freely as in Italian.)

Another common way of emphasising something in Italian is by using
extra pronouns. This is done mostly when the object is put before the
subject: i biglietti **li** ho già presi io (*as opposed to* io ho già preso i biglietti);
le istruzioni te **le** do io (*as opposed to* io ti do le istruzioni). In colloquial
Italian extra pronouns are often used even when the object doesn't come
first: cosa bisogna far**gli** alla lana?; lo scopo principale è viver**la** la vita.

SPELLING CONVENTIONS

82   *Use of capital letters*
This is less frequent than in English. The main use is with names:
Daniela; **Alessandro**; but not with titles: la **signora** Gabriele;
il **dottor** Carfagnini.

Capitals are used with continents, countries, towns, etc; l'**Europa**;
l'**Italia**; **Roma**; but never with adjectives derived from them: è una
lingua **europea**: è **italiano**; sono **romano**; or with languages and
dialects: capisco l'**italiano**; parlo **napoletano**.

The names of institutions tend to have capital letters:
la Cassa del Mezzogiorno; but not adjectives relating to them:
il deputato **democristiano**.

The days of the week and months of the year have a small initial letter:
lavoro il **giovedì** e il **venerdì**; in **gennaio** vado in montagna.

83   *Dropping the final letter of a word*
It is quite common in speech to drop the final −o of words like **sono**,
erano, etc: **son** solo bambini; c'**eran** delle scene molto violente.

The final −e of infinitives may also be dropped in speech: ci sono tanti
bar per permettere alla gente di **chiacchierar**; sono qui per vedere di
star meglio. In writing this tends to be permissible only where the −e
could produce an awkward sound: **voler dire**; **aver paura**; **far fronte a**.

CHIAVE ESERCIZI

Words which are optional are shown in brackets, eg: (Lei) è sposata?
Alternative answers are shown thus: fra (*or* tra)

CHAPTER 1

1   1 una casalinga   2 un amministratore delegato   3 l'impiegato
    4 una fattoria   5 i genitori   6 Lavoro per le Ferrovie dello Stato.

2   (1) Dunque   (2) ma   (3) non . . . affatto   (4) però

3   1 (Lei) è sposata?   2 Per chi lavora?   3 E' in pensione?
    4 E' disoccupata?   5 Da quanto tempo è disoccupata?
    6 Che lavoro fate?   7 Dove lavorate?   8 Siete parenti?

4   (1) faccio   (2) siete   (3) lavoriamo   (4) siamo   (5) è   (6) sono
    (7) fai   (8) faccio   (9) lavori   (10) si occupa

5   Buongiorno, signor Minelli. / No, sono Clark. / Piacere. / E' (*or* Questo è)
    vostro figlio? / Come si chiama? / Anche mia moglie si chiama Anna. /
    No, è in Inghilterra. / No, non fa la (*or* è) casalinga, fa la (*or* è)
    disegnatrice. / Sì, tre, tutte quante femmine.

6   1, 3, 6 – false   2, 4, 5 – true

CHAPTER 2

1   1 Ho visitato Ischia.   2 Siamo andati a trovare amici a Bari.   3 Voi siete
    mai stati in Irlanda?   4 Lo consiglio.   5 Gorizia si trova al confine con
    la Jugoslavia.

2   (1) proprio   (2) ho capito   (3) comunque   (4) senz'altro

3   1 nordest   2 est   3 sud   4 settentrionale; sudovest   5 centrale; nord

4   1 Non sono stato/a all'isola d'Elba.   2 Questo è un bellissimo posto
    (*or* un posto bellissimo *or* molto bello).   3 Sono stato/a a Pisa per cinque
    anni di seguito.   4 Io e mia sorella siamo stati/e due volte a Firenze.
    5 Sono nato/a ad Edimburgo e conosco molto bene la Scozia.

5   *Portiere* Lei viaggia molto, signore?   *Sig. Carli* Sì, abbastanza. **Conosco**
    quasi tutta l'Europa. Quest'anno sono già stato **in** Francia, **in** Belgio e **in**
    Danimarca, e poi anche **a** Praga **in** Cecoslovacchia.   *Portiere* Ah, **a**
    Praga! **So** che la Cecoslovacchia è **in** Europa, però mi sembra più
    lontana, più esotica. Lei **conosce** qualcuno lì, o ci è andato per affari?
    Sig. Carli No, no, ci sono andato per affari, non ho amici lì. In Svezia e
    in Danimarca sì, però.   *Portiere* Ma lei **sa** parlare tante lingue allora?
    Sig. Carli Mah, parlo tre lingue: l'italiano ovviamente, il francese e poi
    un po' d'inglese. Come lei **sa**, i danesi e gli svedesi **sanno** parlare tante
    lingue e allora mi capiscono sempre!

6 No, sono inglese. / No, sono di Carlisle. / Si trova nel nord. (Lei) è mai
stato in Inghilterra? / E' rimasto molto? / Che lavoro fa suo fratello? /
Sì, ci sono molti ristoranti italiani a Londra. / Sì, è la prima volta. /
Ci rimango tre settimane. / Da che parte della Sicilia si trova Trapani? /
Ho capito. E (lei) va a trovare i suoi parenti qualche volta? / Buona
fortuna (*or* Auguri) allora!

CHAPTER 3

1   1 una squadra di calcio   2 Sono abbastanza brava a scacchi.   3 Ti piace
ascoltare la musica pop?   4 due squadre   5 Vuoi giocare a pallacanestro?
6 Me la cavo bene in inglese.

2   1 Come   2 Come mai; peccato   3 tipo; tipo   4 Come mai; tipo;
come; peccato

3   1 Complimenti, sei molto brava.   2 Ce la fai? (*or* Ci riesci?)   3 Sono un
appassionato (*or* un'appassionata) di flipper.   4 E' difficile suonare
il piano?   5 Faccio parte di un coro.

4   (1) gli   (2) Le   (3) riesce   (4) male   (5) ragazzi   (6) scandalo

5   Non lo so, non mi piace per niente il calcio. / Lei gioca a calcio? / A me
piace giocare a tennis. / Be', so giocare, ma non molto bene. / Sì, rimango
fino a lunedì. / Domenica alle dieci, va bene. / No, ce la faccio. / Come!?

6   1, 2, 6, 7 – true   3, 4, 5 – false

CHAPTER 4

1   1 alti   2 snelli   3 cattivo   4 occhiali molto spessi   5 avaro   6 in gamba

2   (1) che   (2) cui   (3) che   (4) cui   (5) cui   (6) che   (7) cui

3   **Vivono** in un vecchio castello con centinaia di gatti, la gente **li** vede solo
una volta all'anno quando **vanno** in banca. Non **lavorano** perché
hanno ereditato miliardi **dal loro** padre; infatti **sono** proprio **pigri**, non
fanno mai niente. Non **vanno** d'accordo con nessuno, e tutti **li** giudicano
matti da legare.

4   (1) cioè (*or* insomma)   (2) per cui   (3) insomma   (4) per me   (5) cioè
(*or* insomma)

5   E' un bellissimo posto (*or* un posto bellissimo *or* molto bello). / Che tipo
di gente abita qui (*or* ci abita)? / Quanti negozi ci sono? / Due macellerie,
come mai (*or* perché)? / Come sono? / Vanno d'accordo? / Ho capito, e ti
(*or* a te) piacciono?

6   1, 2, 3, 4, 7 – false   5, 6 – true

CHAPTER 5

1   Ho lasciato la mia borsetta qui. / E' una vecchia borsetta nera. /
E' grande così. / Esatto, è (fatta) di cuoio, e ha una grande fibbia. /
Meno male, e grazie!

2   1 scarpe   2 calzini   3 un disco   4 un libretto d'assegni   5 una moneta
da cento lire   6 una scatola

3   1 meno male   2 per carità   3 per caso

4   1 Cosa sarà?   2 A che cosa serve?   3 Di che cosa è fatto?   4 A tua
moglie piace? (*or* Piace a tua moglie?)   5 Non so che cos'è esattamente.
6 A mio marito non piace l'odore.   7 Viene venduto in farmacia.
8 Te la posso mostrare.   9 Te lo posso mostrare.   10 Te lo posso
dare.   11 Glielo posso dare.   12 Ve lo posso dare.

5   Vorrei . . . ma non so come si chiamano. / Servono per . . . / No, sono
bianchi e quadrati e grandi così. / Sì, sono di carta. / Sì, esatto, fazzoletti
di carta. / Una scatola da cento, per favore, e vorrei anche qualcosa per
allontanare le zanzare.

6   1, 2, 4, 6 – true   3, 5, 7 – false

CHAPTER 6

1   1 Vorrei fare una telefonata interurbana.   2 E' occupato.   3 Vorrei il
prefisso per Roma.   4 Ho un impegno.   5 zero cinque cinque trentotto
sessantasette quarantuno   6 Mi dispiace di essere in ritardo.   7 Mi può
passare il centralino?

2   a) – 5   b) – 1   c) – 4   d) – 2   e) – 3

3   1 A che ora ci vediamo (*or* troviamo *or* incontriamo)?   2 Facciamo
venerdì alle nove.   3 Ci vediamo (*or* troviamo *or* incontriamo) fra (*or* tra)
un'ora e mezza.   4 Te la senti (*or* Ti va) di giocare a carte?
5 Mi dispiace, non me la sento (*or* non mi va).   6 Sì, mi piacerebbe
(molto) venire.   7 Ciao, ci vediamo presto.   8 Ciao, ci vediamo martedì.
9 Posso farglielo sapere (*or* Glielo posso far sapere) più tardi?
10 Fammelo sapere la settimana prossima.

4   1 scusi   2 mi dispiace   3 un attimo   4 mi raccomando

5   Buongiorno, vorrei parlare con Christine, per favore. / Scusi, che numero
è, per favore? / Scusi, ho sbagliato numero. / Buongiorno, c'è (*or* è in
casa) Christine? / (Lei) sa quando rientra? / Per favore, può dire a
Christine che telefonerò più tardi, verso l'una? / Sono (*your name*). /
Grazie mille. / Buongiorno.

6   1, 4, 5 – true   2, 3, 6 – false

CHAPTER 7

1   1 accanto al bar   2 sotto il ponte   3 in fondo alla strada   4 lassù
5 Ha sbagliato strada.   6 Deve andare di là fino al semaforo.

2   1 i travellers cheques   2 un trattamento igienico-stimolante dei capelli
3 una macchina fotografica   4 una macchina   5 vino bianco
6 un abbronzante   7 rum   8 sandali in sughero

3   1 va bene   2 ecco   3 allora   4 Senti; ecco

4   1 gira   2 venga   3 vada   4 guarda   5 prendili   6 muoviamoci
7 sbrigati   8 guardalo

5   Andiamo lungo il fiume? / Ecco il ponte – giro a destra qui? / Va bene.
Scusa (*or* Senti), andiamo bene per Castelnuovo? / La prima a sinistra – e
quanto ci vuole? / Grazie. / Guardi, ecco la strada – giriamo a sinistra e

poi andiamo dritto (*or* diritto)? / Allora, quale strada prendiamo? / Scusi (*or* Senta), per (arrivare a) Castelnuovo come facciamo? / Prendiamo quella a destra allora! / Guardi, ecco il paese (*or* il villaggio) lassù. / Giriamo a sinistra o a destra? / Siamo finalmente arrivati!

6 1, 4, 6 – true   2, 3, 5 – false

CHAPTER 8

1 1 divieto di sosta   2 tabaccheria   3 divieto di balneazione   4 deposito bagagli   5 vietato gettare bottiglie   6 cane pericoloso;
vietato attraversare i binari; funghi velenosi; caduta massi;
pericolo di morte; non calpestare le aiuole; si prega di non parlare al conducente; non sporgersi dal finestrino

2 1 Non andare troppo forte.   2 Attenta a quella macchina!   3 Sta' (*or* Stai) attenta a non dimenticare.   4 Non preoccuparti (*or* Non ti preoccupare). 5 Ricordati i nomi delle strade.   6 Mi può far vedere come si fa a ripararla?   7 Stia attento a non cadere.   8 Come ha fatto a imparare a giocare a scacchi?   9 Gliel'ho detto ieri.   10 Cosa devo chiedere?

3 1 anzi   2 quindi   3 addirittura

4 1 andate   2 venire   3 prendete   4 si preoccupi   5 lo chiami
6 metterlo   7 facciamolo (*or* fatelo)   8 compratelo

5 Dunque, prima di tutto ci vuole del pan di Spagna, che si taglia a fette. / Poi si spalma un po' di marmellata sulle fette. / Poi si mettono le fette di pan di Spagna in un recipiente. / Sì, e poi ci vogliono un bicchiere di sherry e un po' di cognac. / Per carità! Comunque, si versa lo sherry con il cognac sul pan di Spagna, e poi bisogna lasciarlo per mezz'ora. / Esatto. Poi bisogna fare una 'custard': non so come si chiama in italiano ma è (*or* viene) fatta di latte, uova e zucchero. / Si versa la crema sul pan di Spagna e poi bisogna lasciarla raffreddare. / No, prima si spalma della panna montata sopra. / Sì, molto! Poi basta mangiarla!

6 1, 3, 6 – true   2, 4, 5 – false

CHAPTER 9

1 1 Vorrei far riparare questa valigia.   2 Ho quest'abito da far lavare a secco.   3 Sarebbe possibile cambiare questa maglia? E' troppo stretta. 4 Mi può controllare le gomme?   5 Vorrei farmi tagliare i capelli. 6 Mi dà quattro polpette e due porzioni di patate fritte.   7 Mi fa due panini – uno con mortadella e l'altro con prosciutto cotto?

2 1 volentieri   2 Senta   3 Senta; oppure   4 pure

3 il sarto – vestiti; la cartoleria – quaderni, penne, buste; la profumeria – profumo, rossetto; la farmacia – compresse, sciroppi, cerotto; l'orologiaio – orologi, sveglie; la libreria – libri; la tabaccheria – carta bollata, sigarette, francobolli; la salumeria – mortadella, pancetta, salame; la merceria – aghi, fili, bottoni

4 1 Per quando me la può fare?   2 Sì, basta, grazie.   3 Mi può dare un altro po' di mortadella?   4 Ripasso sabato mattina.   5 Ne vorrei sette.

6 Mi puoi portare (*or* Puoi portarmi) il libro domani? 7 Un attimo
(*or* Un momento) che controllo. 8 Ti dispiacerebbe chiudere la finestra?
9 Sarebbe possibile lasciargli un messaggio? 10 Mi puoi dare
(*or* Puoi darmi) altri due francobolli?

5 Vorrei noleggiare una macchina. / La vorrei per una settimana. /
Una macchina piccola, come quella lì. / Quanto costa? / Altre
cinquantaquattromila lire, vero (*or* no)? / Va bene, e sarebbe possibile
pagare con la carta di credito? / E vorrei lasciare la macchina all'aeroporto
di Pisa. / Sì, eccola.

6 1, 3, 4 – false 2, 5, 6 – true

CHAPTER 10

1 Piacere. / No, sono inglese, e lei di dov'è (*or* di dov'è lei)? / La Versilia?
Da che parte dell'Italia si trova? / Ho capito, e che lavoro fa (lei)? /
A tempo pieno? Sarà (*or* Dev'essere) molto bravo allora. / (Lei) dipinge
soltanto o ha altri interessi? / Sì, senz'altro, mi piacerebbe (molto).

2 1 Perché non facciamo le otto e mezza? 2 Attenta al camion! 3 Ma chi
sarà quell'uomo? 4 Beppe, per arrivare a casa tua come faccio?
5 Marcella, ti dispiacerebbe venire un po' prima? 6 Pino, non prendere
l'aereo. Costa troppo! 7 Per quando me le può fare?

3 1 Napoli. 2 A Pisa. 3 Si chiamano Vesuvio, Etna e Stromboli. Il
Vesuvio si trova vicino a Napoli, l'Etna si trova in Sicilia, e lo Stromboli
si trova nelle isole Eolie. 4 Si trovano a Venezia in Italia e a Cambridge
in Inghilterra. 5 Roma. 6 A Vinci!

4 1 chiusa insomma 2 bellissima insomma 3 brutto insomma
4 simpatiche insomma 5 matta da legare insomma 6 cattivo insomma

5 1 Nel Centro Marco Polo. 2 Nel Centro Sport Paolo Rossi e nel
Centro Ricreazione Municipale. 3 Nel Centro Sport Paolo Rossi.
4 Al Centro Marco Polo. 5 Al Centro Sport Paolo Rossi o al
Centro Olimpico. 6 Nel Centro Marco Polo e nel Centro Ricreazione
Municipale.

6 1 Shampoo per capelli grassi 2 Prosciutto con melone, Trota alla griglia
con Insalata mista, Frutta di stagione 3 una farmacia 4 Verdicchio
5 raccordo anulare

7 1, 3, 4, 5 – true 2, 6 – false

8 Complimenti! Mi piace molto quel quadro. / (Lei) ha anche una bella
(*or* bellissima) casa. / Sì, senz'altro, va bene (*or* benissimo). / A che cosa
serve? / Mi puoi far vedere (*or* Puoi farmi vedere) come funziona? /
Peccato. E cosa c'è in quella grande bottiglia dentro quella cosa rotonda
(fatta) di paglia? / (Tu) fai il vino o lo compri? / E com'è, è buono? /
Grazie. / Mmm, è buonissimo (*or* molto buono).

ANGOLO ENIGMISTICO

Cruciverba
Orizzontali: 1 Michelangelo 7 OR 8 dista 9 strada 12 tè

13 Torino   15 età   17 oro   18 fa   21 Roma   23 entrata   26 nulla
27 né   28 sì   29 orologeria·
Verticali: 1 Mediterraneo   2 Cesare   3 lo   4 notte   5 Lodi   6 ora
10 rete   11 torre   14 no   16 tabacchi   19 da   20 marcia   22 molto
24 nonne   25 caro   28 si

Anagrammi

Un pomodoro è **rosso**.   Il mare è **blu**.   L'erba è **verde**.   Una nocciola
è **marrone**.   Un limone è **giallo**.   L'ultima striscia dell'arcobaleno è
viola.   Un'arancia è **arancione**.   La neve è **bianca**.   Un corvo è
nero.   La maglia della squadra nazionale italiana di calcio è **azzurra**.
Il cielo quando piove è **grigio**.   Le rose possono essere di color **rosa**.

Crucipuzzle

Scala di parole

Among many solutions are:

costa – corta – corto – **morto** – molto
costa – corta – **morta** – **molta** – molto
costa – corta – **morta** – morto – molto
vale – **male** – mele – melo – meno

CHAPTER 11

1   1 Mi sento molto male.   2 Mi annoio sempre in ufficio.   3 Mi fa bene lo
sport.   4 Mi fa male la mano.   5 Io mi arrabbio tanto quando lo vedo.
6 Mi sono stufato, vado a prendere la metropolitana.

2   1 Mi sto riposando   2 sto leggendo   3 sto ascoltando   4 sto cercando
5 Sto perdendo

3   1 Invece di   2 nel senso che   3 anche se

4   Sì, senz'altro: ecco. / Sono in vacanza. E lei che cosa fa (or sta facendo)
qui? / Ho capito, e (lei) che cos'ha? / Come si sente adesso (or ora)? / Le
piace venire qui? / Sono qui solo da ieri (or da ieri soltanto), ma mi trovo
molto bene qui. / Le piace il vino, comunque (or però). / Le fa bene il
vino? – meno male, allora, se ne beve tutti i giorni!

5   1 Sotto un ombrellone.   2 Sta facendo le sue ferie.   3 Va in spiaggia
dopo che ha finito di lavorare, e ci rimane due o tre ore.   4 E' un po'
sporco.   5 Perché le piace il mare di Viareggio, e perché andare fuori
costa troppo.   6 No.

CHAPTER 12

1   1 Mi sembra che ci sia sempre sole in Italia.   2 Ti è piaciuto il clima in
Calabria?   3 Mi sono stufato di questo bruttissimo tempo!   4 Ha solo
quarant'anni, ma ne dimostra sessanta.   5 Che strano! Le tue scarpe
sono uguali alle mie!   6 Ho diversi libri sull'ambiente.

2   1 è piaciuto   2 è piaciuto   3 sia   4 sono piaciute   5 siano   6 è piaciuta
7 sono piaciuti   8 sono piaciuti   9 sia

3   (1) Purtroppo   (2) inoltre   (3) invece   (4) mentre

4   Sì, fa caldo, ma a me (or mi) piace. / Be' (or Ecco), sì, fa più freddo, ma
non sempre – a volte (or qualche volta) fa abbastanza caldo. / Sì, ma
quando fa caldo non dura molto, mentre qui in Italia c'è sole (durante)
tutta l'estate. / Sì, è certamente più bello del clima inglese! / A volte
(or qualche volta), ma c'è più neve in Scozia che in Inghilterra. / Sì,
abbastanza, ma sono meno alte delle Alpi, e mi (or a me) piacciono meno. /
Sì, mi piace di più sciare in Italia. / No, c'è molto più smog a Milano che
a Londra adesso (or ora). / Meno male! Ma guardi, c'è una nuvola nera
là (or lì)! / Davvero? Ma guardi, c'è un arcobaleno, quindi piove laggiù
nella valle. Andiamo dentro . . .

5   1 No.   2 Sono mezzi acquei, vaporetti, motoscafi, eccetera.   3 Sì, con
l'autobus o in treno.   4 Si chiama Mestre.   5 E' moderna.   6 No.

CHAPTER 13

1   1 Le è piaciuta la mostra?   2 E' stata un'ottima esecuzione – hanno
suonato benissimo!   3 Cosa fanno stasera al cinema?   4 E' una
commedia molto lenta, mi sono addormentato!   5 La trama è affascinante
e i protagonisti sono tutti bravissimi!   6 Hai letto l'ultimo romanzo
di Calvino?

2   a) Sono andato/a in banca, ho comprato carne e frutta, ho telefonato
a Giorgio, ho spedito le cartoline, e ho fatto riparare la macchina.
b) 1 Sono andato/a in banca ma ho dimenticato i travellers cheques.
2 Ho comprato la carne ma non ho potuto comprare la frutta.
3 Ho telefonato a Giorgio e (lui) viene domani.   4 Ho scritto le cartoline
ma non le ho spedite.   5 Sono riuscito/a a far riparare la macchina.

3   *29 marzo* mi sono sentita   *19 aprile* mi sono annoiata   *3 maggio* sono
riuscita   *14 giugno* Mi è dispiaciuto   *23 luglio* è andato; mi sono riposata

8 agosto si è arrabbiata *17 settembre* si è seccato; sono arrivata
26 ottobre ho dormito; mi sono alzata

4 Siamo arrivati dieci giorni fa. / No, siamo rimasti a Roma un po' più di
una settimana. / Sì, ci siamo divertiti, e abbiamo camminato molto. /
Sì, abbiamo visitato il Colosseo, Piazza San Pietro, la Fontana di Trevi, e
molti (*or* tanti) altri posti. / Senz'altro! Vogliamo tornare a Roma perché
ci sono tante cose che non abbiamo visto. / Be', una sera siamo andati al
cinema e abbiamo visto 'La città delle donne'. / Sì, Marcello Mastroianni
è molto bravo, ed è un film molto vivace. La lingua è difficile, però
(*or* comunque). / Sì, a me è piaciuto, ma a Peter no; l'ha trovato
un po' strano.

5 1 Da quindici giorni. 2 No. 3 Sì. 4 No. 5 Le giudica assolutamente
ridicole. 6 Quando è solo.

CHAPTER 14

1 1 Andavo sempre in montagna. 2 Frequentavamo raramente la scuola
dalle otto fino all'una. 3 Ma dove vi fermavate per mangiare?
4 Ai tempi del fascismo non ero molto felice. 5 Ogni giorno mia zia
andava alla messa. 6 L'Italia è stata unificata nell'Ottocento.

2 Mentre facevo colazione, leggevo il giornale, ascoltavo le notizie alla
radio e pensavo al lavoro della giornata. / Mentre cenavo, bevevo un
digestivo, scrivevo una lettera, e mi cambiavo per uscire.

3 1 Stavo guardando un film alla televisione. 2 Stavo suonando il violino.
3 Stavamo giocando a scacchi. 4 Stavo cenando da mia sorella.
5 Mi stavo lavando i denti. 6 Stavamo andando all'ultimo spettacolo al
cinema Rialto. 7 Stavo traducendo un romanzo in inglese. 8 Stavo
leggendo un giallo. 9 Stavo riparando la (mia) motocicletta. 10 Stavo
facendo una pizza.

4 Sì, è stata una giornata interessante, no (*or* vero)? / Quanti anni avevi
negli anni Trenta? / Com'era la vita a quei tempi? / Com'era? / Sì, certo,
Mussolini era al potere. / E (tu) (che) cosa pensavi a quei tempi? / (Tu)
sei mai andata a sentirli? / Sì, i film erano buffi! Mussolini sembrava un
po' ridicolo. / Sono sicuro che a quell'epoca nessuno osava criticarlo. /
Ma c'erano delle cose meravigliose negli anni Trenta: c'era quell'aereo
che abbiamo visto oggi, per esempio.

5 1 Veniva considerato di terza categoria. 2 No. 3 Adesso ci vivono
stranieri, in particolar modo americani. 4 Nella Chiesa del Carmine.
5 Sì. 6 Hanno costruito dei palazzoni, che sembrano alveari.

CHAPTER 15

1 1 E' un atteggiamento strano. 2 Sono sicuro che ha ragione.
3 Mi dispiace, avevo torto io. 4 Cos'hai pensato di questo?
5 Quali sono gli svantaggi del suo lavoro? 6 Sei contrario al divorzio?
7 Per me è un'analisi sbagliata.

2 1 infatti 2 In realtà 3 Per lo più

3 (1) capisca (2) conosca (3) abbia (4) esca (5) pensi (6) sia

4 Sì, molto veloce (*or* velocissimo), no (*or* vero)? / Sì, certo, mi sembra che sia un grande vantaggio. / Sì, sono d'accordo (con te), mi sembra che vada molto bene con solo quattro marce. / Secondo (*or* per) me non è uno svantaggio; infatti, penso (*or* mi sembra) che tu vada già troppo veloce. / No, in realtà non mi dà fastidio, ma ho l'impressione che ci sia un poliziotto dietro di noi ...

5 1 No.   2 No.   3 Sono andati a scuole materne pubbliche.
4 Ha frequentato una scuola materna privata.   5 No.   6 E' sbagliata.

CHAPTER 16

1 1 Scusa, ma non ho capito la domanda.   2 In fondo, è difficile che ci siano dei cambiamenti.   3 Immagino che gli operai abbiano fatto delle rivendicazioni.   4 Cosa intendi per paese progredito?   5 La condizione delle donne è molto migliorata.   6 Ritengo che sia un discorso sbagliato.
7 Per quali ragioni i sindacati hanno rivendicato degli aumenti?

2 1 meglio   2 in fondo   3 del resto

3 (1) E' facile che io ...   (2) E' poco probabile che loro ... (3) Ritengo che il governo ...   (4) E' difficile che io ...   (5) E' probabile che loro ...
(6) Sono convinto che loro ...

4 No – ma sarà (*or* dev'essere) una chiesa. / Be', sarà (*or* dev'essere) una cattedrale allora. / Una centrale nucleare? Ma questo non è un parco nazionale? / Per quali ragioni (*or* motivi) hanno scelto questo posto? / Tu non credi all'energia nucleare? / Ma non è vero che l'Italia ha bisogno dell'energia nucleare perché non ha (delle) risorse naturali d'energia? / Scusa, cosa vuol dire 'sprechi'? / Ho capito. Allora se riescono ad eliminare gli sprechi immagino che non siano necessarie (le) centrali nucleari nuove.

5 1 Perché sono molto difficili.   2 Sì.   3 Sì.   4 No.   5 Ha molte più notizie.   6 Perché dà delle notizie flash, e presenta una buona dose di opinioni qualificate sia sulla politica che sulla cultura che sull'economia.

CHAPTER 17

1 1 Ti aspetto qui la settimana prossima.   2 Lo leggerò fra mezz'ora.
3 Verrò a trovarti fra le due e le tre.   4 Mi piacerebbe venire per almeno un mese.   5 Per quando saranno pronti?   6 Ho vari progetti per i prossimi mesi.   7 Ho intenzione di rimanere qui per alcuni giorni.

2 o ... o; in ogni caso

3 1 prenderò   2 partirò   3 dovrò   4 verremo   5 arriveremo   6 farà
7 verrà   8 si arrabbierà   9 offrirà   10 ti divertirai

4 1 faresti   2 andrei   3 rimarrei   4 cambieresti   5 cambierei
6 spenderei   7 ti divertiresti   8 Mi divertirei   9 smetterei   10 troverei
11 mi sposerei   12 starei

5 Di dove siete? / Vicenza – mi piacerebbe visitarla, mi hanno detto che è bellissima (*or* molto bella). / Non sono sicuro/a, ma rimarremo probabilmente a Venezia per una settimana. / Sì, lo so, ci sono tante cose da vedere in Italia, non solo a Venezia. Purtroppo, dovremo partire fra tre settimane. / Sì, siamo qui da tre mesi. / Direi di sì. / Mi sono piaciuti molti posti, ma se dovessi tornare andrei probabilmente in Sardegna, abbiamo passato solo tre giorni lì. / Grazie (mille), è molto gentile, verremo se potremo. Mi piacerebbe che mio figlio potesse parlare un po' d'italiano. / Arrivederci, forse ci vedremo fra dieci giorni.

6   1 No.   2 Dovrà lavorare per due anni come agronomo, e andrà in Costa d'Avorio.   3 Sì.   4 Sì.   5 In latino.   6 Sarà una cerimonia religiosa in una chiesa cattolica.

CHAPTER 18

1   1 Che pasticcio!   2 Il fatto è che mi hanno pagato troppo!   3 Sei nei guai.   4 Giuliana: è sempre in orario.   5 Mi dispiace, immagino che ci sia stato un disguido.   6 Mi hanno rubato il portafoglio e la patente.

2   mentre; appena; a un certo punto; Poi; Nel frattempo

3   1 sono dovuta   2 avevo fatto   3 ho deciso   4 ho trovato   5 interessavano   6 ho detto   7 era   8 ho messo   9 avevo comprato   10 sono riuscita   11 avevo rubati   12 avevo

4   Bene, ma mi è successa una cosa strana. / Be', ho appena incontrato un uomo strano. / Dunque (or Ecco or Be'), stavo aspettando (or aspettavo) Salvatore alla stazione; il treno era in ritardo e quindi ho dovuto aspettare molto (tempo), e poi mi sono accorta che questo vecchio mi guardava (or stava guardando). / Forse, ma comunque, all'improvviso (or d'improvviso) mi ha parlato, e ha detto 'Buonasera, signorina White'. / Sì, esatto, ma (io) non l'avevo mai visto in vita mia, e inoltre mi ha detto 'Il suo amico ha perso (or perduto) il treno, non arriverà questa notte (or stanotte)'. / Chi lo sa? / No, non è venuto, e ha appena telefonato per dire che arriverà domani. / Era molto magro, con i capelli biondi e gli occhi molto azzurri.

5   1 Dentro la macchina.   2 Sì.   3 Hanno dovuto chiamare un meccanico.   4 Sì.   5 No.   6 Succederebbe che la gente non chiamerebbe più il meccanico e non lo pagherebbe più diecimila lire per aprire la macchina.

CHAPTER 19

1   1 Mi sono slogato la caviglia.   2 E' successo per disgrazia.   3 Pensavo fossero compresse, non supposte!   4 Ho avuto la fortuna di incontrare un vecchio amico che mi ha prestato dei soldi!   5 Se avessi guardato prima di attraversare, non avrei avuto l'incidente.   6 Ci sarà stato uno sciopero da qualche parte.

2   1 visto che; in quanto   2 perciò   3 Secondo

3   1 fossi   2 avesse   3 andasse   4 dormissero   5 dovesse   6 conoscessi   7 facessero   8 ti sentissi   9 avessero   10 fosse   11 avesse perso (or perduto)   12 avesse prenotato   13 fossi uscita   14 fossero partiti   15 avesse venduto

4   Be', no, non molto. / Sì, mi è piaciuta molto, ma ho avuto molte disgrazie. / Dunque (or Ecco or Be'), prima di tutto mi hanno rubato la

valigia. / In albergo. E' un mistero: avevo lasciato la valigia all'entrata mentre pagavo il tassista, e quando sono tornato non c'era più! / Niente; all'inizio ho pensato 'il portiere l'avrà portata in camera mia'. / Poi sono salito in camera mia e la valigia non c'era, quindi ho chiamato il portiere e lui ha detto che non l'aveva vista. / Esatto. / Sì, e hanno chiamato la polizia. / No, non l'hanno trovata, ma comunque non pensavo che la polizia fosse molto efficiente. / Sì, e la storia non è finita lì. / Ho avuto la disgrazia di cadere e mi sono slogato la caviglia. / Sì, lo so! Se l'avessi saputo, non sarei mai andato a Napoli!

5   1 Siracusa.   2 Il diciannove dicembre.   3 Si trova nella sua chiesa.
4 No, di Milano.   5 Abitava nella zona di Marghera.

CHAPTER 20

1   Che lingua parlavi con quella signora? / (Io) non (ci) ho capito niente. / Ah sì, ho sentito parlare di quelle canzoni. / Sì, anche se nessuno capisce le parole! / Ci sono molti dialetti italiani? / E (tu) riesci a capire gli altri dialetti? / Ma tutti parlano anche l'italiano, no (*or* vero)? / Sì, ma non vengono parlati (*or* si parlano) molto oggigiorno (*or* al giorno d'oggi). / Più o meno, ma ci sono accenti regionali e molte (*or* tante) parole che vengono usate (*or* si usano) solo in una regione. / Sì, e poi c'è gente che parla anche un'altra lingua, il gallese, per esempio. / Sì, abbastanza, ma solo nel Galles ovviamente. / No, è completamente diverso. / No, in realtà per me sarebbe più facile capire il napoletano!

2   1 un pastore   2 a sudovest   3 il pugilato   4 capelli biondi   5 acciaio inossidabile   6 Mi può passare il direttore, per favore?   7 nel parcheggio municipale   8 saldi di fine stagione   9 l'orologiaio   10 sala da ballo

3   1 Da quanto tempo   2 Quanto tempo fa   3 Fra quanto
4 non . . . ancora   5 nei prossimi giorni   6 Ogni tanto   7 Da piccolo
8 Non . . . mai   9 scorso   10 Non . . . più

4   1 – c)   2 – e)   3 – b)   4 – a)   5 – f)   6 – d)

5   1 mi sono accorto   2 fossero   3 è uscita   4 ho seguita   5 ho chiamata
6 si è fermata   7 ha fatto   8 aveva comprato   9 abbia   10 mi sono scusato   11 ha fatto   12 ha capito

6   1 Il francese e il tedesco.   2 I dialetti in prevalenza sono lingue parlate, mentre l'italiano è sempre stato una lingua scritta.   3 Sì.   4 L'italiano viene usato nelle scuole e nel lavoro, per lo scritto soprattutto.   5 No.
6 I mezzi di comunicazione di massa.   7 Esiste questa varietà regionale perché esistono molte cucine regionali, non esiste una cucina italiana.

7   1 Non mi sono mai divertito tanto.   2 Piove a catinelle.   3 E' stata un'ottima interpretazione.   4 Ci vado abbastanza spesso.   5 E' sicuro che l'idea è vantaggiosa.   6 I camerieri hanno fatto sciopero.   7 Sì, ci vado volentieri, purché l'aereo non sia in ritardo.   8 Che pasticcio!
9 Mi sono tagliato il ginocchio.   10 aficionado

8   Sì, mi sono trovato molto bene in Italia – mi dispiace partire. / Ma non posso; naturalmente, se avessi avuto più tempo sarei rimasto di più. / Sì, mi piacerebbe molto farlo. / Grazie, sei gentile. / Farò del mio meglio. / Ah, vuoi dire 'L'Italia dal vivo'? / Sì, mi ricordo, è stato buffo, no

(*or* vero)? / Pensa un po': senza 'L'Italia dal vivo' non ti avrei mai incontrato (*or* conosciuto)!

9   1 57 milioni.   2 Si chiamano le Feste dell'Unità.   3 Napoli.   4 L'isola d'Elba.   5 Riso e piselli.   6 Dante Alighieri.   7 La Francia, la Svizzera, l'Austria e la Jugoslavia.   8 *L'Unità*.   9 a) Puccini.   b) Verdi.   c) Rossini.   10 Un anno.   11 Galileo Galilei.   12 A Genova.   13 Sono, o sono stati, tutti grandi tenori della musica lirica.   14 Ricorda il giorno, nel 1870, in cui Roma è diventata parte dell'Italia unita.   15 Tredici. (Sono *I due gentiluomini di Verona, Molto rumore per nulla, Il mercante di Venezia, La bisbetica domata, Tutto è bene quel che finisce bene, Il racconto d'inverno, Coriolano, Tito Andronico, Romeo e Giulietta, Giulio Cesare, Otello, Antonio e Cleopatra, Cimbelino*.)   16 Marco Polo.   17 Nel campo della moda.   18 a) Nel Veneto.   b) In Toscana.   c) In Sicilia. 19 Gli etruschi.   20 a) Bernardo Bertolucci.   b) Sergio Leone. c) Federico Fellini.

ANGOLO ENIGMISTICO

Come si chiama?
1 un semaforo   2 un segnale stradale   3 una cabina telefonica 4 il marciapiede   5 un cartello pubblicitario   6 un pedone 7 una cassetta delle lettere   8 un'edicola   9 una macchina   10 una fermata dell'autobus   11 un negozio   12 un autobus   13 un passaggio pedonale   14 un camioncino   15 un lampione   16 un cestino dei rifiuti

Cruciverba
Orizzontali: 1 Guglielmo Marconi   6 PE   7 maggio   10 be' 11 Galles   14 RAI   15 ciao   16 non   17 IC   19 nord   20 che 22 no   24 pulita   27 laggiù   29 un   30 poi   33 neri   36 NM 38 lei   39 neve   40 SOS   41 arance   42 BC   43 gelato   44 si 46 Commedia dell'Arte
Verticali: 2 la   3 operai   4 me   5 Rialto   7 Maria Novella   8 grigi 9 ieri   12 Londra   13 San Francesco   18 CC   19 nel   21 hai 23 GG   25 uso   26 il   27 *L'Unità*   28 gli   31 in   32 pasta 34 ricche   35 nebbia   37 mare   44 sì   45 ne

Cosa vuol dire?
1 – c)   2 – b)   3 – c)   4 – b)   5 – a) 6 – c)   7 – a)   8 – c)   9 – b)   10 – b)

Crucipuzzle
Le regioni e i suoi capoluoghi:

Valle d'Aosta – Aosta	Umbria – Perugia
Piemonte – Torino	Lazio – Roma
Lombardia – Milano	Abruzzi – L'Aquila
Trentino Alto Adige – Trento	Molise – Campobasso
Veneto – Venezia	Campania – Napoli
Friuli-Venezia Giulia – Trieste	Puglia – Bari
Emilia-Romagna – Bologna	Calabria – Catanzaro
Liguria – Genova	Basilicata – Potenza
Toscana – Firenze	Sicilia – Palermo
Marche – Ancona	Sardegna – Cagliari

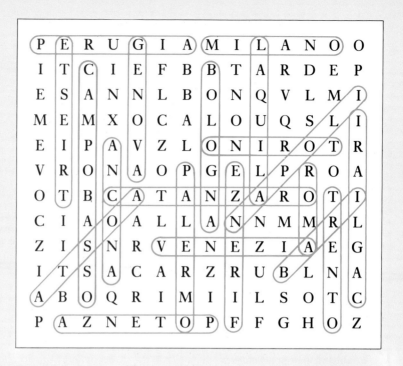

P	E	R	U	G	I	A	M	I	L	A	N	O	O
I	T	C	I	E	F	B	B	T	A	R	D	E	P
E	S	A	N	N	L	B	O	N	Q	V	L	M	I
M	E	M	X	O	C	A	L	O	U	Q	S	L	I
E	I	P	A	V	Z	L	O	N	I	R	O	T	R
V	R	O	N	A	O	P	G	E	L	P	R	O	A
O	T	B	C	A	T	A	N	Z	A	R	O	T	I
C	I	A	O	A	L	L	A	N	N	M	M	R	L
Z	I	S	N	R	V	E	N	E	Z	I	A	E	G
I	T	S	A	C	A	R	Z	R	U	B	L	N	A
A	B	O	Q	R	I	M	I	I	L	S	O	T	C
P	A	Z	N	E	T	O	P	F	F	G	H	O	Z

VOCABOLARIO

Notes

1 The English translations given apply to the words as they are used in this book.
2 **Stress:** most Italian words are stressed on the last vowel but one, or – if there is a written accent – on the last vowel, eg andare, farmacia, città. With words that don't follow this rule, the stress is shown by heavy type, eg agronomo, succedere.
3 **Abbreviations:** (m) masculine, (f) feminine, (pl) plural, (pp) past participle, (inf) infinitive, (inv) invariable – ie the word has same form in both the singular and the plural.
4 **Verbs:** † – the verb has irregular forms (see page 231). * – the verb forms the past with **essere** (see **Grammatica** 53). (*) – the verb may form the past with **avere** or **essere** (see **Grammatica** 54). Irregular past participles are shown thus: bere (pp bevuto). Verbs that perform like **finire** (see **Grammatica** 39) are shown thus: finire (–isco).
5 **Nouns:** irregular forms are shown thus: l'uomo (m) (pl gli uomini).

A

a *to; at; in*
abbandonare *to abandon*
abbandonato/a *abandoned*
abbastanza *quite, fairly; quite a lot*
l'abbigliamento (m) *clothing*
abbondante *abundant, heavy*
abbracciare *to embrace*
l'abbronzante (m) *suntan lotion*
abbronzato/a *tanned*
l'abbronzatura (f) *suntan*
l'abilità (f) (inv) *skill*
l'abitante (m *or* f) *inhabitant*
abitare *to live*
abitato/a *inhabited*
l'abitazione (f) *house, residence*
l'abito (m) *clothes; suit*
abituarsi* (a) *to get used (to)*
abituato/a *used, accustomed*
abolire (–isco) *to abolish*
l'aborto (m) *abortion*
abusivo/a *irregular, unauthorised*
l'abuso (m) *misuse, excessive use*
acca *letter H*
l'accademia (f) *academy*
accadere*† *to happen*
l'accaduto (m) *occurrence, what happened*
accanto a *next to, beside*
accendere (pp acceso) *to light; to switch on*
l'accento (m) *accent*

accessibile *accessible*
l'acciaio (m) inossidabile *stainless steel*
accogliere† (pp accolto) *to receive*
accolto *see* accogliere
accompagnare *to accompany*
accorciare *to shorten*
l'accordo (m) *agreement* andare* d'accordo (con) *to get on well (with)* d'accordo *OK, agreed* essere/trovarsi* d'accordo *to agree, to be in agreement*
accorgersi* (di) (pp accorto) *to notice*
l'accortezza *caution, care*
accorto *see* accorgersi
l'acqua (f) *water*
l'Acquario (m) *Aquarius*
acquatico/a (pl –ci/–che) *water*
acqueo/a *water*
acquistare *to acquire*
acquolina: far venire l'acquolina in bocca *to make one's mouth water*
acuto/a *sharp, pungent*
ad = a
addirittura *even, actually*
addormentarsi* *to fall asleep*
adesso *now*
adoperare *to use, to employ*
adorare *to adore*
l'Adriatico (m) *Adriatic*
adultero/a *adulterous*
l'adulto (m) *adult*

l'aereo (m) *aeroplane*
l'aeronautica (f) *air force*
l'aeroporto (m) *airport*
l'aerosol (m) *treatment involving inhaling steam*
affacciarsi* *to appear (in front of)*
gli affari *business* l'uomo d'affari *businessman*
affascinante *fascinating*
affatto: non . . . affatto *not . . . at all*
affermarsi* *to establish oneself*
affermativo/a *affirmative*
l'affisso (m) *poster*
affittare *to rent*
affittato/a *rented*
affluente *affluent*
affollato/a *crowded*
affondare(*) *to sink*
l'affresco (m) *fresco*
l'agenda (f) *diary*
l'agenzia (f) *agency* l'agenzia di viaggi *travel agency*
agghiacciante *chilling*
aggiungere (pp aggiunto) *to add*
aggiustare *to alter*
aggravare *to aggravate*
agli=a+gli
l'ago (m) *needle*
l'agopuntura (f) *acupuncture*
agosto (m) *August*
agricolo/a *agricultural, country*
l'agricoltura (f) *agriculture*
l'Agro (m) Pontino *Pontine Marshes*
l'agronomo (m) *agronomist*
ai=a+i
l'aiuola (f) *flower-bed*
aiutante *assistant*
aiutare *to help*
aiuto! *help!*
al=a+il
l'albanese (m) *Albanian*
l'albergo (m) *hotel*
l'albero (m) *tree*
alcuni/e *some, a few*
l'alfabeto (m) *alphabet*
alimentari: gli alimentari *grocer's (shop)* i generi/prodotti alimentari *foodstuffs, groceries*
all'=a+l'
alla=a+la
allargarsi* *to spread (out)*
alle=a+le alle . . . *at . . . o'clock*

allegro/a *cheerful*
l'allenamento (m) *(period of) training*
allenarsi* *to train*
allo=a+lo
allontanare *to get rid of, to repel*
allora *so, then, in that case*
allungare *to lengthen*
almeno *at least*
le Alpi *Alps*
alpino/a *alpine*
l'alternativa (f) *alternative*
alternativo/a *alternative*
l'altezza (f) *height*
alto/a *high; tall*
altri/e *other(s)* altri/e+number . . . *more*
altro (m) (inv) *something/anything else* più che altro *more than anything (else)* fra l'altro *among other things; incidentally* senz'altro *definitely, of course* altro che, tutt'altro che *anything but*
altro/a *other, another*
l'alunno (m) *pupil*
l'alveare (m) *beehive*
alzarsi* *to get up*
amabile *charming*
l'amante (m) *lover*
amare *to love, to be fond of*
amato/a *loved, dear*
l'ambasciata (f) *embassy*
l'ambiente (m) *environment; circle*
ambulante *itinerant*
l'America (f) *America*
l'americano (m) *American*
ammazzare *to slaughter*
amministrativo/a *administrative*
l'amministratore (m) delegato *managing director*
l'amministrazione (f) *administration*
l'ammiratore (m) *admirer*
l'amore (m) *love*
ampio/a *broad; roomy*
l'anagramma (m) *anagram*
l'analisi (f) (inv) *analysis*
analizzare *to analyse*
anche *also, too; even* anche se *even if*
ancora *still; again; more, longer*
andare*† *to go* andare bene (per) *to be on the right road (for)* andare

257

bene (a) *to suit, to be convenient (to/for)* va bene *OK, fine*

andare male (in) *to be bad (at), to do badly (in)* ti va di ...? *do you feel like ...?* va+pp *it must/has to be ...* andarsene *to go (away)*

l'andare (m) *passage, course*

l'andata (f) *going*

anglosassone *Anglo-Saxon*

l'angolo (m) enigmistico *puzzle corner*

animato/a *animated*

l'animazione (f) *animation*

l'anno (m) *year* all'anno *a year, per year* avere ... anni *to be ... (years old)* gli anni Settanta, etc *the Seventies, etc*

annoiarsi* *to get bored*

l'antenato (m) *ancestor, forefather*

l'antibiotico (m) (pl –ci) *antibiotic*

anticamente *in the old days*

anticipo: in anticipo *early, in advance*

antico/a *old, ancient; antique* all'antica *old-style*

antinucleare *antinuclear*

antipatico/a (pl –ci/–che) *displeasing* mi è antipatico/a *I don't like him/her*

l'antipiretico (m) (pl –ci) *antipyretic*

anulare: il raccordo anulare *ring road*

anzi *indeed, in fact; on the contrary*

l'anziana (f) *old lady*

l'anziano (m) *old man*

gli anziani *old people*

l'aperitivo (m) *apéritif*

aperto/a *open* all'aria aperta *in the open air*

l'apocalisse (f) *apocalypse*

l'apparato (m) *system*

apparire*† (pp apparso) *to appear*

l'appartamento (m) *apartment, flat*

appartenente *belonging*

l'appassionato (m), l'appassionata (f) *keen fan, lover*

appassionato/a (di) *keen (on), fond (of)*

appena *just, as soon as*

applicare *to apply*

appoggiare *to support*

l'appoggio (m) *support*

apposito/a *suitable, appropriate*

apprezzare *to appreciate, to value*

apprezzato/a *appreciated, valued*

approfittare (di) *to take advantage (of)*

l'approfondimento (m) *in-depth coverage*

approfondire (–isco) *to examine in depth*

approfondito/a *examined in depth*

l'appuntamento (m) *appointment*

appunto *indeed, in fact*

aprile (m) *April*

aprire (pp aperto) *to open*

aprirsi* (pp aperto) *to open; to begin*

l'arancia (f) *orange*

l'aranciata (f) *orangeade*

arancione *orange*

l'architetto (m) *architect*

l'architettura (f) *architecture*

l'arcivescovo (m) *archbishop*

l'arcobaleno (m) *rainbow*

l'area (f) *area*

l'Argentina (f) *Argentina*

l'argomento (m) *topic, subject*

l'aria (f) *air; aria* per aria *in a mess*

l'Ariete (m) *Aries*

aristocratico/a (pl –ci/–che) *aristocratic*

l'arma (f) *service, force* le armi *arms*

armato/a *armed*

l'arpa (f) *harp*

arrabbiarsi* *to get angry*

arrampicarsi* *to climb/clamber up*

l'arrangiamento (m) *arrangement, improvisation*

arrangiare *to arrange, to improvise*

arrangiarsi* *to get by, to do the best one can (by fair means or foul)*

l'arredamento (m) *interior decoration*

arrestare *to arrest*

l'arresto (m) *arrest*

arretrato/a *backward*

arrivare* (a) *to arrive (at), to get (to)*

arrivederci *goodbye, see you (again)*

l'arrivo (m) *arrival*

l'arsella (f) *clam*

l'arte (f) *art*

l'articolo (m) *article*

l'artigianato (m) *artisans*

l'artista (m or f) *artist*

l'artrite (f) *arthritis*

l'artrosi (f) *arthrosis*

ascoltare *to listen (to)*

l'ascoltatore (m) *listener*

aspettare *to wait (for); to expect*

l'aspetto (m) *aspect*

assaggiare *to try, to taste*

assegni: il libretto d'assegni *cheque book*
assentarsi* *to stay away, to be absent*
assente *absent, away*
l'assenteismo (m) *absenteeism*
l'assetto (m) *arrangement*
assicurare *to ensure*
assicurato/a *assured*
assistere (a) *to attend, to be present (at)*
associare (a) *to associate (with)*
l'associazione (f) *association*
assolato/a *sunny*
assolutamente *absolutely (not), (not) at all*
assoluto/a *absolute*
assomigliare (a) *to look like, to resemble*
l'assorbente (m) *tampon*
assortito/a *assorted*
assumere (pp assunto) *to assume, to acquire*
assurdo/a *absurd, silly*
l'astro (m) *star*
l'astrologia (f) *astrology*
astronomico/a (pl –ci/–che) *astronomical*
l'Atlantico (m) *Atlantic*
l'attaccamento (m) *attachment*
attaccato/a *attached*
l'attacco (m) *attack*
l'atteggiamento (m) *attitude*
attento/a *careful* attento/a! *look out!, careful!* stare attento/a (a) *to be careful (to/of), to beware (of)* attento/a a ... *mind ...*
l'attenzione (f) *attention* attenzione! *look out!, careful!* le attenzioni *attentions, courtesies*
un attimo *just a moment*
attirare *to attract, to draw*
l'attività (f) (inv) *activity*
l'atto (m) *act* gli atti *documents*
l'attore (m) *actor*
attraente *attractive*
attraversare *to cross* attraversare la strada a qualcuno *to cross someone's path*
attraverso *through*
attribuito/a *attributed*
attuale *current, present*
l'attualità (f) (inv) *current events* d'attualità *current*
attualmente *at the moment, nowadays*
auguri! *good luck!*
l'aumento (m) *rise, increase*

l'Australia (f) *Australia*
l'Austria (f) *Austria*
autentico/a (pl –ci/–che) *authentic*
l'autista (m) *driver*
l'autobus (m) (inv) *bus*
l'automobile (f) *car*
l'autonoleggio (m) *car hire firm*
autonomo/a *independent*
l'autore (m) *author*
l'autorità (f) (inv) *authority*
autorizzato/a *authorised*
l'autostrada (f) *motorway*
l'autunno (m) *autumn*
avanti *(straight) ahead*
avaro/a *mean, grasping*
avere† *to have* che cos'hai/ha? *what's wrong with you?* avere da + inf *to have to* avere da fare *to be busy*
avvelenare *to poison*
avvelenarsi* *to poison oneself*
l'avvenimento (m) *event*
avvicinarsi* (a) *to approach, to get near*
l'avvocato (m) *lawyer*
l'azienda (f) *firm, company*
l'azione (f) *action*
azzurro/a *blue* gli Azzurri *the 'Blues', Italy's national football team*

B

la babysitter (inv) *babysitter*
il baffo *moustache*
i bagagli *luggage*
bagnare *to bathe, to wash*
bagnato/a *wet*
il bagnino *swimming-pool attendant, lifeguard*
il bagno *bath; bathroom*
la ballata *ballad*
il ballo *dance*
la balneazione *bathing*
la bambina *baby girl* il bambino *baby boy* i bambini *children*
la banca *bank*
il bar (inv) *bar*
il barbiere *barber*
barbuto/a *bearded, 'hairy'*
la barca *boat*
il barista *barman*
la barzelletta *funny story, joke*
la base *basis* a base di *based on* in base a *on the basis of*

il basilico *basil*
basso/a *low; short*
bastare* *to be enough/sufficient* basta *that's all* basta! *that's enough!* basta+inf *all you have to do is*
il bastoncino d'incenso *joss-stick*
battere *to beat (down)*
il battesimo *baptism*
battezzare *to baptise*
la battuta *joke, quip*
be' *see* bene
beato/a *lucky*
beige (inv) *beige*
bel *see* bello
il Belgio *Belgium*
bello/a (bel) *beautiful, pretty; good-looking, handsome; lovely; good, nice*
ben *see* bene
benché *although*
bene (be', ben) *well* va be'/bene *OK, (that's) fine* ben più *much more* andare bene (a) *to suit, to be convenient (to/for)*
la benzina *petrol*
bere† (pp bevuto) *to drink*
bestemmiare *to swear*
la bestia *beast*
la bevanda *beverage, drink*
bevuto *see* bere
bianco/a *white*
la biblioteca *library*
la bicicletta *bicycle* andare in bicicletta *to cycle, to go cycling*
il biglietto *ticket*
la Bilancia *Libra*
il biliardo *billiards*
il bilinguismo *bilingualism*
il binario *(railway) line*
biondo/a *blond(e), fair*
la birra *beer*
la bisbetica *shrew*
bisognare* *to be necessary* bisogna+inf *it's necessary, you must/have to*
il bisogno *need* avere bisogno (di) *to need*
la bistecca *steak*
blu (inv) *(dark) blue*
la bocca *mouth*
boh! *I don't know!, search me!*
bolognese *Bolognese, of Bologna*
bollata: la carta bollata *stamped paper*

bollente *boiling*
la bomba *bomb*
la bonifica *land reclamation*
il borghese *middle-class person*
la borsa *bag, handbag* la borsa da viaggio *travelling bag* la Borsa *Italian Stock Exchange*
la borsetta *handbag*
il bosco *wood, forest*
la bottega *shop*
la bottiglia *bottle*
il bottone *button*
il braccio (pl le braccia) *arm*
la brace *embers*
bravo/a *good, decent* bravo/a (a/in) *good (at), expert (at)* bravo! *well done!*
la bravura *skill, expertise*
breve *short*
il bridge *bridge*
britannico/a (pl –ci/–che) *British*
la bronchite *bronchitis*
bruno/a *dark, brown*
brutale *brutal*
brutto/a *ugly; nasty, unpleasant*
il buco *hole*
bucolico/a (pl –ci/–che) *bucolic*
la bufera di neve *snow-storm, blizzard*
buffo/a *funny*
buio/a *dark*
buonasera *good afternoon/evening*
buongiorno *good morning*
il buono *good (luck)*
buono/a *good*
buonumore: di buonumore *in a good mood*
il burro *butter*
la busta *envelope*
buttare via *to throw away*

C

la cabina telefonica *telephone box*
la caccia *hunt(ing)*
il cacciatore *hunter*
il cacciavite (inv) *screwdriver*
il cadavere *corpse*
cadere*† *to fall (down); to go dead, to be cut off*
la caduta *fall*
il caffè (inv) *coffee; café*

il calcio *kick; football*
  calcolare *to calculate*
  caldo: fa caldo *it's hot*
  caldo/a *hot*
la calle *Venetian street*
  calmo/a *calm*
  calpestare *to walk/trample on*
il calzino *(short) sock*
il calzolaio *shoe-repairer*
il cambiamento *change*
  cambiare(*) *to change*
  cambiarsi* *to get changed*
la camera *(bed)room* la camera da
  letto *bedroom*
il cameriere *waiter*
la camicetta *blouse*
la camicia *shirt*
il camino *fireplace* il caminetto
  small fireplace
il camion (inv) *lorry*
il camioncino *van, pick-up van*
  camminare *to walk, to get about*
la camminata *walk*
la campagna *country(side)* in
  campagna *in the country*
il campanilismo *parochialism, strong
  attachment to birthplace*
il campeggio *camping, camp-site*
il campionato *championship*
il campione *champion*
il campo *(playing) field, court;
  Venetian square*
il canale *canal; channel*
il cane *dog*
  cantabile *singable*
il/la cantante *singer*
  cantare *to sing*
la cantina *cellar*
il canto *song*
la canzone *song*
il caos (inv) *chaos*
  i capelli *hair*
  capire (–isco) *to understand, to see*
    da capire *to be understood, for
    comprehension* non ci capisco niente
    I don't understand a thing ho
    capito *I see, I get it*
la capitale *capital*
  capitare* *to happen*
  capito *see* capire
il capitolo *chapter*
il capo *head; boss*

il capolavoro *masterpiece*
il capoluogo *provincial or regional
  capital*
il capostazione (pl i capistazione)
  station master
la Cappella Sistina *Sistine Chapel*
il cappero *caper*
la capra d'Angora *Angora goat*
la carabina *carbine*
  i Carabinieri *Carabinieri, police*
il carattere *character*
la caratteristica *characteristic*
  caratteristico/a (pl –ci/–che)
    characteristic
  caratterizzare *to characterise*
  caratterizzato/a *characterised*
  carbonara: alla carbonara *with bacon,
    eggs and pecorino cheese*
  carità: per carità! *God forbid!, good
    heavens, no!*
la carnagione *complexion*
la carne *meat*
  caro/a *dear; expensive*
il carro funebre *hearse*
la carta *paper* la carta bollata
    stamped paper la carta di credito
    credit card le carte (da gioco)
    (playing) cards
il cartello *poster, placard*
la cartoleria *stationer's*
la cartolina *postcard*
la casa *house, home* a casa *at/to
    home* in casa *in the house, at home*
    stare di casa *to live, to reside*
il casale *farmhouse*
la casalinga *housewife*
la casetta *little house, cottage*
il caso *case* fare caso (a) *to pay
    attention (to)* in ogni caso *in any
    case* per caso *by (any) chance*
la cassa *cash desk; fund*
la cassetta delle lettere *postbox*
la castagna *chestnut*
il castagno *chestnut (wood)*
  castano/a *chestnut(–coloured)*
il castello *castle*
il catalano *Catalan*
la categoria *class, category*
il catenaccio lit. *door-bolt; defensive
    style of football*
  catinelle: piove a catinelle *it's raining
    cats and dogs*

la cattedrale *cathedral*
cattivo/a *bad, naughty; nasty*
cattolico/a *Catholic*
catturare *to capture*
la cautela *care, caution*
la cava *quarry*
il cavalcavia (inv) *fly-over*
cavallo: andare a cavallo *to go horse-riding*
cavarsela* bene *to get on well*
la caviglia *ankle*
c'è *see* ci²
ce *(to) us; (to) each other*
la Cecoslovacchia *Czechoslovakia*
celebrare *to celebrate*
celebre *celebrated, renowned*
la cena *dinner, supper*
cenare *to have dinner*
centigrado/a *centigrade*
il centimetro *centimetre*
il centinaio (pl le centinaia) *(quantity of) a hundred*
cento *a hundred* per cento *per cent*
centrale *central*
la centrale *power station*
il centralino *operator, switchboard*
il centro *centre; town centre*
cerca: in cerca di *in search of*
cercare *to look (for)* cercare di *to try to*
la cerimonia *ceremony*
il cerotto *sticking-plaster*
certamente *certainly*
la certezza *certainty*
il certificato *certificate*
certo *certainly, of course*
certo/a *certain*
cessato/a *ended*
il cestino dei rifiuti *rubbish bin*
il ceto *(social) class*
che *that, which; who(m)* che?, che cosa? *what?* che . . .! *what a . . .!, how . . .!*
ché=perché
chi *who, whom; whoever* c'è chi *there are those who*
chiacchierare *to chat*
la chiacchieratina *little chat*
il chiacchierone *chatterbox, gasbag*
chiamare *to call*
chiamarsi* *to be called* come ti chiami? *what's your name?*

la chiamata *call*
chiaramente *clearly, obviously*
chiaro/a *light, pale; clear, obvious*
la chiave *key*
chiedere (pp chiesto) *to ask (for)*
la chiesa *church*
chiesto *see* chiedere
il chilo *kilo*
il chilometro *kilometre*
chiudere (pp chiuso) *to close, to shut*
chiunque *anyone*
chiuso/a *closed, shut; introverted*
ci¹ *(to) us; (to) each other*
ci² *here; there* c'è *there is; he/she is in* c'è . . .? *is . . . in?* non c'è *he/she is out* ci sono *there are*
ci³ *(to) it*
ciao *hello, hi; 'bye*
il cibo *food*
il cicerone *guide*
il ciclismo *cycling*
il ciclista *cyclist*
il cielo *sky*
la cifra *figure*
la ciliegia *cherry*
cilindrico/a (pl −ci/−che) *cylindrical*
cima: in cima a *on top of, at the top of*
la Cina *China*
il cinema (inv) *cinema*
cinematografico/a (pl −ci/−che) *(of the) cinema, (of) film*
il cinematografo *cinema(tograph)*
il Cinquecento *16th century*
ciò *that*
cioè *that is (to say), in other words*
circa *about, approximately*
la circolare *circular*
il circolo *club*
la città (inv) *city, town*
la cittadella *hill-top town*
la cittadina *small town*
il cittadino *citizen*
civile *civil; civilised*
la civiltà *civilisation*
clamoroso/a *sensational*
la classe *class*
classico/a (pl −ci/−che) *classic*
la classifica *(league) table*
il cliente *client, customer*
il clima (inv) *climate*
climatico/a (pl −ci/−che) *climatic*
la clinica *clinic*

il club (inv) *club*
il codice *postcode*
il coetaneo *person of same age/ generation, contemporary*
il cognac *brandy*
il cognome *surname*
coinvolto/a *involved*
col=con+il
la cola *cola*
colazione: fare colazione *to have breakfast*
collaborare (con) *to collaborate (with)*
colle=con+le
il colle *hill*
il collega *colleague*
collegarsi* (a) *to link up (with), to 'tune in' (to)*
collegato/a *linked, joined*
collettivo/a *collective*
la collina *hill*
collocare *to place*
il colore *colour* di che colore è? *what colour is it?*
colorito/a *colourful*
il Colosseo *Colosseum*
la colpa *fault*
il colpevole *culprit*
colpire (–isco) *to strike*
il coltellino *small knife*
coltivare *to cultivate*
coltivato/a *cultivated*
comandato/a *controlled*
come *like, as* come? *how?; what?, pardon?* com'è? *what's he/she/it like?* come mai? *why?, how come?* come! *what!* come no! *of course!*
cominciare(*) *to begin, to start*
la commedia *play*
commemorativo/a *commemorative*
commerciale *commercial*
il commerciante *trader*
il commesso, la commessa *shop assistant*
comodo/a *comfortable; convenient*
il compagno *(school-)friend*
compiere . . . anni *to reach the age of . . .*
il compito *duty, job*
il complesso *group* nel complesso *on the whole*
complesso/a *complex*
completamente *completely*
completo/a *complete*

complicato/a *complicated*
il complice *accomplice*
complimenti! *congratulations!, well done!*
il complotto *plot, conspiracy*
il compositore *composer*
composto/a (da) *composed/made up (of)*
comprare *to buy*
comprendere (pp compreso) *to comprise*
comprensibile *understandable*
compreso/a *included*
la compressa *tablet*
il computer (inv) *computer*
comunale *communal, (of the) community*
comune *common, usual* fuori del comune *out of the ordinary* in comune *in common*
il comune *town council, municipality*
comunicare *to communicate*
la comunicazione *communication*
comunista *communist*
la comunità (inv) *community*
comunque *however, anyway, though*
con *with*
concernere *to concern*
il concerto *concert*
il concessionario *dealer, agent*
concesso/a *granted*
la concorrenza *competition* fare concorrenza *to compete*
condito/a *spiced, flavoured*
la condizione *condition* a condizione che *on condition that, as long as*
la condotta *conduct*
condotto/a *conducted* il medico condotto *area doctor*
il conducente *driver*
la conferenza *lecture*
confessare *to confess*
confinare (con) *to border (on)*
il confine *border, limit, boundary*
il confino *(political) exile*
il conflitto *conflict*
confondere (pp confuso) *to confuse*
il conformista *conformist*
confronto: in confronto a *compared to/ with* nei confronti di *in relation to*
il congresso *conference*
conoscere (pp conosciuto) *to know, to get to know*

conosciuto/a *(well-)known*
conquistare *to conquer*
consecutivo/a *consecutive, in a row*
la conseguenza *consequence, result*
    di conseguenza *as a result*
il consenso *consent*
    consentito/a *permitted*
la conserva *preserved food, tinned food*
    conservare *to retain*
    conservarsi* *to be preserved*
    considerare *to consider*
    considerato/a *considered*
la considerazione *consideration*
    considerevole *considerable, pretty large*
    consigliare *to recommend, to advise*
il consigliere *councillor*
il consiglio *(piece of) advice; council*
    consistere (in) *to consist (of)*
    consultare *to consult*
    consumare *to use (up)*
il contadino, la contadina *farmworker;*
    smallholder
    contadino/a *(of the) country, rustic*
il contatore *meter*
il contatto *contact* a contatto con
    in contact/touch with
    contemporaneo/a *contemporary*
il contenitore *container*
    contento/a *happy*
    contestare *to oppose*
il continente *continent*
    continuamente *continually*
    continuare(*) *to continue, to go on*
    continuato/a *continued*
    continuo/a *continual*
    conto: rendersi* conto (di) *to realise*
il contorno *vegetables to accompany*
    main course
il contrabbando *contraband, smuggling*
    contraddistinguere
    (pp contraddistinto) *to distinguish*
    contrario/a (a) *against, opposed (to)*
il contrario *opposite* al contrario
    on the contrary
il contrasto *contrast*
il contratto *contract*
    contribuire (−isco) *to contribute*
il contributo *contribution*
    contro *against*
    controllare *to check*
    convenire*: conviene *it's advisable, it's*
    a good idea

convincente *convincing*
convinto/a *convinced*
coperto/a *covered*
la coppa *cup*
la coppia *couple*
    coprire (pp coperto) *to cover*
il coraggio *courage*
il corazziere *cuirassier*
    cordiale *cordial, genial*
    corna: fare le corna *to make the sign of*
    the horns
la Cornovaglia *Cornwall*
il coro *choir*
il corpo *body; corps*
    correre (pp corso) *to run*
    correttamente *correctly*
    corretto/a *correct*
la corriera *coach*
la corruzione *corruption*
    corsa: di corsa *in a hurry/rush*
il corso *course*
il corteggiatore *suitor*
    cortese *courteous, polite*
    cortesia: per cortesia *please*
il cortile *courtyard*
    corto/a *short*
il corvo *crow*
la cosa *thing* cosa?, che cosa?
    what? per prima cosa *first of all*
la coscienza *conscience*
    così *like this, in this way; so* così . . .
    come *as . . . as* e così via *and so on*
    cosiddetto/a *so-called*
la costa *coast* la Costa d'Avorio
    Ivory Coast
    costante *constant*
    costare* *to cost* costare caro *to cost a*
    lot, to be expensive
la costata *chop, entrecôte*
    costiero/a *coastal*
    costituire (−isco) *to constitute*
la costituzione *constitution;*
    formation, setting-up
    costoso/a *costly, dear*
    costretto/a *obliged, forced*
    costruire (−isco) *to construct, to build*
la costruzione *construction*
il costume *custom*
la cotica *(dialect) (piece of) pig skin*
la cotoletta *cutlet, chop*
il cotone *cotton*
    cotto/a *cooked*

il cratere *crater*
creare *to create*
la creazione *creation*
credere *to believe, to think*   credere
   a/in *to believe in*
credito: la carta di credito *credit card*
la crema *type of egg custard*   alla
   crema *in a cream sauce*
crescente *growing, increasing*
crescere* (pp cresciuto) *to grow,*
   to grow up
la cresima *confirmation*
il cretino *idiot*
il cricket *cricket*
la crisi (inv) *crisis*
il cristallino *small crystal*
cristiana: la Democrazia Cristiana
   Christian Democrat Party
Cristoforo Colombo *Christopher*
   Columbus
la critica *criticism*
criticare *to criticise*
il critico (pl −ci) *critic*
croccante *crisp*
il crucipuzzle (inv) *wordsearch puzzle*
il cruciverba (inv) *crossword puzzle*
la cucina *kitchen; cuisine, cookery*
cucinare *to cook*
cucire: la macchina da cucire *sewing-*
   machine
il cugino *cousin*
cui *which; whom; whose*   per cui *so, so*
   that
il culto *veneration, cult*
la cultura *culture*
culturale *cultural*
cuocere (pp cotto) *to cook*
il cuoio *leather*
il cuore *heart*
la cura *treatment*
curare *to look after, to take care of;*
   to treat
curato/a *well looked-after*
curioso/a *curious, strange*
la curva *bend*

D
d' = di
da *from, since; by; at the house/shop of*
   da noi/voi *where we/you live, in*
   our/your part of the world   da . . .

anni *for . . . years*
dagli, dai, dal, dall', dalla, dalle, dallo
   = da + gli/i/il/l'/la/le/lo
la dama *draughts*
la damigiana *demijohn*
il danese *Dane*
la Danimarca *Denmark*
il danno *damage*
dannoso/a *harmful*
dappertutto *everywhere*
dare† *to give*   dammi *give me*   dare
   del tu/lei *to address as tu/lei*   dare
   su *to look out on, to overlook*
darsi: può darsi *maybe, perhaps*
la data *date*
dato che *given that, since*
davanti a *in front of, before*
davvero *really*
la decadenza *decline*
il decennio *decade*
decentemente *decently*
decidere (di) (pp deciso) *to decide (to)*
la decisione *decision*
deciso *see* decidere
il declino *decline*
dedicato/a *devoted*
deficiente *stupid, cretinous*
definire (−isco) *to define*
degli, dei, del = di + gli/i/il   degli, dei
   some, any
delegato: l'amministratore delegato
   managing director
delizioso/a *delightful*
dell', della, delle, dello = di + l'/la/le/lo
   delle *some, any*
il delitto *crime*
la democrazia *democracy*   la
   Democrazia Cristiana *Christian*
   Democrat Party
il denaro *money*
il dente *tooth*
il dentista *dentist*
dentro *in, inside*
denunciare *to report; to denounce*
il deposito bagagli *left-luggage office*
derivare(*) (da) *to derive (from)*
descrivere (pp descritto) *to describe*
desiderare *to wish, to want*
il design *design*
la destra *right*   a destra *to the right*
   sulla destra *on the right*
destro/a *right*

il detenuto *detainee*
determinante *decisive*
determinato/a *definite*
il dettaglio *detail*
dettare *to dictate, to spell out*
detto *see* dire
la deviazione *diversion*
di *of*
dialettale *dialectal*
il dialetto *dialect*
il dibattito *debate*
dica *see* dire
dicembre (m) *December*
dichiarare *to declare*
dichiararsi* *to declare oneself*
diciamo *see* dire
la dieta *diet*
dietro (di) *behind; at the back (of)*
difendere (pp difeso) *to defend*
difensivo/a *defensive*
la difesa *defence*
differente *different*
la differenza *difference* a differenza
di *unlike*
difficile *difficult; unlikely*
la difficoltà (inv) *difficulty*
la diffusione *distribution, circulation*
diffuso/a *widespread*
il digestivo *digestive, liqueur (to aid
digestion)*
dileguarsi* *to disappear, to get away*
la dimensione *dimension* che
dimensioni ha? *what size is it?*
dimenticare *to forget*
dimesso *see* dimettersi
dimettersi* (pp dimesso) *to resign*
diminuire (–isco) *to reduce*
dimostrare *to demonstrate, to prove; to
look*
il dio (pl gli dei) *god*
il dipendente *employee*
dipendere* (da) (pp dipeso) *to depend
(on)*
dipingere (pp dipinto) *to paint*
dire† (pp detto) *to say, to tell* dimmi
tell me mi dica *can I help you?*
diciamo *let's say* direi di no
I would say not direi di sì *I would
say so* voler dire *to mean*
direttamente *directly, straight*
diretto *see* dirigere
diretto/a *direct*

il direttore *director, manager* il
direttore generale *director general*
dirigere (pp diretto) *to direct*
diritto (*or* dritto) *straight on* sempre
diritto *keep straight on*
il diritto *right*
disastroso/a *disastrous*
la discesa *descent, way down*
il disc-jockey (inv) *disc-jockey*
il disco *record*
il discorso *speech, conversation;
argument, line of reasoning; subject*
la discoteca *discothèque*
discreto/a *pretty large, considerable*
la discriminazione *discrimination*
discusso *see* discutere
discutere (pp discusso) *to discuss, to
debate*
disegnare *to design*
il disegnatore, la disegnatrice
designer
il disegno *design*
la disgrazia *accident, misfortune, bad
luck* per disgrazia *by accident*
il disguido *mix-up, going astray*
disinfettare *to disinfect*
disoccupato/a *unemployed*
la disoccupazione *unemployment*
disonesto/a *dishonest*
disperatamente *desperately*
dispiacere* (a): mi dispiace *I'm sorry;
I mind/regret* ti/le dispiace? *do you
mind/regret?, are you sorry?* ti/le
dispiacerebbe? *would you mind?*
disponibile *available, vacant*
disposto/a *disposed, ready*
distare* (da) *to be far away/distant
(from)*
distinguere (pp distinto) *to distinguish,
to tell (apart)*
distinto/a *distinguished*
distratto/a *absent-minded*
distruggere (pp distrutto) *to destroy*
il disturbo *complaint, disorder*
disumano/a *inhuman*
il dito (pl le dita) *finger*
la ditta *firm, company*
la diva *diva, star*
il divario *difference, discrepancy*
diventare* *to become, to get*
diversamente *differently*
diversi/e *several; various*

diverso/a (da) *different (from)*
divertente *entertaining, amusing*
il divertimento *entertainment, recreation*
divertirsi* *to enjoy oneself, to have fun*
divieto di ... *no ..., ... prohibited*
divino/a *divine*
la divisione *division*
diviso/a *divided*
il divorzio *divorce*
il documento *document*
    i documenti *(identity) papers*
dolce *sweet; soft, gentle, mild*
il dolce *sweet, dessert*
il dolcelatte *a soft blue cheese*
il dollaro *dollar*
le Dolomiti *Dolomites*
il dolore *pain*
la domanda *question*   fare una
    domanda *to ask a question*
domani *tomorrow*
domato/a *tamed*
la domenica *Sunday*
la domestica *maid*
dominare *to dominate*
la dondola *rocking-chair*
la donna *lady, woman*
dopo *after; afterwards, later*
dopodiché *after·which*
dopodomani *day after tomorrow*
il dopoguerra *post-war period*
il doppio *double*
doppio/a *double, twofold*
dorato/a *golden*
dormire *to sleep*
la dose *dose*
il dottore *doctor*
dove *where*
dovere(*)† *to have to*   dovrei *I ought
    to*
dovuto/a *due*
il dramma *drama*
drammatico/a (pl –ci/–che) *dramatic*
dritto (*or* diritto) *straight on*   sempre
    dritto *keep straight on*
la drogheria *grocer's shop*
il dubbio *doubt*   nel dubbio *if in
    doubt*
il duca *duke*
il duce *leader, commander*
  due *two*   tutti/e e due *both (of them)*
dunque *so, then, right then; therefore;
    well*

durante *during*
durare* *to last*

E

e *and*
l'ebreo (m) *Jew*
eccellente *illustrious*
eccellenza: per eccellenza *par excellence*
eccentrico/a (pl –ci/–che) *eccentric*
l'eccesso (m) *excess*
eccetera *etcetera*
ecco *look; here/there is; well*   ecco
    perché *that's why*
l'ecologo (m) (pl –gi) *ecologist*
l'economia (f) *economy*
economicamente *economically*
economico/a (pl –ci/–che) *economic;
    economical, cheap*
ed = e
l'edicola (f) *news-stand*
l'edilizia (f) *construction*
Edimburgo *Edinburgh*
educato/a *polite, well brought-up*
effetti: in effetti *that's right, indeed, in
    fact*
effettivamente *in fact*
effettivo/a *actual*
l'effetto (m) *effect, impression*
effettuarsi* *to take place*
efficace *effective, efficient*
l'efficacia (f) *efficacy, effect*
efficiente *efficient*
effimero/a *ephemeral, transient*
egoista *egoistic*
l'egoista (m *or* f) *egoist*
elegante *elegant, smart*
l'eleganza (f) *elegance*
eleggere (pp eletto) *to elect*
l'elemento (m) *element*
l'elenco (m) *list*
eletto *see* eleggere
l'elettricista (m) *electrician*
l'elettrodomestico (m) (pl –ci)
    domestic appliance
l'elettronica (f) *electronics*
elettronicamente *electronically*
elettronico/a (pl –ci/–che) *electronic*
l'elezione (f) *election*
eliminare *to eliminate, to get rid of*
elitario/a *élitist*
emergente *developing*

emesso *see* emettere

emettere (pp emesso) *to issue*

emigrare(*) *to emigrate*

l'emigrato (m) *emigrant*

l'emigrazione (f) *emigration*

l'emiliano (m) *dialect spoken in Emilia region*

l'energia (f) *energy, power*

enigmistico: l'angolo enigmistico *puzzle corner*

enorme *enormous, huge*

l'ente (m) locale *local authority*

entrare* (in) *to enter, to go in, to get in*

l'entrata (f) *entrance, entry*

l'entroterra (f) *hinterland*

l'entusiasmo (m) *enthusiasm*

l'episodio (m) *episode, incident*

l'epoca (f) *period, time*
   a quell'epoca *at that time*

l'equitazione (f) *horse-riding*

l'erba (f) *herb; grass*

ereditare *to inherit*

l'eroe (m) *hero*

l'errore (m) *mistake*

l'eruzione (f) *eruption*

l'esame (m) *examination*

esaminare *to examine, to investigate*

esattamente *exactly*

esatto *exactly, that's right*

esatto/a *exact, accurate*

escludere (pp escluso) *to exclude*

esclusivamente *exclusively*

esclusivo/a *exclusive*

l'esecuzione (f) *(musical) performance*

l'esempio (m) *example*   ad esempio, per esempio *for example*   fare un esempio *to give an example*

esercitare *to exercise; to practise*

l'esercito (m) *army*

l'esercizio (m) *exercise*

esigente *exacting*

l'esigenza (f) *requirement*

esiliare *to exile*

l'esistenza (f) *existence*

esistenziale *existential*

esistere* (pp esistito) *to exist, to be*

l'esodo (m) *exodus*

esotico/a (pl –ci/–che) *exotic*

l'espansione (f) *expansion*

l'esperienza (f) *experience*

esperto/a *expert*

esplodere(*) (pp esploso) *to explode*

l'esplosione (f) *explosion*

esploso *see* esplodere

esporre† (pp esposto) *to expose*

esporsi*† (pp esposto) *to submit/expose oneself*

esportare *to export*

l'esportazione (f) *export*

esposto *see* esporre

espresso/a *expressed*

esprimere (pp espresso) *to express*

l'essere (m) *being*

essere*† (pp stato) *to be*

l'est (m) *east*

l'estate (f) *summer*   d'estate *in the summer*

estendersi* (pp esteso) *to extend, to spread*

l'esterno (m) *outside*   all'esterno di *outside*

esterno/a *outside*

estero: all'estero *abroad*

estero/a *foreign*

esteso *see* estendersi

l'estetica (f) *aesthetics, beauty*

estivo/a *(of the) summer*

estratto/a *extracted*

estremamente *extremely*

estroverso/a *extrovert*

l'età (f) (inv) *age*

l'etrusco (m) *Etruscan*

l'etto (m) *100 grams*

l'Europa (f) *Europe*

europeo/a *European*

evidentemente *obviously*

evitare *to avoid*

F

fa *ago*

la fabbrica *factory*

fabbricare *to build*

la faccia *face; side*

facile *easy; likely*

il fagiolo *(haricot) bean*

il falegname *carpenter*

il fallimento *failure*

falso/a *false, deceitful*

la fama *reputation*

famigerato/a *notorious*

la famiglia *family*

familiare *(of a) family*

il familiare *member of a family*

famoso/a *famous*
il fanatico (pl –ci) *fanatic*
il fango *mud*   fare i fanghi *to have*
   mud baths
la fantasia *fantasy, imagination*
il fantasma *ghost*
   fantastico/a (pl –ci/–che) *fantastic*
   farcela*† *to manage*
   fare† (pp fatto) *to do; to make*   fare
   bene/male (a) *to be good/bad (for)*
   fare male (a) *to hurt*   fare prima *to*
   get somewhere sooner/more quickly
   facciamo . . . *let's make it . . .*   come
   faccio per . . .? *how do I (go about)*
   . . .?   come si fa a . . .? *how do you*
   go about . . .?   cosa fanno? *what's*
   on?, what are they showing?   fare +
   inf *to have/get (something made or*
   done), to let (someone do something)
   far sapere *to tell, to let (someone)*
   know   far vedere *to show*
la farina *flour*
la farmacia *chemist's*
il farmacista *chemist*
il farmaco (pl –ci) *drug, medicine*
il fascismo *Fascism*
   fascista *Fascist*
   fastidio: dare fastidio (a) *to bother, to*
   be a nuisance (to)
la fatica *effort*
   fatto *see* fare
il fatto *fact*   in fatto di *as regards*
il fattore *factor, element*
la fattoria *farm*
   favoloso/a *fabulous, wonderful*
il favore *favour*   per favore *please*
   favorevole (a) *favourable (towards), in*
   favour (of)
il fazzoletto *handkerchief*
   febbraio (m) *February*
la febbre *temperature*
la federazione *federation*
il feeling (inv) *feeling*
   felice *happy*
   femmina *female*
   femminile *feminine; women's*
   femminista *feminist*
il fenomeno *phenomenon*
le ferie *holidays*
la ferita *wound*
   fermare *to stop*
   fermarsi* *to stop*

la fermata *stop*
   feroce *fierce, ferocious*
il ferro *iron, piece of iron*   il fil di
   ferro *wire*
   ferroviario/a *(of the) railway*
le ferrovie *railways*
la festa *festival, holiday; festivity*
il festival (inv) *festival*
la fetta *slice, section*   a fette *in slices*
la fettina *thin slice, escalope*
la fibbia *buckle*
   fidarsi* (di) *to trust, to rely on*
la figlia *daughter*   il figlio *son; child*
   i figli *children*
   figura: fare bella figura *to cut a good*
   figure, to put on a good show
   fil *see* filo
il film (inv) *film*
il filo *thread*   il fil di ferro *wire*
il filone *tendency*
   fin *see* fino
   finale *final*
   finalmente *at last, finally*
   finanziare *to finance*
   finché *until*
la fine *end*
il fine settimana (inv) *weekend*
la finestra *window*
il finestrino *(train) window*
   finire(*) (–isco) *to finish*
   finito/a *finished, worn out*
   fino: fino a *as far as, until, up to*   fin
   da *since, (right) from*
   finora *up to now*
il fiore *flower*
   fiorentino/a *Florentine, of Florence*
   Firenze *Florence*
   firmare *to sign*
   fischiare *to whistle*
la fisica *physics*
   fisicamente *physically*
   fisso/a *fixed*
il fiume *river*
il flash (inv) *flash, flare*   le notizie
   flash *very latest news*
   flessibile *flexible*
il foglio *sheet of paper*   il foglietto
   small sheet of paper
il folclore *folklore*
   folcloristico/a *folkloric, of folklore*
il fondaco *(medieval) warehouse*
   fondamentale *fundamental, basic*

fondamentalmente *basically, fundamentally*
fondare *to found*
la fondazione *foundation*
il fondo *bottom* a fondo *in depth, thoroughly* in fondo *basically, after all* in fondo (a) *at/to the end (of)*
la fonte *source*
la forcina *hairpin*
la forfora *dandruff*
la forma *form, shape* che forma ha? *what shape is it?* in forma *on form, in shape*
il formaggio *cheese*
formale *formal*
formalmente *formally*
formare *to form, to shape*
formato/a *formed*
fornire (–isco) *to provide*
il forno *oven* al forno *baked*
forse *maybe, perhaps*
forte *strong; good; loud; fast*
fortemente *strongly*
la fortuna *luck* per fortuna *luckily*
fortunato/a *lucky*
la forza *force*
la foto (inv), la fotografia *photo(graph)*
fotografica: la macchina fotografica *camera*
fra *between; among; in* fra poco *soon*
francamente *frankly, sincerely*
francese *French* il francese *French (language)*
la Francia *France*
il francobollo *stamp*
il fratello *brother* i fratelli *brothers, brother(s) and sister(s)*
frattempo: nel frattempo *in the meantime*
freddo: fa freddo *it's cold*
freddo/a *cold*
frenare *to brake*
il freno *brake*
frequentare *to frequent, to visit often; to attend*
frequente *frequent*
fresco/a *cool, cold; fresh*
fretta: avere fretta *to be in a hurry*
il frigorifero *refrigerator*
fritto/a *fried* le patate fritte *chips*
friulano/a *Friulian* il friulano *Friulian (dialect)*

frivolo/a *frivolous*
fronte: di fronte a *opposite, in front of*
la frutta *fruit*
il fruttivendolo *greengrocer*
il frutto *fruit* i frutti di mare *edible shellfish*
la fuga *flight, escape*
fumare *to smoke*
il fumo *smoke, smoking*
funebre: il carro funebre *hearse*
il funerale *funeral*
il fungo *mushroom*
funzionante *working, functioning*
funzionare *to work*
il funzionario *official*
la funzione *function*
il fuoco *fire*
fuori *out, outside; away* al di fuori di *outside*
furbo/a *cunning, clever*
il furto *theft*
il futuro *future*

G

la gabardina *gabardine*
il gabinetto *toilet*
la gaffe (inv) *blunder, gaffe*
galante *gallant*
la galleria *(art) gallery*
il Galles *Wales*
il gallese *Welsh (language)*
la gamba *leg* in gamba *capable, competent*
la gara *race, competition*
garantire (–isco) *to guarantee*
gastronomico/a (pl –ci/–che) *gastronomic*
il gatto *cat*
il gelato *ice-cream*
generale *general* in generale *in general, generally*
generalizzare *to generalise*
generalmente *generally*
la generazione *generation*
il genere *kind, sort* del genere *of this/that sort*
i generi alimentari *foodstuffs, groceries*
la generosità *generosity*
generoso/a *generous*
i genitori *parents*
gennaio (m) *January*

Genova *Genoa*
genovese *Genoan, of Genoa*
la gente *people*
gentile *courteous, kind*
il gentiluomo *gentleman*
genuino/a *genuine*
la Germania *Germany*
la gestione *running, management*
gestire (–isco) *to run, to organise*
il gesto *gesture*
gettare *to throw (away)*
il gettone *(telephone) token*
il ghiacciaio *glacier*
il ghiaccio *ice*
già *already; yes (of course)*
la giacca *jacket*
il giallo *detective story*
giallo/a *yellow*
il Giappone *Japan*
il ginocchio (pl le ginocchia) *knee*
giocare (a) *to play*
il giocatore *player*
il gioco *game; play*
la gioia *gaiety, joy*
il giornale *newspaper*
il giornalismo *journalism*
il/la giornalista *journalist*
la giornata *day*
il giorno *day* il giorno libero *day
off* al giorno d'oggi *nowadays,
these days* quindici giorni
fortnight
giovane *young*
il giovane *young man* i giovani
young people
il giovanotto *lad*
il giovedì *Thursday*
la gioventù *youth, young people*
girare *to turn; to go round*
giro: andare in giro *to travel around*
fare un giro *to go round; to go for a
walk* in giro *on the move*
la gita *excursion, trip*
giù *down; depressed* in giù
down(wards)
giudicare *to consider*
giudiziario/a *judicial*
il giudizio *judgment, opinion*
giugno (m) *June*
giurare *to swear*
giustamente *precisely*
giustificato/a *justified*

giusto/a *correct, appropriate, right*
gli *the*
gli *to him; to them* glielo, gliela,
etc = le/gli + lo, la etc
la gloria *glory*
glorioso/a *glorious*
il goccio *drop*
godere (di) *to enjoy*
il gol (inv) *goal*
la gola *throat* il mal di gola *sore
throat*
il golf *golf*
la gomma *tyre; chewing-gum*
la gondola *gondola*
il gondoliere *gondolier*
la gonna *skirt*
il gorgonzola *gorgonzola*
il governo *government*
il grado *degree* in grado di *in a
position to, capable of*
la graffetta *paper clip*
il grafico (pl –ci) *graphic designer*
la grammatica *grammar*
la Gran Bretagna *Great Britain*
grande (gran) *big, large; great*
quant'è grande? *how big is it?*
la grandezza *size*
il grano *grain*
il granoturco *maize*
grasso/a *fat; greasy*
gratis (inv) *free*
il grattacielo *skyscraper*
grave *serious*
la grazia *grace, favour*
grazie *thanks, thank you* grazie mille
many thanks, thank you very much
grigio/a *grey*
griglia: alla griglia *grilled*
grosso/a *big, huge*
il gruppo *group*
il guadagno *earnings*
il guaio *trouble, difficulty* nei guai
in trouble
guardare *to look (at), to watch*
la guardia *guard*
guarire(*) (–isco) *to cure; to heal, to be
cured*
il guasto *breakdown*
guasto/a *broken down, out of order*
la guerra *war*
la guglia *spire*
la guida *guide*

guidare *to drive*
il gusto *taste*

H

l'hockey su prato *hockey*

I

i *the*
l'idea (f) *idea*   non avere idea *to have no idea*
ideale *ideal*
idealista *idealistic*
identificarsi* *to identify oneself*
l'idraulico (m) (pl –ci) *plumber*
ieri *yesterday*
l'igiene (f) *hygiene, health*
igienico/a (pl –ci/–che) *hygienic, healthful*
il *the*
imbarazzante *embarrassing*
l'imbarazzo (m) *embarrassment*
imbattibile *unbeatable*
immaginare *to imagine*
l'immagine (f) *image*
immediatamente *immediately*
immediato/a *immediate*
immettere (pp immesso) *to run into*
immutato/a *unchanged*
impacciato/a *awkward, embarrassed*
imparare *to learn*
impazzire* (–isco) *to go mad*
impedire (–isco) *to prevent*
l'impegno (m) *engagement, appointment; commitment*
impersonale *impersonal*
l'impianto (m) *installation, set-up*
impiegare *to employ*
l'impiegato (m) *employee; office worker, clerk*
l'impiego (m) *employment*
importante *important*
l'importanza (f) *importance*
importare* *to matter, to be important*
impossibile *impossible*
l'imposta (f) *tax*
imprenditoriale *entrepreneurial*
l'impresa (f) *business, firm*
l'impressione (f) *impression*
imprestare *to lend*

improvviso: all'improvviso, d'improvviso *suddenly*
impulsivo/a *impulsive*
in *in, into; on*
l'inalazione (f) *inhalation*
inaspettatamente *unexpectedly*
inaugurare *to inaugurate*
incalzare *to pursue closely*
incamminarsi* *to get on the road*
incandescente *incandescent, glowing*
incantevole *enchanting, delightful*
incarcerare *to imprison*
incartare *to wrap up*
l'incendio (m) *fire*
incenso: il bastoncino d'incenso *joss-stick*
l'inchiesta (f) *enquiry, survey*
l'incidente (m) *accident*
incinta *pregnant*
incontrare *to meet*
incontrarsi* *to meet (each other)*
l'incontro (m) *meeting*
l'inconveniente (m) *trouble*
incorreggibile *incorrigible, incurable*
incredibile *incredible*
l'indagine (f) *investigation*
indicare *to indicate*
l'indicazione (f) *information*
indietro *behind; late*   a marcia indietro *in(to) reverse gear*   tornare indietro *to go back the way you've come*
l'indignazione *indignation*
indipendente *independent*
l'indipendenza (f) *independence*
l'indirizzo (m) *address*
indistruttibile *indestructible*
individuale *individual*
l'individuo (m) *individual*
indovinare *to guess*
l'industria (f) *industry*
industriale *industrial*
l'industriale (m) *industrialist*
inefficiente *inefficient*
inesorabile *inexorable*
infatti *in fact*
inferiore *inferior*
l'infermiera (f), l'infermiere (m) *nurse*
infine *finally*
l'infisso (m) *fixture*
influente *influential*

l'influenza (f) *influence*
influenzare *to influence*
l'influsso (m) *influence*
infondato/a *unfounded, baseless*
infondere (pp infuso) *to infuse*
le informazioni *information*
l'infortunio (m) *accident*
l'ingegnere (m) *engineer*
l'ingegneria (f) *engineering*
l'Inghilterra (f) *England*
ingiusto/a *unjust, unfair*
inglese *English* l'inglese (m) *English (language)*
l'ingrediente (m) *ingredient*
l'ingresso (m) *admittance*
l'iniziale (f) *initial*
iniziare(*) *to begin, to start*
l'iniziativa (f) *initiative*
l'inizio (m) *beginning* all'inizio *at first*
innamorato/a (di) *in love (with)*
innanzitutto *first of all*
inoltre *what's more, in addition*
inossidabile: l'acciaio inossidabile *stainless steel*
l'insalata (f) *salad*
l'insegnamento (m) *teaching*
l'insegnante (m or f) *teacher*
insegnare *to teach*
insieme (a) *together (with)*
insignificante *insignificant*
insistere (pp insistito) *to persevere, to keep on*
insolito/a *unusual*
insomma *basically, in other words* insomma . . . *well . . .*
insuperato/a *unsurpassed*
intanto *meanwhile, but*
integrale *integral*
intellettuale *intellectual*
intelligente *intelligent*
intendere (pp inteso) *to mean*
intendersi* (pp inteso) *to understand one another*
intenso/a *intense, strong*
l'intenzione *intention* avere intenzione di *to intend to, to be going to*
interamente *entirely*
interessante *interesting*
interessare *to interest*
interessarsi*: interessarsi a *to take an interest in, to be interested in*

interessarsi di *to interest oneself in, to concern oneself with*
l'interesse (m) *interest*
l'interlocutore (m) *speaker, caller*
internazionale *international*
l'interno (m) *interior, inside; (phone) extension; flat* all'interno di *within, inside*
interno/a *internal*
intero/a *entire, whole*
l'interpretazione (f) *(theatre/cinema) performance*
interrompere (pp interrotto) *to interrupt*
interrompersi* (pp interrotto) *to get cut off*
interurbano/a *long-distance*
l'intervallo *interval, gap*
intervenire*† (pp intervenuto) *to participate*
intervistato/a *interviewed*
intorno a *around*
intuitivo/a *intuitive*
inutile *unnecessary, useless*
inutilmente *unnecessarily*
invadere (pp invaso) *to invade*
invariato/a *unchanged, constant*
invaso *see* invadere
invece *on the other hand, on the contrary; instead* invece di/che *rather than, instead of*
inventare *to invent*
l'invenzione (f) *invention*
invernale *(of the) winter*
l'inverno (m) *winter* d'inverno *in the winter*
inzupparsi* *to get soaked*
io *I*
l'ipotesi (f) (inv) *hypothesis*
l'ippica (f) *horse-riding*
l'Irlanda (f) *Ireland*
l'iscritto (m) *(paid-up) member*
l'isola (f) *island*
l'ispettore (m) *inspector*
ispirare *to inspire*
-issimo/a *(as a suffix) very, a lot*
l'istituto (m) *institute*
l'istituzione (f) *institution*
l'istruttore (m) *instructor*
l'istruzione (f) *instruction* le istruzioni *instructions, directions*
l'Italia (f) *Italy*

italiano/a *Italian* l'italiano *Italian (language)*

l'IVA = l'Imposta sul Valore Aggiunto *VAT*

il jazz *jazz*
il jogging *jogging*
la Jugoslavia *Yugoslavia*
il jukebox (inv) *jukebox*

l' *the; it*
la *the; it*
la *her; you*
là *there* di là *over there; that way*
   al di là *beyond, on the other side*
laborioso/a *hard-working, industrious*
il ladino *Ladin (language)*
la ladra, il ladro *thief*
laggiù *down there*
il lago *lake*
le lamelle *gills (of mushroom)*
la lametta *razor blade*
la lampada da notte *bedside lamp*
il lampione *street lamp*
la lana *wool* pura lana vergine *pure new wool*
largo: al largo di *off (the coast of)*
largo/a *wide*
le lasagne *lasagne*
lasciare *to leave; to let, to allow*
lasciarsi* *to let oneself*
il laser (inv) *laser*
il lassativo *laxative*
lassù *up there*
il latino *Latin*
il lato *side; aspect* da un lato *on the one hand*
il latte *milk*
la latteria *dairy*
la laurea *degree*
la lava *lava*
il lavaggio *washing, cleaning*
lavare *to wash, to clean* lavare a secco *to dry-clean*
lavarsi* i denti *to clean one's teeth*
lavorare *to work*
lavorativo/a *working, (of) work*
il lavoratore *worker*

il lavoro *work, job* il lavoro nero *moonlighting*
le *the; them*
le *(to) her; (to) you*
legale *legal*
legalizzare *to legalise*
il legame *tie, bond, link*
legare: matto da legare *absolutely nuts*
legato/a *tied, bound, linked*
la legge *law*
leggendario/a *legendary*
leggere (pp letto) *to read*
leggero/a *light*
il legno *wood*
lei *she; you*
lentamente *slowly*
la lenticchia *lentil*
lento/a *slow*
il Leone *Leo*
il lessico *lexicon, vocabulary*
la lettera *letter*
letterario/a *literary*
la letteratura *literature*
letto *see* leggere
il letto *bed*
il lettore *reader*
la lezione *lesson, class*
li *them*
lì *there*
liberare *to vacate, to release*
la liberazione *liberation*
libero/a *free* il libero professionista *freelance*
la libreria *bookshop*
il libretto *little book* il libretto d'assegni *cheque book*
il libro *book*
il liceo *secondary school*
lieto: molto lieto/a *very happy (to meet you)*
limitarsi* *to limit/confine oneself*
il limone *lemon*
la linea *line; route* restare in linea *to hold on*
la lingua *language*
il linguaggio *language*
linguistico/a *linguistic*
la lira *lira*
lirica: la musica lirica *opera*
liscio/a *straight, smooth*
litigare *to quarrel, to argue*
il litro *litre*

il livello *level*
lo *the; it*
locale *local*
il locale *place*
logico/a (pl –ci/–che) *logical*
la Lombardia *Lombardy*
il lombardo *dialect spoken in Lombardy*
Londra *London*
lontano *far (away)*
lontano/a *far-away, distant*
loro *they; them; their*
lotta: in lotta *at odds, warring*
lottare *to fight*
la luce *light*
lucido/a *shiny*
luglio (m) *July*
lui *he; him*
la luna *moon*
il lunedì *Monday*
lungo *along*
lungo/a *long*   a lungo *at length, for a long time*
il luogo *place*   avere luogo *to take place*   il luogo comune *commonplace, cliché*
lusso: di lusso *luxury, de luxe*
lussuoso/a *luxurious*
lustro: prendere lustro *to become shiny*

M

ma *but*
la macchina *car*   la macchina da cucire *sewing-machine*   la macchina fotografica *camera*   scrivere a macchina *to type*
la macchinetta *(small) machine*
il macellaio *butcher*
la macelleria *butcher's shop*
la madre *mother*
la maestra *(primary school) teacher*
magari *perhaps*
il magazzino *warehouse, storeroom; department store*
maggio (m) *May*
la maggioranza *majority*
maggiore *bigger, greater; older*
   il/la maggiore *the biggest, the greatest*
la maglia *jumper, jersey*
il magnesio *magnesium*
magnifico/a (pl –ci/–che) *magnificent*

il mago *wizard*
magro/a *thin*
mah *well*
mai *ever*   non ... mai *not ... ever, never*
il maiale *pig*
la mala *(slang)* see la malavita
la malaria *malaria*
malarico/a (pl –ci/–che) *malarial*
malato/a *ill*
la malattia *illness, disease*
la malavita *underworld*
male *bad, unwell; badly*   andare* male (in) *to do badly (in)*   meno male! *thank goodness!, just as well!*   rimanere* male *to get/be upset*
il male *evil, bad luck; pain, illness*   fare male (a) *to hurt; to be bad (for)*   il mal di gola *sore throat*   il mal di testa *headache*
maledetto/a *damned, cursed*
maleducato/a *rude*
il malocchio *evil eye*
malumore: di malumore *in a bad mood*
la mamma *mum, mummy, mother*   mamma mia! *good heavens!, good grief!*
manageriale *managerial*
la mancanza *lack*
mandare *to send*
mangiare *to eat*
il mangiatore *(hearty) eater*
la maniera *way, manner*   in maniera particolare *in particular*
la manifestazione *demonstration, event*
la mano (pl le mani) *hand*   alla mano *friendly, affable*
mantenere† *to maintain, to keep*
mantenersi*† *to keep oneself*
il manto *cloak*
Mantova *Mantua*
la marcia *gear*   marcia indietro *reverse (gear)*
il marciapiede *pavement*
il mare *sea; seaside*   al mare *at/to the seaside*   sul mare *by the sea*
la marina *navy*
marino: il miglio marino *nautical mile*
il marito *husband*
la marmellata *jam*
marrone *brown*

il martedì *Tuesday*
marzo (m) *March*
la maschera *mask*
mascherare *to mask*
maschile *masculine, male*
il maschio *male*
i mass media *mass media*
la massa *mass*
massiccio/a *massive*
il masso *rock, boulder*
la matematica *mathematics*
la materia *subject*
il materiale *material*
la maternità *maternity*
materna: la scuola materna
    nursery school la lingua materna
    mother tongue
il matrimonio *wedding*
la mattina *morning*
il matto *madman*
matto/a *crazy* da matto *like crazy*
matto da legare *absolutely nuts*
il mazzo *pack (of cards)*
me *(to) me* per me *in my opinion*
il meccanico (pl −ci) *mechanic*
media: i mass media *mass media*
la media *average* in media *on average*
la medicina *medicine*
medicinale *medicinal*
il medicinale *medicine, remedy*
il medico (pl −ci) *doctor* il medico
    condotto *area doctor*
medio/a *middle; medium; average*
mediterraneo/a *Mediterranean*
meglio *better; rather*
la melanzana *aubergine*
il melodramma *a form of Italian opera*
il melone *melon*
il membro *member*
meno *less; (time) minutes to . . .*
    di meno *less* meno di *less than*
    più o meno *more or less* il/la meno
    the least a meno che *unless* meno
    male! *thank goodness!, just as well!*
mentre *while, whereas*
la meraviglia *marvel, marvellous thing*
meraviglioso/a *marvellous*
il mercante *merchant*
mercantile: la Marina Mercantile
    Merchant Navy
il mercato *market*
la merceria *haberdasher's*

le merci *merchandise, wares*
il mercoledì *Wednesday*
meridionale *southern*
il meridionale *southerner*
il Meridione *South, southern part
    of Italy*
il merito *merit*
mescolare *to mix*
il mese *month*
la messa *Mass*
il messaggio *message*
messo *see* mettersi
il mestiere *craftsmanship*
la metà *half* a metà di
    halfway through
il metallo *metal*
il metro *metre*
la metropolitana *tube, underground*
mettere (pp messo) *to put, to place*
    quanto ci metti/e? *how long does it
    take you?*
mettersi* (pp messo) *to place oneself*
    mettersi a *to set oneself to*
la mezzanotte *midnight*
il mezzo *middle, centre; means, means
    of transport* in mezzo a *in the
    middle of*
    mezzo/a *half* le . . . e mezzo/mezza
    half past . . . mezz'ora *half an hour*
il mezzogiorno *midday; south*
mi *(to) me*
mica *by any chance, at all*
il migliaio (pl le migliaia) *thousand*
il miglio (pl le miglia) *mile*
il miglioramento *improvement*
migliorare(*) *to improve*
migliore *better* il/la migliore *the best*
la migrazione *migration*
milanese *Milanese, of Milan*
Milano *Milan*
il miliardo *milliard (a thousand million)*
il milione *million*
militare *military*
il militare = il servizio militare
    military service
mille: grazie mille *many thanks, thank
    you very much*
la minaccia *threat*
minimo/a *smallest*
il ministero *ministry*
la minoranza *minority*
minore *lesser, less great; younger*

il minuto *minute*
minuziosamente *minutely, in great detail*
mio/a *my, mine*
il miracolo *miracle*
miracoloso/a *miraculous*
la miseria *poverty*
il mistero *mystery*
il misto *mixture*
misto/a *mixed*
il mito *myth*
la mitologia *mythology*
la moda *fashion*   la moda pronta *ready-to-wear fashion*   alla moda *fashionable, fashionably*   l'alta moda *haute coûture*   fuori moda *old-fashioned, out of fashion*
il modello *model; style*
moderno/a *modern*
modesto/a *modest*
la modifica *modification*
il modo *way, method*   i modi *manners*   il modo di vivere *way of life*   in particolar modo *in particular*
il modulo *form*
la moglie (pl le mogli) *wife*
molteplice *complex*
molti/e *many, lots of*
molto *very; very much, a lot; a long time, for long*
molto/a *much, a lot of*
il momento *moment*   in questo momento *at the moment*   un momento *just a moment*   al momento che *just as*
mondiale *(of the) world*
i Mondiali *World Cup Finals*
il mondo *world*
la moneta *coin*
il monopolio *monopoly*
la montagna *mountain(s)*
montano/a *mountain(ous)*
montato/a *whipped*
il monte *mount(ain)*
mordere (pp morso) *to bite*
morire*† (pp morto) *to die*
la mortadella *mortadella, type of salami*
la morte *death*
morto/a *dead*
mosso/a *rough*
la mostra *exhibition*
mostrare *to show*

il motivo *reason*
la motocicletta *motorbike*
il motociclismo *motorcycling*
il motociclista *motorcyclist*
il motore *engine*
il motoscafo *motorboat*
il motto *motto*
movimentato/a *eventful*
il movimento *movement*
la multa *fine*
la multitudine *multitude*
municipale *municipal*
muoversi* (pp mosso) *to move oneself, to get a move on*
il muratore *bricklayer*
il muro (pl i muri *or* le mura) *wall*
il museo *museum*
la musica *music*   la musica lirica *opera*   la musica pop *pop music*
musicale *musical*
la Mutua *national health insurance*

N

il nailon *nylon*
Napoleone *Napoleon*
napoletano/a *Neapolitan, of Naples*
Napoli *Naples*
nascere* (pp nato) *to be born; to begin*
la nascita *birth*
il naso *nose*
il Natale *Christmas*
natalizio/a *(of) Christmas*
natio/a *native*
nato *see* nascere
la natura *nature*
naturale *natural*
naturalmente *naturally, of course*
navigare *to sail*
nazionale *national*
la nazione *nation*
ne *of it, of them*
né ... né *neither ... nor*
neanche *not even*
la nebbia *fog*
necessario/a *necessary*
la necessità (inv) *necessity, need*
negativo/a *negative*
negli = in + gli
il negoziante *shopkeeper*
il negozio *shop*

nei, nel, nell', nella, nelle = in + i/il/
l'/la/le
nero/a *black*   il lavoro nero
moonlighting
nervoso/a *nervous, on edge*
nessun, nessuno/a *no, not any*
nessuno *no-one*
la neve *snow*
nevicare(*) *to snow*
nevrotico/a (pl –ci/–che) *neurotic*
niente *nothing*   (non . . .) per niente
(not . . .) at all
no *no*   no? no?, right?   se no *if not,
otherwise*
nobile *worthy*
nocciola (inv) *dark brown, nut-coloured*
la nocciola *hazelnut*
noi *we; us*
noioso/a *boring*
noleggiare *to hire*
il nome *name*
nominare *to name*
non *not*   non . . . affatto *not . . . at
all*   non . . . ancora *not . . . yet*
non . . . mai *not . . . ever, never*
non . . . più *not . . . any more*
la nonna *grandmother*
nonostante *despite, in spite of*
il nord *north*
il nordest *north-east*
il nordovest *north-west*
la norma *norm; regulation*   di norma
normally   fuori della norma *out of
the ordinary*
normale *normal*
normalmente *normally*
la nostalgia *nostalgia*
avere nostalgia (di) *to miss*
nostro/a *our, ours*
notare *to notice*
notevole *notable, considerable*
notevolmente *notably*
la notizia *news item*   le notizie *news*
le notizie flash *very latest news*
noto/a *(well-)known*
la notte *night*
il Novecento *20th century*
novembre (m) *November*
le nozze *wedding*
nucleare *nuclear*
nudo/a *naked*
nulla *nothing*

il numero *number*   fare un numero
(di telefono) *to dial a (telephone)
number*
numeroso/a *numerous*
nuotare *to swim*
la nuotata *swim*
nuovo/a *new*   di nuovo *again*
la nuvola *cloud*

O

o *or*   o . . . o *either . . . or*
obbligatorio/a *compulsory*
l'obiettivo (m) *objective*
l'obiettore (m) di coscienza
conscientious objector
l'obliterazione (f) *cancellation, stamping*
l'occasione (f) *opportunity, occasion*
gli occhiali *glasses, spectacles*
l'occhio (m) *eye*
occidentale *western*
occuparsi* (di) *to deal (with); to be
involved/interested (in)*
occupato/a *busy; engaged*
l'oculista (m) *oculist*
oculistico/a *(of the) eye*
l'odore (m) *smell*
offerto/a *offered*
offrire (pp offerto) *to offer*
l'oggetto (m) *object*
oggi *today*   al giorno d'oggi
nowadays, these days
oggigiorno *nowadays*
ogni *any, every*   in ogni caso *in any
case*   ogni tanto *every so often, now
and then*
ognuno/a *each (one)*
okay *OK*
le Olimpiadi *Olympic Games*
olimpico/a (pl –ci/–che) *Olympic*
l'olio (m) *oil*
l'oliva (f) *olive*   l'olio d'oliva *olive oil*
olivastro/a *olive-coloured*
oltre *besides; beyond; more than*
oltre a *apart from*
l'ombrellone (m) *(beach) umbrella*
omeopatico/a (pl –ci/–che) *homeopathic*
omogeneo/a *homogeneous*
onesto/a *honest*
onnipresente *omnipresent*
onorare *to honour*
l'onore (m) *honour*

onorifico/a (pl −ci/−che) *honorary*
l'opera (f) *work, action; opera*
l'operaio (m) *worker*
l'opinione (f) *opinion*
opporsi*† (a) (pp opposto) *to oppose*
oppure *or, or else*
ora *now, right now*
l'ora (f) *hour; time*   a che ora?
   (at) what time?   le ore di punta
   peak hours
oramai = ormai
orario: in orario *on time*
l'orchestra (f) *orchestra*
l'orda (f) *horde*
ordinare *to order*
l'ordine (m) *order*
l'orefice (m) *goldsmith, jeweller*
organizzare *to organise*
organizzato/a *organised*
l'organizzazione (f) *organisation*
l'organo (m) *organ*
orgoglioso/a *proud*
orientale *eastern*
orientato/a *orientated*
originale *original*
originario/a *native*
l'origine (f) *origin*   avere origine
   to originate
orizzontale *horizontal*
ormai (or oramai) *(by) now, nowadays*
l'oro (m) *gold*
l'orologeria (f) *clock/watch-maker's shop*
l'orologiaio (m) *clock/watch-maker*
l'orologio (m) *clock, watch*
l'oroscopo (m) *horoscope*
l'orrore (m) *horror*
l'orto (m) *vegetable garden*
ortodosso/a *orthodox*
osare *to dare*
l'ospedale (m) *hospital*
ospitare *to be home to*
osservare *to observe*
l'osservazione (f) *observation*
ossessionante *obsessive*
l'ossobuco (m) *veal knuckle-bone in
   sauce of wine, onions and tomatoes,
   served with rice*
ottenere† *to obtain*
ottimista *optimistic*
ottimo/a *very good*
ottobre (m) *October*
l'Ottocento (m) *19th century*

l'ovest (m) *west*
ovunque *wherever*
ovviamente *obviously*

P

il pacchetto *packet*
padano/a *of the river Po*
la padella *frying-pan*
Padova *Padua*
il padre *father*
il padrone *owner*
il paesaggio *landscape*
il paese *country; village*   il Bel Paese
   ie Italy
pagare *to pay*
pagato/a *paid*
la pagina *page*
la paglia *straw*
un paio (di) (pl le paia) *a couple (of)*
il palazzo *palace; large building*
   il palazzone *big block of flats*
la pallacanestro *basketball*
la pallanuoto *water-polo*
la pallavolo *volleyball*
palliativo/a *palliative*
il pallone *ball*
il palindromo *palindrome*
la palude *marsh*
il pan di Spagna *sponge cake*
la pancetta *bacon*
il pane *bread*
la panetteria *bakery*
il panino *bread-roll*
la panna *cream*
il panno *cloth*
il pannolino *nappy*
il panorama *panorama, view*
i pantaloni *trousers*
la pantera *panther*
il Papa *Pope*
il paradiso *paradise*
il paradosso *paradox*
paramilitare *paramilitary*
il parcheggio *parking, car park*
il parco *park*
parecchi/ie *quite a lot/a fair number of*
parecchio *pretty, considerably, quite a bit*
parecchio/a *quite a lot of*
il parente *relative*
parere*† (pp parso) *to seem*   mi pare
   it seems to me, I think

il parere *opinion*
Parigi *Paris*
la parità *parity, equality*
parlare (con) *to speak/talk (to)*
  parlare di *to talk about* parlare da
  solo/a *to talk to oneself*
  sentire parlare di *to hear of*
parlato/a *spoken*
la parola *word*
la parrocchia *parish*
la parte *part* da che parte?
  whereabouts? da qualche parte
  somewhere da questa parte *this way*
  a parte *apart from* da parte *aside*
  da parte di *from* da una parte
  on the one hand d'altra parte *on the
  other hand* far parte di *to be part
  of, to belong to* la maggior parte
  the majority per la maggior parte
  for the most part prendere parte (a)
  to take part (in)
partecipare (a) *to participate (in), to
  take part (in)*
la partecipazione *participation*
particolare *particular, special; specific;
  peculiar* in (maniera) particolare, in
  particolar modo *in particular*
particolarmente *particularly*
partire* *to go, to leave* a partire da
  (starting) from
la partita (a) *game (of)* fare una
  partita *to play a game*
il partito *party*
parzialmente *partially*
la Pasqua *Easter*
passaggio: il passaggio a livello *level
  crossing* il passaggio pedonale
  pedestrian crossing
passare(*) *to pass; to pass by; to pass
  along; to go (ahead)* passare
  *to spend (time); to transfer;
  (on telephone) to put someone
  through to*
passato/a *spent*
il passato *past* in/nel passato
  in the past
passeggiare *to go for a walk, to stroll*
la passeggiata *walk*
il passero *sparrow*
la pasta *pasta; (small) cake*
  la pastasciutta *pasta served with
  a sauce*

la pasticca *pastille*
il pasticcio *mess, fix* fare dei pasticci
  to make a mess of things
la pastiglia *pastille*
il pasto *meal*
il pastore *shepherd*
le patate fritte *chips*
le patatine *crisps*
la patente *driving licence*
il patriota *patriot*
il Patto Lateranense *Lateran Pact*
la paura *fear* avere paura (di) *to be
  afraid/scared (of)* fare paura (a)
  to frighten, to scare
il paziente *patient*
la pazienza *patience* pazienza!
  ah well!, never mind!
pazzo/a *mad, crazy*
peccato, che peccato! *what a shame/pity!*
pedonale: il passaggio pedonale
  pedestrian crossing
il pedone *pedestrian*
peggio *worse* in peggio *for the worse*
peggiorare(*) *to get/make worse*
peggiore *worse* il/la peggiore
  the worst
pelato/a *peeled, skinned*
la pelle *skin; leather*
il pelo di capra d'Angora *Angora wool*
pena: valere la pena *to be worthwhile*
pendente *leaning*
la penisola *peninsula*
la penna *pen*
pensare *to think* pensa un po'!
  just think of it!, fancy that!
  pensare a *to think of/about*
  pensare di *to think of/about (opinion)*
pensione: in pensione *retired*
per *through; for; (in order) to; because of;
  according to* per caso *by (any)
  chance* per cortesia, per favore, per
  piacere *please* per cui *so, so that*
  per lo più *for the most part* per
  me/te, etc *in my/your opinion, etc*
  per niente *not at all* per questo
  because of this per strada *in the
  street*
la pera *pear*
la percentuale *percentage*
perché *because; (the reason) why*
  ecco perché *that's why*
perché? *why?*

perciò *therefore, and so*
percorrere (pp percorso) *to cross*
il percorso *route, path*
perdere (pp perduto *or* perso) *to lose;
    to waste; to miss*
perdersi* (pp perduto *or* perso) *to get
    lost*
la perdita *loss*
perduto/a *lost*
perenne *perpetual*
perfettamente *perfectly*
perfezionare *to perfect*
perfezione: alle perfezione *perfect*
perfino *even*
il pericolo *danger*
pericoloso/a *dangerous*
la periferia *suburbs, outskirts*
il periodo *period, time*
permanente *permanent*
la permanente *perm*
permesso *see* permettere
permettere (pp permesso) *to allow*
la perniciosa *violent fever, delirium*
però *but, nevertheless, though*
perplesso/a *undecided, uncertain*
la perseveranza *persistence, perseverance*
persiano/a *Persian*
perso *see* perdere
la persona *person*
il personaggio *person(age), character*
personale *personal*
il personale *staff*
la personalità *personality*
personalmente *personally*
pescare *to fish*
il pescatore *fisherman*
i Pesci *Pisces*
pessimista *pessimistic*
il pezzo *piece, bit* il pezzetto
    small piece
piacere* (a) (pp piaciuto) *to please/be
    pleasing (to)* mi piace *I like (it)*
    ti/le piace? *do you like (it)?*
    mi piacerebbe *I would like*
il piacere: piacere *(it's a) pleasure* fare
    piacere (a) *to please* per piacere *please*
piacevole *pleasant*
piano *slowly*
il piano¹ *floor, storey*
il piano² *piano*
la pianta *plant*
il piatto *dish; course*

piatto/a *flat*
la piazza *square*
il piccolo *little one*
    piccolo/a *small, little* piccolino/a
    tiny, very small
il piede *foot* a piedi *on foot*
    piegare *to bend*
il Piemonte *Piedmont*
    piemontese *Piedmontese*
    pieno/a *full* a tempo pieno *full-time*
la pietà *pity, mercy*
la pietra *stone*
    pigro/a *lazy*
la pila *battery*
la pineta *pinewood*
il pinolo *pine-nut*
la pioggia *rain*
    piovere(*) *to rain* piove a catinelle
    it's raining cats and dogs
la piscina *swimming pool*
il pisello *pea*
la pistola *pistol*
il pittore *painter*
    pittoresco/a *picturesque*
    più *more; most; plus* il/la più *the most*
    di più *more, most* in più *in addition*
    più di/che *more than* più che altro
    more than anything, especially più o
    meno *more or less* non . . . più
    not . . . any more per lo più *for the
    most part*
    piuttosto *pretty, fairly, rather*
la pizza *pizza*
il pizzico *pinch*
la plastica *plastic*
un po' *a bit, a little*
    pochi/e *few, not many*
    poco *little, not much; not very; a short
    time* fra poco *soon*
    poco/a *little, not much*
la poesia *poetry; poem*
    poi *then* prima o poi *sooner or later*
la polemica *controversy; polemics*
la polenta *kind of savoury pudding
    made of maize flour*
la politica *politics; policy*
    politicamente *politically*
    politicizzato/a *politicised*
il politico *politician*
    politico/a (pl −ci/−che) *political*
la polizia *police*
il poliziotto *policeman*

il pollo *chicken*
il polmone *lung*
la polpetta *meatball*
la poltrona *arm-chair*
il pomeriggio *afternoon*
la pomice *pumice*
il pomodoro *tomato*
il ponte *bridge*
Pontino: l'Agro Pontino *Pontine Marshes*
pop: la musica pop *pop music*
popolare *popular, public*
la popolarità *popularity*
la popolazione *people, population*
il popolo *people*
il porcino *cep, type of wild mushroom*
la porta *door*
il portabagagli (inv) *porter*
il portafoglio *wallet*
portare *to take; to bring; to carry, to bear; to wear, to have on; to lead; to drive (car)* portare via *to take away*
portata: a portata di *within reach of*
il portiere *porter, doorman*
il porto *harbour*
il Portogallo *Portugal*
la porzione *portion*
positivo/a *positive*
la posizione *position*
possedere† *to possess*
possibile *possible*
la possibilità (inv) *possibility; chance, opportunity*
la posta *post, postal service*
postale: l'ufficio postale *post office*
il posteggio *parking-space*
il posto *place; post, place (work)*
potabile *drinkable, fit for drinking*
potente *powerful*
potere(*)† *to be able* potrei ...? *could I ...?* può darsi *maybe*
il potere *power*
il pozzo *well*
Praga *Prague*
il pranzo *lunch*
pratica: in pratica *in practice, practically*
praticamente *practically*
praticare *to do, to take part in*
praticato/a *practised*
prato: l'hockey su prato *hockey*
precario/a *precarious*

precedente *preceding*
precedere *to precede*
la precipitazione *precipitation*
precisamente *precisely*
preciso, di preciso *exactly, precisely*
preciso/a *precise, exact*
la preferenza *preference*
preferire (–isco) *to prefer*
preferito/a *preferred; favourite*
il prefisso *dialling code*
pregare: si prega (di) ... *please ...*
il pregio *merit*
il pregiudizio *prejudice*
prego *you're welcome*
premere *to press*
il premio *prize*
prendere (pp preso) *to get; to take; to fetch, to collect; to have (to eat/drink)* prendere in considerazione *to take into consideration* prendere parte (a) *to take part (in)*
prenotare *to book, to reserve*
preoccuparsi* (di) *to worry (about), to trouble oneself (about)*
preparare *to prepare, to get ready*
preparato/a *prepared, made*
la presa *capture, taking*
prescrivere (pp prescritto) *to prescribe*
presentare *to introduce; to present*
presente *present*
il presente *present*
la presenza *presence, attendance*
il presidente *president*
preso *see* prendere
la pressione *pressure*
presso *near*
prestare *to lend*
la prestazione *service, work*
prestigioso/a *prestigious*
presto *early; soon; quickly* a presto *see you soon, so long*
il prêt-à-porter *off-the-peg fashion*
il prete *priest*
pretendere (di) (pp preteso) *to claim/profess (to)*
prevalentemente *mainly*
prevalenza: in prevalenza *on the whole*
previo *subject to*
il prezzo *price*
la prigione *prison*
il prigioniero *prisoner*
prima *previously, before; sooner*

fare prima *to get somewhere
sooner/quicker*   prima di *before*
prima di tutto *first of all*
prima o poi *sooner or later*
il primato *supremacy*
la primavera *spring*
primo/a *first*   per prima cosa
first of all   primissimo/a *very first*
principale *main*
il principe *prince*
la principessa *princess*
il principio *principle*
il privato *private individual*
privato/a *private*
il privilegio *privilege*
probabile *probable, likely*
probabilmente *probably*
il problema *problem*
procurare *to get*
prodotto *see* produrre
il prodotto *product*   i prodotti
alimentari *foodstuffs, groceries*
il prodotto di massa *mass-produced
article*
produrre† (pp prodotto) *to produce*
la produzione di massa *mass production*
professionalmente *professionally*
la professione *profession*
professionista: il libero professionista
freelance
il professore *professor, teacher*
profondo/a *profound*
profumatissimo/a *very sweet-smelling*
la profumeria *perfumery*
il profumo *perfume*
progettare *to plan, to design*
il progetto *project, plan, design*
progredito/a *advanced*
il progresso *progress*
proiettare *to show, to project*
la promessa *promise*
promesso/a *promised*   la promessa
sposa *bride-to-be*
promettere (pp promesso) *to promise*
promuovere (pp promosso) *to promote*
la prontezza *readiness, quickness*
pronto *(on telephone) hello*
pronto/a *ready*   la moda pronta
ready-to-wear fashion   il pronto
soccorso *first aid post, casualty
department*
la propaganda *propaganda*

propagandare *to advertise*
propagandistico/a (pl –ci/–che) *(of)
propaganda*
la propensione *liking, propensity*
proporre† (pp proposto) *to propose*
il proposito *subject*   a proposito
incidentally, by the way   a proposito
di *on the subject of, à propos of*
proposto/a *proposed*
proprio *really; indeed; right*
proprio no *not at all*
proprio/a *one's own*   vero/a e proprio/a
itself, as such
il prosciutto *ham*
il proseguimento *continuation*
prossimo/a *next*   i prossimi . . .
the next few . . .
il/la protagonista *star, leading
actor/actress*
proteggere (pp protetto) *to protect*
protetto *see* proteggere
la prova *rehearsal*
provare (a) *to try (to)*   provaci
have a go
provenire*† (pp provenuto)
to originate, to derive
il proverbio *proverb*
la provincia *province; provincial council*
provinciale *provincial*
provocare *to cause*
lo psicologo (pl –gi) *psychologist*
pubblicare *to publish*
la pubblicità (inv) *advertisement*
pubblicitario/a *advertising*
il pubblico *public; audience*
pubblico/a (pl –ci/–che) *public*
il pugilato *boxing*
il pugno *fist (ful)*
pulire (–isco) *to clean*   pulirsi* i denti
to clean one's teeth
pulito/a *clean*
il pullman (inv) *coach, bus*
il pulsante *button*
pungente *biting, strong*
punire (–isco) *to punish*
la punta *point*   le ore di punta
peak hours
. puntare *to point, to aim*
la puntata *instalment*
il punto *point; full stop*   a un certo
punto *at a certain moment, at that
point*   a questo punto *at this point,*

now   fino a che punto? *to what extent?*   fino a un certo punto *up to a point, to a certain extent*   il punto di vista *point of view*

puntuale *punctual*

pur *see* pure

purché *provided that, as long as*

pure (pur) *still; however; please (do)*   mi dica pure *please (go ahead and) tell me*

puro/a *pure*

purtroppo *unfortunately*

Q

qua *here*   di qua *this way*

il quaderno *exercise book*

quadrato/a *square*

il quadro *painting, picture*

la quaglia *quail*

qual *see* quale?

qualche *any, some*   qualche cosa *something*   qualche volta *sometimes*

qualcosa *something*

qualcuno *anyone, someone*

quale: il/la quale *who, which*

quale? (qual?) *which (one)?, what?*

qualificato/a *qualified, expert*

la qualità (inv) *quality*

qualsiasi *any*

quando *when*

quanti/e *how many*   tutti/e quanti/e? *all of you/them?*

la quantità (inv) *number*

quanto *(as much) as*   in quanto *inasmuch as, in that, because*   per quanto riguarda *as regards*

quanto? *how much?; how long?*   quanto tempo? *how long?*

il quartiere *district, neighbourhood*

quarto/a *fourth*

un quarto d'ora *quarter of an hour*

quasi *almost, nearly*

quegli, quei *those*

quel *see* quello

quelli/e *those*

quello/a (quel) *that (one)*

questi/e *these (ones)*

la questione *problem*

questo *this*   per questo *because of this*

questo/a *this (one)*   quest'ultimo/a *latter*

la questura *police headquarters*

qui *here*

quieto/a *quiet, peaceful*

quindi *so, therefore*

quindici giorni *two weeks, fortnight*

quinto/a *fifth*

il quotidiano *daily (newspaper)*

quotidiano/a *daily*

R

la rabbia *anger, fury*

raccogliere† (pp raccolto) *to collect, to pick, to gather*

raccogliersi*† (pp raccolto) *to gather (together)*

la raccolta *gathering*

raccomandare: mi raccomando *please, for goodness' sake*

la raccomandazione *recommendation*

raccontare *to recount, to tell*

il raccordo anulare *ring road*

radicalmente *radically*

radicato/a *deep-rooted*

la radice *root*

la radio (inv) *radio*

radiofonico/a (pl −ci/−che) *radiophonic, (of the) radio*

raffinato/a *refined, subtle*

raffreddare *to cool*

il raffreddore *cold*

la ragazza *girl; girlfriend*   la ragazzina *little girl*

il ragazzo *boy*   i ragazzi *boys and girls*   i ragazzini *young children*

il raggio *ray*

la ragione *reason*   avere ragione *to be right*   per quale/i ragione/e? *why?, for what reason(s)?*

il ragioniere *accountant*

il ragno *spider*

rapido/a *quick*

il rapporto *relationship*

rappresentare *to represent*

raramente *rarely, seldom*

raro/a *rare*

razionale *rational*

reagire (−isco) *to react*

realizzare *to carry out*

la realtà (inv) *reality*   in realtà *in (actual) fact, in reality*

recente *recent*   di recente *recently*

recentemente *recently*
il recipiente *bowl*
reciproco/a (pl −ci/−che) *reciprocal,*
  mutual
recitare *to perform, to act*
il reddito *income*
il referendum (inv) *referendum*
regalare *to give (as a present)*
il regalo *present*
il regime *regime*
regionale *regional*
la regione *region; regional council*
il regista *(film-)director*
il Regno Unito *United Kingdom*
regolare *regular*
regolarmente *regularly*
relativamente *relatively*
relativo/a *relative*
la religione *religion*
religioso/a *religious*
remoto/a *remote*
rendere (pp reso) *to render, to make*
rendersi* (pp reso): rendersi conto (di)
  to realise
la repubblica *republic*
repubblicano/a *republican*
la reputazione *reputation*
reso *see* rendere
respiratorio/a *respiratory*
il resoconto *report*
respingere (pp respinto) *to push back*
respinto *see* respingere
responsabile (di) *responsible (for)*
la responsabilità (inv) *responsibility*
restare* *to stay; to be, to be left*
  restare in linea *to hold on*
restaurare *to restore*
il restauro *restoration*
il resto *rest* del resto *incidentally*
la rete *net; network*
rettangolare *rectangular*
reumatico/a (pl −ci/−che) *rheumatic*
il ribelle *rebel*
ricavato/a *made*
riccio/a *curly*
ricco/a *rich*
la ricerca *search*
la ricercatrice *researcher*
la ricetta *prescription*
la richiesta *request*
richiesto/a *in demand*
richiudere (pp richiuso) *to re-close,*

to close again
riconoscere *to recognise*
riconoscersi* *to recognise oneself*
riconosciuto/a *recognised*
ricordare *to remember; to mention;*
  to record, to commemorate
ricordarsi* (di) *to remember, to recall*
ricorrere* (pp ricorso) (a) *to go (to),*
  to have recourse (to)
la ricreazione *recreation*
ridicolo/a *ridiculous*
ridotto/a *reduced*
riempire *to fill in*
rientrare* *to come back, to return*
rifiutarsi* (di) *to refuse (to)*
i rifiuti *rubbish*
riflettere (pp riflesso) *to reflect*
riflettersi* (pp riflesso) *to be reflected*
la riforma *reform*
rifugiarsi* *to take refuge*
riguardare *to relate to, to concern*
  per quanto riguarda *as regards*
  riguardante *concerning*
rimanere*† (pp rimasto) *to stay,*
  to remain, to be left rimanere male
  to get/be upset
rimasto *see* rimanere
il rimedio *remedy*
ringraziare *to thank*
rinomato/a *renowned*
il rione *quarter, district*
riparare *to repair*
ripartire* *to leave again*
ripassare* *to come by/call again*
la ripercussione *repercussion*
riportare *to bring back*
riposare *to rest*
riposarsi* *to rest, to have a rest*
il riposo *rest*
riprendere (pp ripreso) *to pick up*
la ripresa *renewal, revival*
la risaia *rice-field*
risalire*† (a) *to go/date back (to)*
risaputo/a *very well-known*
rischiare *to risk*
riscoprire (pp riscoperto) *to rediscover*
riservato/a *reserved*
il risi e bisi *Venetian dish of rice*
  and peas
risistemare *to fix up, to put back in order*
il riso *rice*
risolvere (pp risolto) *to solve*

la risorsa *resource*
il risotto *risotto*
risparmiare *to save*
il risparmio *saving*
rispettivo/a *respective*
il rispetto *respect*   rispetto a
   as regards, in relation to;
   compared with
rispondere (pp risposto) *to reply,*
   to answer
la risposta *reply*
il ristorante *restaurant*
risultare* *to turn out (to be)*   mi risulta
   I hear/gather
il risultato *result*
ritagliare *to cut/clip off*
il ritardo *delay*   in ritardo *late*
ritenere† *to maintain, to believe*
ritenuto/a *believed, considered*
il ritmo *rhythm, pace*
il rito *rite*
ritornare* *to return*
il ritorno *return*   al ritorno
   coming back
ritrovare *to find again, to rediscover*
riunirsi* (–isco) *to meet (up)*
riuscire*† (a) *to manage (to), to*
   succeed (in)
la rivalità *rivalry*
rivalutare *to revalue, to reappraise*
la rivalutazione *re-evaluation,*
   reappraisal
rivelare *to reveal*
rivendicare *to demand*
la rivendicazione *demand*
la rivista *magazine*
rivolgersi* (a) (pp rivolto) *to address,*
   to speak to
rivolta: fare una rivolta *to rebel*
la rivoluzione *revolution*
il rock *rock (music)*
Roma *Rome*
romagnolo/a *of/from Romagna*
   il romagnolo *dialect spoken in*
   Romagna
il romanesco *Roman dialect*
romano/a *Roman, of Rome*
romantico/a (pl –ci/–che) *romantic*
il romanzo *novel*
rompere (pp rotto) *to break*
rompersi* (pp rotto) (il/la …) *to break*
   (one's …)

rosa (inv) *pink*
la rosa *rose*
il rossetto *lipstick*
rosso/a *red*
la rosticceria *type of snack-bar/*
   take-away
rotondo/a *round*   la tavola rotonda
   round-table discussion
rotto *see* rompere/rompersi
la routine (inv) *routine*
rubare *to steal*   mi hanno rubato
   il/la … *my … has been stolen*
il rum *rum*
il rumore *noise; ado*
rumoroso/a *noisy*
il ruolo *role, position*
la ruota *wheel*
rustico/a (pl –ci/–che) *rustic, country*

S

il sabato *Saturday*
il sacchetto *bag*
il sacco *sack*   un sacco di *loads of*
sacrosanto/a *sacrosanct*
la sagra *festival*
il sagrestano *sacristan*
la sala *room; auditorium*   la sala da
   ballo *ballroom*
il salame *salami*
i saldi *sales*
il sale *salt*
salire (*)† *to go up; to get in/on*
il salone *living-room, reception room*
la salsiccia *sausage*
la salumeria *pork-butcher's shop*
salutare *to greet*   salutami … *give my*
   love/regards to …
il saluto *greeting*
salvare *to save*
il sandalo *sandal*
il sangue *blood*
la sanità *health*
sanitario/a *(of) health*
il santo, la santa *saint*
il santuario *shrine*
sapere† *to know; to know how to*
   far sapere *to tell, to let (someone)*
   know
il sapientone *know-all*
il sapore *flavour*
la Sardegna *Sardinia*

il sardo *Sardinian (language)*
la sarta *tailoress, seamstress*
il sarto *tailor*
  satirico/a (pl −ci/−che) *satyrical*
  sbagliare *to make a mistake* sbagliare
    numero *to get a wrong number*
    sbagliare strada *to go the wrong way*
  sbagliarsi* *to be mistaken, to be wrong*
  sbagliato/a *mistaken, wrong*
lo sbaglio *mistake*
  sbattere *to beat*
  sbrigarsi* *to hurry (up)*
gli scacchi *chess*
lo scaffale *shelf*
  scaldarsi* *to get warm/hot*
la scala *ladder*
le scale *stairs*
lo scalino *step, stair*
  scambiarsi* *to exchange*
    (with each other)
  scandalistico/a (pl −ci/−che)
    scandal-mongering
lo scandalo *scandal*
  scandaloso/a *scandalous*
  scappare* *to escape, to run away*
lo scarico *dumping (of rubbish)*
la scarpa *shoe*
la scatola *box; tin*
lo scatto *(telephone) unit*
  scegliere† (pp scelto) *to choose*
la scelta *choice*
lo scemo *half-wit, idiot*
  scemo/a *silly, idiotic*
la scena *scene*
  scendere* (pp sceso) *to come down*
  scenografico/a (pl −ci/−che) *scenic*
  sceso *see* scendere
la scherma *fencing*
lo schermista *fencer*
  scherzoso/a *joking*
  schifo: fare schifo *to be lousy*
    fare schifo a *to disgust*
lo sci *ski*
  sciacquare *to rinse*
  sciare *to ski*
la scienza *science*
  scioccare *to shock*
la sciocchezza *nonsense*
lo sciopero *strike* fare sciopero
    to go on strike
  scippare *to snatch*
lo sciroppo *syrup*

la scogliera *rocks*
lo scoglio *rock*
  scolastico/a (pl −ci/−che) *(of) school*
  scomparire* (−isco) (pp scomparso)
    to disappear
la scomparsa *disappearance*
  scomparso/a *late, deceased*
    (see also scomparire*)*
  sconosciuto/a *unknown*
lo sconto *discount*
lo scontrino *(till) receipt*
lo scontro *clash*
la scoperta *discovery*
  scoperto/a *uncovered, exposed*
lo scopo *aim, end, object*
  scoprire (pp scoperto) *to discover*
  scoprirsi* (pp scoperto) *to be revealed*
lo scopritore *discoverer*
  scoraggiare *to discourage*
  scoraggiarsi* *to get discouraged*
lo Scorpione *Scorpio*
  scorso/a *last*
la scorta *escort*
lo scotch *sellotape*
la Scozia *Scotland*
  scozzese *Scottish*
  scritto/a *written*
lo scrittore, la scrittrice *writer*
  scrivere (pp scritto) *to write* scrivere
    a macchina *to type*
lo scultore *sculptor*
la scuola *school; education* la scuola
    materna *nursery school*
  scuro/a *dark*
  scusare: scusa, scusi *excuse me; sorry*
  scusarsi* *to apologise*
  se *if, whether* anche se *even if*
    se no *if not, otherwise*
  sé: a sé *in itself*
  seccare: mi secca *I find it a nuisance/drag*
  seccarsi* *to get tired/fed up*
  secco/a *dry* lavare a secco *to dry-clean*
il secolo *century*
  seconda: a seconda di *according to*
  secondo *according to* secondo me/te,
    etc *in my/your opinion, etc*
  secondo/a *second*
la sedia *chair*
  seduto/a *sitting down*
il segnale *sign*
la segnaletica *signs*
  segnare *to show, to indicate; to score*

il segno *sign*
la segretaria *secretary*
il segreto *secret*
  segreto/a *secret*
  seguire *to follow; to adhere to*
  seguito: di seguito *running, in a row*
    in seguito *subsequently, afterwards*
  seguito/a: essere molto seguito/a
    to have a big following
il Seicento *17th century*
la selezione *selection*
  selvatico/a (pl –ci/–che) *wild*
il semaforo *traffic lights*
  sembrare* *to seem* mi sembra *it seems*
    to me, I think
  semplice *simple*
  semplicemente *simply*
  sempre *always, ever; still*
  sensibile (a) *aware (of), sensitive (to)*
  sensibilizzare *to make aware*
il senso *sense; way* nel senso che
    in the sense that, in that, insofar as
    senso unico *one way*
  sentimentale *sentimental*
  sentire *to feel; to hear* senti, senta
    listen, excuse me sentir parlare di
    to hear of
  sentirsi* *to feel*
  sentirsela* *to fancy/feel like*
  senza *without* senz'altro *definitely,*
    of course
  separatamente *separately*
  separato/a *separate*
la separazione *separation*
la sera *evening*
la serata *evening*
la serie (inv) *series*
la serietà *seriousness*
  serio/a *responsible, serious*
  servire *to serve* servire* (a/per)
    to serve (to); to be used (for); to be
    needed/necessary (for)
il servizio *service* il servizio militare
    military service
il sesso *sex*
il sestiere *district of Venice*
la settantina *(quantity of) seventy*
  settembre (m) *September*
  settentrionale *northern*
la settimana *week* il fine settimana (inv)
  weekend
il settimanale *weekly (paper/magazine)*

il settore *sector, area*
la sfiducia *distrust, lack of faith/trust*
la sfilata *fashion show*
la sfortuna *bad luck*
  sfortunato/a *unlucky*
lo shampoo (inv) *shampoo*
lo sherry *sherry*
  si *oneself; (to) each other; one*
    (see **Grammatica** 11, 33)
  sì *yes*
  sia: sia . . . o *whether it be . . . or*
    sia . . . che, sia . . . sia *both . . . and*
  sicché *so that*
  siccome *as, since*
la Sicilia *Sicily*
  siciliano/a *Sicilian* il siciliano
    Sicilian dialect
la sicurezza *safety catch*
  sicuro/a *sure, certain*
la sigaretta *cigarette*
la sigla *symbol, abbreviation*
  significare *to mean*
  significativamente *significantly*
  significativo/a *significant*
la signora *lady; madam; Mrs*
il signore (signor) *(gentle)man; sir; Mr*
  i signori *gentlemen; ladies and gentlemen;*
    Mr and Mrs
  signorile *gentlemanly*
la signorina *young lady; Miss*
il simbolo *symbol*
  simile (a) *similar (to)*
  simpatico/a (pl –ci/–che) *nice, pleasant*
    mi è simpatico/a *I like him/her*
  simpaticone *very friendly/pleasant*
il sindacato *trade union*
  singolare *singular*
la sinistra *left* a sinistra *to the left*
  sinistro/a *left*
il sinonimo *synonym*
  sintomatico/a (pl –ci/–che)
    symptomatic
  Siracusa *Syracuse*
  siracusano/a *of/from Syracuse*
il sistema *system*
  Sistina: la Capella Sistina
    Sistine Chapel
la situazione *situation*
  Siviglia *Seville*
  slanciato/a *slender*
  slegato/a *out of touch, cut off*
  slogarsi* (il/la . . .) *to sprain (one's . . .)*

smarrito/a *lost*

smesso *see* smettere

smettere (pp smesso) (di) *to give up,*
to stop

lo smog *smog*

snello/a *slim*

soccorso: il pronto soccorso *first aid*
post, casualty department

sociale *social*

la socialità *social life*

la società (inv) *society*

socio-politico/a (pl −ci/−che)
socio-political

soddisfatto/a *satisfied, pleased*

la soddisfazione *satisfaction* mi dà
soddisfazione . . . *I enjoy* . . .

soffrire (pp sofferto) (di) *to suffer (from)*

il soggetto *subject*

soggetto/a *subject, liable*

il soggiorno *stay*

sognare (di) *to dream (of)*

il sogno *dream*

solamente *only*

il soldato *soldier*

i soldi *money*

il sole *sun* al sole *in the sun*
c'è sole *it's sunny*

solido/a *solid*

solito: al solito, di solito *usually*

solo *only*

solo/a *alone, only* parlare da solo/a
to talk to oneself

soltanto *only*

la soluzione *solution*

sommato: tutto sommato *all things*
considered

sommerso/a *submerged, sunk*

sopra *on (top of); up(stairs)*

soprattutto *above all, most of all,*
especially

sopravvivere* (pp sopravvissuto)
to survive

il soprintendente *superintendent*

la sorella *sister*

la sorgente *spring*

sorpassare *to pass, to overtake*

sorprendere (pp sorpreso) *to surprise,*
to be surprising

sorpreso/a *surprised*

sorvolare *to overlook, to take no notice*

sospendere (pp sospeso) *to suspend*

sospeso *see* sospendere

sospettoso/a *suspicious*

Sospiri: il Ponte dei Sospiri *Bridge*
of Sighs

sosta: divieto di sosta *no parking*

sostanza: in sostanza *essentially*

sostanzialmente *substantially*

sostenere† *to bear*

sostituire (−isco) *to replace*

sotterraneo/a *underground*

sotto *under(neath)*

sottobraccio *under the arm*

sovraccarico/a (pl −ci/−che) *overloaded*

sovrano/a *sovereign*

gli spaghetti *spaghetti*

la Spagna *Spain*

spagnolo/a *Spanish*

la spalla *shoulder* di spalle
from behind

spalmare *to spread*

sparare *to fire*

spargere (pp sparso) *to spread*

sparso *see* spargere

spaventare *to frighten*

lo spazio *space*

speciale *special*

specialistico/a (pl −ci/−che) *specialist*

la specialità (inv) *speciality*

specializzato/a *specialised*

specialmente *especially*

la specie (inv) *sort, kind*

specifico/a (pl −ci/−che) *specific*

spedire (−isco) *to send, to post*

spendere (pp speso) *to spend*

la speranza *hope*

sperare (di) *to hope*

sperimentale *experimental*

la spesa *cost, expense*

spesso *often*

spesso/a *thick*

spettacolare *spectacular*

lo spettacolo *spectacle; entertainment,*
show; performance

spettare (a) *to apply (to)*

lo spettatore *spectator*

la spiaggia *beach* la spiaggetta
little beach

gli spicci *small change*

spiegare *to explain*

gli spinaci *spinach*

spingere (pp spinto) *to push, to drive*

spingersi* (pp spinto) *to push forward*

la spirale *spiral*

spirito: la battuta di spirito *joke*
spiritoso/a *witty*
splendido/a *splendid, magnificent*
sporco/a *dirty*
sporgersi* (pp sporto) *to lean out*
lo sport (inv) *sport*
lo sportello *(car) door*
lo sportivo *sportsman*
sportivo/a *sporty, athletic; casual*
sposa: la promessa sposa *bride-to-be*
sposare *to marry*
sposarsi* *to get married*
sposato/a *married*
gli sprechi *waste*
spumante *sparkling*
la squadra *team*
lo squadrone *squadron*
lo squilibrio *lack of balance, inequality*
squisito/a *delicious*
lo stabilimento *establishment*
stabilirsi* *to become established*
staccare *to separate*
staccato/a *detached*
lo stadio *stadium*
la stagione *season* di stagione
in season
stamattina *this morning*
la stampa *press*
stampare *to stamp, to print*
stancante *tiring*
stancarsi* *to get tired*
stanco/a *tired* stanco/a morto/a
dead tired
standard (inv) *standard*
standardizzare *to standardise*
standardizzarsi* *to become standardised*
stanotte *tonight; last night*
la stanza *room* la stanzetta *little room*
stare*† *to be* come stai/sta? *how are
you?* stare di casa *to live, to reside*
stare per + inf *to be about to*
stasera *this evening*
statale *(of the) state*
gli Stati Uniti *United States*
stato *see* essere, stare
lo stato *state*
lo statuto *statute*
la stazione *station* la stazione radio
radio station la stazione termale *spa*
stendere (pp steso) *to hang out*
lo stereotipo *stereotype*
steso *see* stendere

stesso/a *same, very same; oneself*
lo stile *style*
lo stilista *stylist*
stimolante *stimulating*
lo stinco *shin-bone*
lo stipendio *salary, pay*
stirare *to iron, to press*
la stiratura *ironing*
lo stomaco *stomach*
la storia *story; history*
storico/a (pl −ci/−che) *historic(al)*
la strada *street, road* per strada
in the street
stradale *(of the) road*
strage: fare strage di *to play havoc with*
lo straniero, la straniera *foreigner*
straniero/a *foreign*
strano/a *strange*
straordinario/a *extraordinary*
strappare *to snatch, to wrench*
la strategia *stratagem*
lo stress *stress*
stressante *stressful*
strettamente *strictly*
stretto/a *tight; close; packed (tight)*
la striscia *stripe, strip*
lo strumento *instrument*
la struttura *structure*
lo studente *student*
studiare *to study*
lo studio *study; studio* gli studi
studies, course
stufarsi* *to get fed up*
stufo/a (di) *fed up (with)*
la stupidità *stupidity*
stupido/a *stupid*
lo stuzzicadenti (inv) *toothpick*
su *in, on, upon; over; up, upwards,
up there* su! *come on!, cheer up!*
subalterno/a *subordinate*
subito *at once, straightaway,
immediately*
succedere* (pp successo) *to happen*
succedere (a) *to follow, to succeed (to)*
successivo/a *successive*
successo *see* succedere
il successo *success, triumph*
il sud *south*
il Sudamerica *South America*
il sudest *south-east*
il sudovest *south-west*
sufficiente *sufficient, enough*

sufficientemente *sufficiently*
suggerire (−isco) *to suggest*
il sughero *cork*
sugli = su + gli
il sugo *sauce*
sui, sul, sull', sulla, sulle,
   sullo = su + i/il/l'/la/le/lo
suo/a *his, her, hers; its; your, yours*
il suolo *ground, soil*
suonare *to play*
superficialmente *superficially, on the*
   surface
superiore *upper*
il supermercato *supermarket*
il super-rapido *luxury express train*
la superstizione *superstition*
superstizioso/a *superstitious*
il supplemento *supplement*
il supplì (inv) *type of rice croquette*
supporre† (pp supposto) *to suppose*
la supposta *suppository*
suscitare *to arouse*
sussistere* (pp sussistito) *to exist*
lo svago *entertainment, pastime*
svantaggiato/a *disadvantaged*
lo svantaggio *disadvantage*
svariato/a *varied*
lo svedese *Swede*
la sveglia *alarm-clock*
svelto/a *quick*
la Svezia *Sweden*
svilupparsi* *to develop*
sviluppato/a *developed, built-up*
la Svizzera *Switzerland*
svizzero/a *Swiss*
svolgersi* (pp svolto) *to take place*

T

la tabaccheria *tobacconist's*
il tabacco *tobacco*
tagliare *to cut (up)*
tagliarsi* (il/la . . .) *to cut (one's . . .)*
il taglio *cut*
tale *such*
il tango *tango*
tanti/e *many, lots (of)*
tanto *a lot; so much; a long time*
   ogni tanto *every so often, now and then*
   tanto per *just to*
tanto/a *a lot of*
il tappeto *carpet*

tardi *late* più tardi *later*
la targa *number-plate*
la tariffa *tariff, price list*
il tartufo *truffle*
la tasca *pocket*
i! tassista *taxi-driver*
tavola: la tavola rotonda *round-table*
   discussion la tavola a vela *sailboard*
il tavolo *table*
te *(to) you*
il té *tea*
teatrale *theatrical*
il teatro *theatre*
la tecnica *technique*
il tecnico-luci *lighting technician*
il tedesco *German (language)*
telefonare (a) *to telephone*
la telefonata *telephone call*
   la telefonata urbana/interurbana
   local/long-distance call
telefonico/a (pl −ci/−che) *(of the)*
   telephone la cabina telefonica
   telephone box
il telefono *telephone*
il telegiornale *television news*
il telegramma *telegram*
il telescopio *telescope*
la televisione *television*
televisivo/a *(of) television*
il televisore *television set*
il telex (inv) *telex*
il tema *theme*
la temperatura *temperature*
il tempo *time; weather* a quei tempi
   in those days ai tempi di . . .
   in . . .'s day/time a tempo pieno
   full-time in tempo *in/on time*
   il tempo libero *spare time, leisure time*
il temporale *storm*
temuto/a *feared*
la tenda *tent*
i tendaggi *curtains, drapes*
la tendenza *tendency*
tendere (pp teso) (a) *to tend (to)*
tenere† *to hold; to keep* tenere a
   to support tenerci *to consider*
   important
il tennis *tennis*
il tenore *tenor*
tentare (di) *to try (to)*
il tentativo *attempt*
la teoria *theory*

teorico/a (pl –ci/–che) *theoretical*

terapeutico/a (pl –ci/–che) *therapeutic*

termale *(of a) spa*   la stazione termale
   spa

le terme *baths*

terminare(*) *to finish*

il termine *term, word*

la terra *ground, land*   per terra
   on the ground

la terraferma *(dry) land, mainland*

terribile *terrible*

il territorio *territory*

il terrorismo *terrorism*

terzo/a *third*

la tesi (inv) *thesis*

il tessuto *cloth, fabric*

la testa *head*   il mal di testa *headache*

la tettoia *porch, canopy*

ti *(to) you*

timido/a *timid, shy*

la tintoria *cleaner's*

tipico/a (pl –chi/–che) *typical*

tipo *like, such as*

il tipo *type, kind*

tirare *to pull*

tirchio/a *mean, grasping*

il titolo *title; headline*

il tizio *bloke, chap*

toccare *to touch, to touch on*

la tonica *tonic*

la tonsillite *tonsilitis*

torinese *of/from Turin*

Torino *Turin*

tornare* *to return, to go back, to come
   back*   tornare indietro *to go back the
   way you've come*

il torneo *tournament*

il Toro *Taurus*

la torre *tower*

la torta *(large) cake*

torto: avere torto *to be wrong*

la Toscana *Tuscany*

toscano/a *Tuscan*

tossire *to cough*

il totale *total*

totale *total, complete*

il Totocalcio *Italian football pools*

tra (di) *between; among; in*

tradizionale *traditional*

tradizionalmente *traditionally*

la tradizione *tradition*

tradurre† (pp tradotto) *to translate*

il traffico *traffic; trade, dealing*

il tram (inv) *tram*

la trama *plot*

tramite *via, through*

il tramonto *sunset*

tranne *except*

tranquillamente *peacefully*

il tranquillante *tranquilliser*

tranquillo/a *peaceful*

trapiantato/a *transplanted*

trascorso/a *passed, elapsed*

trascurare *to neglect*

trasferirsi* (–isco) *to move*

la trasformazione *transformation*

il trasloco *move, house-moving*

trasmettere (pp trasmesso) *to pass on;
   to broadcast*

la trasmissione *transmission*

trasparente *clear, transparent*

il trasporto *transport*

il trattamento *treatment*

trattare *to treat; to be about,
   to deal with*

trattarsi* (di) *to be a matter of,
   to do with*

il tratto *manner, bearing*

i travellers cheques *travellers cheques*

tremendo/a *terrible*

il treno *train*

triplicato/a *tripled*

troppo *too*

troppo/a *too much*

la trota *trout*

trovare *to find*   andare a trovare
   to go and see, to visit   venire a trovare
   to come and see, to visit

trovarsi* *to be, to be found;
   to find oneself; to meet (one another)*
   trovarsi d'accordo *to agree, to be in
   agreement*   come ti trovi/come si
   trova? *how do you find/like it?*

le truppe *troops*

tu *you*

tuffarsi* *to dive*

tuo/a *your, yours*

il turco *Turk*

il turismo *tourism*   l'azienda di turismo
   tourist office

il/la turista *tourist*

turistico/a (pl –ci/–che) *touristy*

tutelare *to defend, to protect*

tuttavia *nevertheless*

tutti/e *all; everyone* tutti/e i due
both (of them) tutti/e quanti/e
all of you/them
tutto *all, everything* di tutto *a bit of
everything* prima di tutto *first of all*
tutto/a *all (of), the whole (of)*
tutt'altro che *anything but, far from*
tuttora *still*

U

ubriacare *to make drunk*
l'uccello (m) *bird* l'uccellino
small bird
uccidere (pp ucciso) *to kill*
uf! *phew!*
ufficiale *official*
ufficialmente *officially*
l'ufficio (m) *office*
uguale (a) *the same (as)*
ugualmente *equally*
ultimamente *recently, lately*
ultimo/a *last* quest'ultimo/a *latter*
ultimi/e *last few* ultimissimo/a
very latest
l'umanità (f) (inv) *humanity*
un, una, un' *a, an*
l'unghia (f) *(finger-)nail*
unicamente *only*
unico/a (pl – ci/–che) *only* senso unico
one way
unificare *to unify*
l'unificazione (f) *unification*
l'unità (f) *unity*
unito/a *united*
l'università (f) (inv) *university*
universitario/a *(of the) university*
uno/a *one; a, an*
l'uomo (m) (pl gli uomini) *man*
l'uomo d'affari *businessman*
l'uovo (m) (pl le uova) *egg*
urbana: la telefonata urbana *local
telephone call*
urgente *urgent*
urlare *to shout, to shriek*
usare *to use*
uscire*† *to go out, to come out*
l'uscita (f) *exit, way out*
l'uso (m) *use*
utile *useful*
utilizzare *to use, to make use of*

V

va: va + pp *it must/has to be . . .*
va be'/bene *OK, fine, that's fine*
la vacanza *holiday*
valere* (pp valso) *to be worth*
valere la pena *to be worthwhile*
valido/a *valid*
la valigia *suitcase*
la vallata *(wide) valley*
la valle (val) *valley*
il valore *value*
il vantaggio *advantage*
vantaggioso/a *advantageous*
vantarsi* *to boast, to brag*
il vaporetto *water bus*
vari/varie *various; varied*
variare(*) *to vary*
la varietà (inv) *variety*
il vaso *vase*
il Vaticano *Vatican*
ve *(to) you*
vecchio/a *old*
vedere (pp visto) *to see* far vedere
to show
vedersi* (pp visto) *to see/meet (one
another)*
la vegetazione *vegetation*
vela: la tavola a vela *sailboard*
velenoso/a *poisonous*
veloce *fast; quickly*
velocemente *fast, quickly*
la velocità *speed*
la vendemmia *grape-harvest, vintage*
vendere *to sell*
la vendita *sale*
il venditore ambulante *pedlar*
venerato/a *venerated*
il venerdì *Friday*
il veneto *dialect spoken in the Veneto*
Venezia *Venice*
veneziano/a *Venetian*
venire*† (pp venuto) *to come; to come
up, to turn out* venire + pp *to be . . .*
il vento *wind*
veramente *really*
il verbale *statement*
verde *green*
verdiano/a *of Verdi*
la verdura *(green) vegetables*
vergine: pura lana vergine
pure new wool
la vergogna *shame*

verificarsi* *to happen*

la verità *truth*

il vero *truth*

vero/a *true*   vero/a e proprio/a
itself, as such   vero? *right?*

versare *to pour*

verso *towards; around*

verticale *vertical*

il vestire *dress*

vestirsi* *to dress*

i vestiti *clothes*

il vestito *dress*

il Vesuvio *Vesuvius*

il vetro *glass*

vi¹ *(to) you*

vi²: vi è *there is*

via *away*   buttare via *to throw away*
e così via *and so on*   portare via
to take away   via via che *as*

la via *road, street*

viaggiare *to travel*

il viaggiatore *traveller*

il viaggio *journey, trip*
l'agenzia di viaggi *travel agency*
la borsa da viaggio *travelling bag*

il viale *avenue*

vicino *close, nearby*   qua/qui vicino
near here

il vicino *neighbour*

vicino/a a *close to, near*

vietare *to forbid*

vietato/a *forbidden, prohibited*

il villaggio *village*

la villeggiatura *holiday*

la villetta *(small) house*

vincere (pp vinto) *to win*

il vino *wine*

vinto *see* vincere

viola (inv) *violet*

violentata *raped*

violento/a *violent*

la violenza *violence*

il violino *violin*

virgola: non capirci una virgola *not to
understand a thing*

le virgolette *inverted commas*

la virtù (inv) *virtue*

la visione *viewing*

la visita *visit*

visitare *to visit*

vissuto *see* vivere

la vista *view*   il punto di vista
point of view

visto *seen*   visto che *since, seeing that*

la vita *life*

la vittoria *victory*

vivace *lively*

vivere(*) (pp vissuto) *to live*
il modo di vivere *way of life*

vivo/a *alive*   dal vivo *from the life*

il vocabolario *vocabulary*

la voce *voice; rumour*

voglia: avere voglia di *to want, to wish*

voi *you*

volentieri *willingly, with pleasure*

volere(*)† *to want*   voler dire *to mean*
vorrei *I would like*   ci vuole,
ci vogliono *it takes …, you need …*

la volontà (inv) *wish, will*

la volta *time*   a volte *at times, sometimes*
certe volte, qualche volta *sometimes*
molte volte *often*   una volta *once;
the old days, years ago*   c'era una volta
once upon a time there was
(un po') per volta   *(a bit) at a time*

il volto *face*

la vongola *baby clam*

vorrei *see* volere

vostro/a *your, yours*

votare *to vote*

il voto *vote; vow, offering*

vulcanico/a (pl –ci/–che) *volcanic*

il vulcano *volcano*

W

il week-end (inv) *weekend*

il western (inv) *western*

il windsurf *windsurfing*

Y

lo yoga *yoga*

Z

lo zafferano *saffron*

lo zampirone *device to repel mosquitoes*

la zanzara *mosquito*

la zia *aunt*
zodiacale *of the zodiac*

la zona *area*

lo zoo (inv) *zoo*

la zucca *pumpkin*

lo zucchero *sugar*

lo zucchino *courgette*

la zuppa inglese *trifle*

ACKNOWLEDGEMENTS

The writer and the producer of this course would like to thank the following for their contributions to this book:
Glyn Davies for the design
Ian Beck for cover and line illustrations
Alastair Graham for cartoons
David Worth for map illustrations
Judy Moore for picture research
Annelisa Evans for checking the proofs
Carol Stanley for secretarial assistance and many helpful suggestions

Acknowledgements are also due to:
BARNABYS PICTURE LIBRARY pages 20 (Georg Sturm), 80 (Mark N. Boulton), 126 (Fotofilm Venice) & 136; FRANCESCA DEL BIANCO pages 5 (bottom), 21, 125, 134 & 137; NICK BIRCH pages 110 & 170; BBC PHOTO LIBRARY page 66; J. ALLAN CASH page 116; COLORSPORT pages 37, 157 & 166: ELISABETH PHOTO LIBRARY pages 188 & 206 (Tony Boxall); FOTOCRONACHE OLYMPIA page 149; ITALIAN DESIGN & INTERNATIONAL CONTRACTORS LTD page 56; A.F. KERSTING page 71; ITALIAN STATE TOURIST OFFICE pages 31 (ENIT, Rome) & 57; DANIELA MANETTI pages 5 (top), 8, 9, 50, 58, 81, 85 (left), 91, 93, 114, 146, 147, & 169; LINO MANNOCCI page 104; MANSELL COLLECTION pages 28 & 190; JON & ANGELA MOEN pages 40 below left & right, 124 & 148; NATIONAL FILM ARCHIVE page 144; ALESSANDRO PESTALOZZA pages 5 (centre), 7, 40 (top), 47, 89, 123, 167 & 179; DENISE DE RÔME pages 19, 77 & 85 (right); DAVID SIMSON pages 70 & 177; ITALA VIVAN page 208